四川历史名人丛书

传 记 系 列

李白传

葛景春 - 著

天地出版社 | TIANDI PRESS

“四川历史名人丛书”编委会名单

“四川历史名人丛书”总序

——传承巴蜀文脉，让历史名人“活”起来

文化是民族的血脉，是哺育民族成长壮大的乳汁，是一个国家、一个民族的灵魂，文化兴国运兴，文化强民族强。从党的十八大到十九大，习近平总书记以政治家的战略眼光，以唯物主义的科学态度，从中华文化的思想内涵、道德精髓、现代价值和传承理念等方面多维度、系统化地阐述了对待中华文化的根本态度和思想观点。他将中华优秀传统文化提升到“中华民族的基因”“民族文化血脉”“中华民族的根和魂”“中华民族的精神命脉”的崭新高度，指出“一个国家、一个民族不能没有灵魂”“优秀传统文化是一个国家、一个民族传承和发展的根本，如果丢掉了，就割断了精神命脉”，要“加强对中华优秀传统文化的挖掘和阐发”，从传统文化中提取民族复兴的“精神之钙”，“对历史文化特别是先人传承下来的道德规范，要坚持古为今用、以古鉴今，坚持有鉴别的对待、有扬弃的继承”，努力实现传统文化的“创造性转化、创新性发展”。总书记的一系列著名论断，从中华民族最深沉精神追求的深度、国家战略资源的高度、推动中华民族现代化进程的角度，把中华文化的发展提升到一个新

高度，升华到一个新境界，推向了一个新阶段。

中华文化源远流长，积淀着中华民族最深沉的精神追求，是中华民族独特的精神标识，为中华民族生生不息、发展壮大提供了丰厚滋养。沧海桑田，古印度、古埃及、古巴比伦文明早已成为阳光下无言的石柱，而中华文明至今仍然喷涌着蓬勃的生机。四川作为中华文明的重要发源地之一，历史文化源通流畅、悠久深厚。旧石器时代，巴蜀大地便有巫山人和资阳人活动。新石器时代，巴蜀创造了独特的灰陶文化、玉器文化和青铜文明。以宝墩文化为代表的古城遗址，昭示着城市文明的诞生；三星堆和金沙遗址，展示了古蜀文明的不同凡响；秦并巴蜀，开启了与中原文化的融通。汉文翁守蜀，兴学成都，蜀地人才济济，文章之风大盛。此后，四川具有影响力的文人学者，代不乏人。文学方面，汉司马相如、王褒、扬雄，唐陈子昂、李白，宋苏洵、苏轼、苏辙，元虞集，明杨慎，清李调元、张问陶，近现代巴金、郭沫若等，堪称巨擘；史学方面，晋陈寿、常璩，宋范祖禹、张唐英、李焘、李心传、王称、李攸等，名史俱传。此外，经过一代代巴蜀人筚路蓝缕、薪火相传，还创造了道教文化、三国文化、武术文化、川酒文化、川菜文化、川剧文化、蜀锦文化、藏羌彝民族风情文化等，都玄妙神奇、浩博精深。瑰丽多姿的巴蜀文化，是中华文化的重要组成部分，有着鲜明的地域特征和独特的文化品格，是四川人的根脉，是推动四川文化走向辉煌未来的重要基础。记得来路，不忘初心，我们要以“为往圣继绝学”的使命担当，担负起传承历史的使命和继往开来的重任，大力推动巴蜀文化的传承、接续与转生，让巴蜀文化的优秀基因代代相传，“子子孙孙无穷匮也”。

四川历史文化异彩独放，民族文化绚丽多姿，红色文化影响深广，历史名人灿若星辰，这些是四川建设文化强省重要的文化资源。中共四川省委、四川省人民政府秉持高度的文化自觉和文化自信，借助四川文化资源富集的优势，持续深入推进文化强省建设，先后出台《四川省“十三五”文化发展规划》《关于传承发展中华优秀传统文化的实施意见》《建设文化强省中长期规划纲要》等一系列战略规划及措施，大力推进古蜀文明保护传承、三国蜀汉文化研究传承、四川历史名人传承创新、藏羌彝文化保护发展等十七项优秀传统文化传承发展工程，着力构建研究阐发、保护传承、国民教育、宣传普及、创新发展、交流合作等协同推进的文化发展传承体系，不断探索传承守护中华文脉的四川路径。

“四川历史名人文化传承创新工程”是四川启动最早、影响最广的一项文化工程。自 2016 年 10 月提出方案，经过八个多月的论证调研、市（州）申报、专家评审，最终确定大禹、李冰、落下闳、扬雄、诸葛亮、武则天、李白、杜甫、苏轼、杨慎为首批十位四川历史名人。这十位历史名人，来自政治、文化、科技、艺术等多个领域，他们是四川历史上名人巨匠的首批杰出代表，各自在自己专业领域造诣很高，贡献杰出：李冰兴建都江堰，功在千秋，落下闳创制《太初历》，名垂宇宙；李白诗无敌，东坡才难双；诸葛相蜀安西南，杜甫留诗注千家；大禹开启中华文明，则天续唱贞观长歌；扬雄著述称百科全书，千古景仰，升庵文采光辉耀南国，万世流芳。

十大名人之所以值得传颂，不仅在于他们具有雄才大略、功勋卓著、地位崇高、声名显赫，更在于他们身上所承载的思想理念、人文精神、气质风范、文化品格等，是中华民族和巴蜀文化的集中表达。大禹公而忘私、为民造福的奉献精神，李冰尊崇自然、求真务实的科学态度，落下闳潜心研究、孜孜不倦的探求意志，扬雄悉心著述、明辨笃行的学术追求，诸葛亮宁静淡泊、廉洁奉公的自律品格，武则天巾帼不让须眉的豪迈气概，李白“直挂云帆济沧海”的博大胸怀，杜甫心系苍生、直陈时弊的忧患意识，苏轼宠辱不惊、澄明旷达的坦荡胸襟，杨慎公忠体国、坚守正义的爱国情怀，都是中华民族优秀文化的浓缩和凝聚，是四川人民独特气质风范的体现，是社会主义核心价值观的本源和本质，是四川发展的宝贵资源和突出优势。

历史名人要有现实意义才能活在当下。今天我们宣传历史名人，不能停留在斯土有斯人的空洞炫耀上，而要用历史的、发展的、辩证的思维去深入挖掘、扬弃传承、转化创新，不断赋予时代内涵，不断呈现当代表达，让历史名人及其文化“站起来”“活起来”“动起来”“响起来”“火起来”，真正走出历史、走出书斋、走进社会，走向世界、走向未来。“四川历史名人文化传承创新工程”实施三年多来，全社会认知、传承、传播历史名人文化的热潮蓬勃兴起，成效显著：十大名人研究中心全面建立，一批中长期规划先后出台，一批优秀成果陆续推出；十大名人故居、博物馆、纪念馆加快保护修复，展陈质量迅速提升；十大名人宣传片全部上线，主题突出，画面精美；名人大讲堂、东坡艺术节、人日游草堂、都江堰放水节、广元女儿节等品牌文化活动多地开花，万紫千红；以名人为元素打造的储蓄罐、笔记本、手机壳、冰箱贴等文创产品源源上市，深受民众喜爱；话剧《苏东坡》《扬雄》、川剧《诗酒太白》《落下闳》、歌剧《李冰父子》、曲艺《升庵吟》、音乐剧《武侯》、交响乐《少陵草堂》等一大批舞台艺术作品好戏连台，深入人心……

“四川历史名人丛书”的编纂出版，是实施振兴四川出版战略、实现文化强省目标的重要举措，其目的是深入挖掘提炼历史名人的思想精髓和道德精华，凝练时代所需的精神价值，增强川人的历史记忆、文化记忆，延续中华文化的巴蜀脉络，推动中华文化传承创新，彰显巴蜀文化的生命力和影响力。

“四川历史名人丛书”的编纂出版，始终坚持正确的政治方向、出版导向、价值取向，深入挖掘名人的精神品质、道德风范，正面阐释名人著述的核心思想，借以增强川人的文化自信，激发川人了解家乡、热爱家乡、建设家乡的澎湃力量；始终坚守中华文化立场，着力传承中华文化的经典元素和优秀因子，促进人民在理想信念、价值理念、道德观念上团结一致；始终秉承辩证唯物主义和历史唯物主义观点，用客观、公正、多维的眼光去观察历史名人，还原全面、真实、立体的历史人物，塑造历史名人的优秀形象，展示四川文化的独特魅力，让历史名人文化为今天的社会发展提供精神动能。

“四川历史名人丛书”的编纂出版，注重在创新上下功夫，遵循出版规律，把握时代脉搏，用国际视野、百姓视角、现代意识、文化思维，将思想性、知识性、艺术性、可读性有机结合，找到与读者的共振点，打造有文化高度、历史厚度、现代热度的文化精品，经得起读者检验，经得起学者检验，经得起社会检验，经得起历史检验；注重在质量和水平上下功夫，立足原创、新创、精创，努力打造史实精准、思想精深、内容精彩、语言精妙、制作精美的文化精品，全面提升四川出版的知名度和美誉度，为建设文化强省、助推治蜀兴川再上新台阶提供思想引领、舆论推动、精神鼓励和文化支撑，为增强中华文化影响力贡献四川力量。

“四川历史名人丛书”编委会

2019 年 10 月 30 日

孟子曰："颂其诗，读其书，不知其人，可乎？是以论其世也。"（《孟子·万章下》）孟子的颂其诗、读其书而知人论世的方法，是我们学习和研究古代文化和文学的一个好方法。尤其是在古典文学方面，这是深入了解诗人和作家优秀文学作品的一个重要方法和途径。在诗歌方面，诗歌是诗人所流露出的心声，什么样的诗人写什么样的诗歌，其诗歌背后所生活的时代，个人的人生经历、思想状态及其人格，都决定着其诗歌所表现和表达的内容和情感走向。所以，当我们高吟"明月出天山，苍茫云海间。长风几万里，吹度玉门关""天生我材必有用，千金散尽还复来""俱怀逸兴壮思飞，欲上青天览明月""兴酣落笔摇五岳，诗成笑傲凌沧洲""何不令皋繇拥彗横八极，直上青天扫浮云""长风破浪会有时，直挂云帆济沧海""安得倚天剑，跨海斩长鲸""桃花流水窅然去，别有天地非人间""孤灯不明思欲绝，卷帷望月空长叹"这些气象雄浑、大气磅礴、想象奇特、意境优美、情思绮丽的李白诗句时，不想进一步去了解李白的生平经历、思想、为人吗？这些诗歌是怎样写出来的，是什么时候写出来的，是对什么人、为什么事，又是在怎样的一个背景下写出来的？以及他生活在怎样的时代背景和生活环境，有什么样的家世、受过什么样的文化教育和思想影响，结交过什么样的人，有过什么样的成功际遇和不幸遭遇？这就需要我们进行细致的探讨和研究。因此，就需要给他写出一本比较全面的传记来。

李白到底是一个什么样的人？什么样才是李白的真面目？对这些问题的解答，是每一个写李白传记的人所面临的艰巨任务。何念龙先生曾经提出过，人们的心中有三个李白：一个是历史记载中的李白，一个是传说中他人心目中的李白，一个是李白自己诗歌中所表现出来的自我形象的李白。这“三型李白”说，比较全面地构成了李白的文化形象。其三者虽然不尽相同，却是互有紧密联系的。要纯粹地写出一个历史上完全真实的李白，这几乎是不可能的。即使历史文献中对李白记载很多，也写不出一个完全真实的李白。况且史传上李白的生平资料留下来的少之又少，而这其中又是真假混淆、错误百出。如正史《旧唐书·李白传》说，李白是“山东人”，其父是“任城尉”，天宝初玄宗召吴筠赴京师，李白由吴筠荐之入朝，“与筠俱待诏翰林”，尝与侍御史崔宗之自采石达金陵，还说永王李璘是“江淮兵马都督、扬州节度大使”，以及李白在“宣州谒见”永王李璘，最后“死于宣城”等，都与其他李白的史传生平所叙不合，该《李白传》中还有让“高力士脱靴”之事，又似传说之辞等。《新唐书·李白传》也有“力士脱靴”之说，并载有郭子仪与李白互救之说。这就是说，连两唐书正史之所载，也不可尽信。即使是与李白同时代的好友魏颢、李阳冰、李华等人的“集序”和墓志，以及与李白时代相近的范传正、刘全白、裴敬等人的李白碑文墓志等，虽然记载有李白的家世及生平，但也有避讳不谈或不做深谈，甚至于故用曲笔以掩饰的地方。如《草堂集序》中说，李白先世“自穷蝉至舜，五世为庶，累世不大曜”等语，即故意掩饰之辞也。所以尽管以历史文献为证，也难以全面认知李白家世之真面目。

至于有关李白的传说，如“太白金星投胎”说，“磨杵成针”说，“笔头生花”说，“龙巾拭吐”说，“斗酒诗百篇”说，“天子呼来不上船”说，“骑驴过华阴”说，“腰间有傲骨”说，以虹霓为丝，以明月为钩，以天下无义丈夫为饵的“海上钓鳌客”说，“醉中捞月”说，“骑鲸升天”说，以至中唐以后的“李白得仙”说等传说故事，虽不是真事，但也传之有故，或说李白是天才，或称其有傲骨，或夸李白有气魄，或谓李白情怀浪漫等，突出了李白的非凡气质和高尚人格，这些都是根据李白的史传、碑志和李白诗文演绎出来的增殖和衍生部分，表达了人民群众对李白的喜爱和对李白形象的再塑，也有一定的参考价值。本书也对其一一考证，指出其文献出处和产生的原因。

当然，最能显示李白才华、气魄、人格，以及可借此考察李白生平经历的，主要还是李白自己的诗文。我们可以通过对其诗文作品的考证和辨析，梳理出李白大概的生平事迹和创作经过。这对于一个浪漫诗人，一个经常夸张其词的李白来说，虽然不那么容易，但还是有迹可循的。这就是李白的自我画像，是最接近李白真实面目的材料。李白是一个真情流露的诗人，其诗文情真、意真，即诗如其人。从总体上来说除了那些自表家世的话，有些不能说、不愿说，或不能全说，或因夸张虚构的艺术手法的原因，大部分都是有所指，有事实根据的。

我们今天为李白写传，首先根据的是史传文献，其次根据的是他的诗歌和文章，再次就是参考与李白有关的传说故事，经过认真细致、深思熟虑的综合考辨来三位一体地撰写李白，尽量向读者展现出一个近似于历史真实的李白形象。除了大体上有一个叙述的框架，其基本史实在可靠的范围内，在细节方面也要有一些故事情节的构思，使其传记具有一定的文学性，这是符合中国史学的历史传统的。在《史记》的人物传记中，如“鸿门宴”中的人物、场面及情节的精细描写，太史公又没有亲眼所见，如何知之？这里就有司马迁的艺术想象的发挥，这样就可以使其人物和文字生动起来，有可读性。此外，结合李白的生平事迹和经历，并以诗文为根据，对其诗文的创作进行了扼要的讲解分析，将李白诗歌丰富的文化内涵、艺术精华和时代精神很好地展现出来。

李白是唐代最伟大的浪漫主义诗人，是一个超现实的理想主义作家，也是盛唐文化精神的代表。他和唐代伟大的现实主义诗人杜甫并世而出，登上了唐代诗歌的顶峰。在他们诗歌的影响下，我国的浪漫主义诗潮和现实主义诗潮交相为用，对后代诗歌文坛产生了巨大的影响，给唐代诗歌带来了丰富多彩的面貌和空前的兴盛繁荣，使得唐诗成为唐代文化的杰出代表，并对后世的诗歌创作树立了光辉的榜样。

李白在文化精神上，继承了先秦策士的独立精神。先秦策士无所畏惧，游走于诸侯之间，常常以王者之师或王者之友的身份，对当时的统治者说三道四，如同平等之交。他们独立自尊，有一种自主的人格；他们致身于道，而不愿枉道屈身，有一种“说大人则藐之”的一身傲骨。另外，汉魏清流以天下为己任的家国情怀和六朝士人自由潇洒的风度这些文化精神，与盛唐时代对外开放较为自由的风气相融合，于是产生了李白这样的较少受世俗礼教束缚而喜爱自由、思想大胆开放、勇于开拓进取的杰出人物。

李白少怀大志，他的理想是“安社稷、济苍生”、要致身卿相，“奋其智能，愿为辅弼，使寰区大定，海县清一”，事君之道成，然后“功成身退”。他一生的政治理想均在于此。因他一直是功未成而身亦未退，所以在成与退之间矛盾挣扎着，但他始终都没有抛弃其忠心报国的理想。在唐代讲究门第的社会里，李白一直以“凉武昭王李暠九世孙”的唐王室宗亲自许，借以傲世，尽管并未得到唐宗室的承认。其实，李白并没有光荣的家世作为炫耀和晋身的资本。他其实是草根出身，生长在一介商户的家庭，由于谱牒已失，家世不明，故不能参加科举考试，全凭借自己出众的才能和自我艰苦的奋斗，“遍干诸侯”，结交卿相，以取得他们的荐举，好去游说人主。经过二十多年的努力奋斗，他才由民间走向朝廷。这不能不说是一个奇迹。可以说，李白是一个自我顽强奋斗的榜样。

在长安翰林供奉的三年里，李白凭自己的诗歌才能赢得了玄宗的喜爱和旷世的诗名。但李白要的不是这个，而是“安社稷、济苍生”的许身报国的机会。在朝廷中与皇家和权贵交往的日子里，他看清了上层统治者政治的昏庸、生活的腐败、官场的尔虞我诈、权奸得志而忠良遭害的黑暗内幕，他不屑于与他们同流合污，并且激起了他极大的愤怒和反抗。李白在此期间写了许多讽刺揭露社会黑暗和发泄愤懑不平的诗歌，为皇帝及其佞臣所不喜，他们还对李白进行了谮毁和迫害。李白知道，忠、奸不可能共存，便主动提出辞京还乡，回归民间。由此，开始了他长期的漫游生活。在此时期，李白的心情并不平静。一方面，他不向权贵折腰，在大自然中追求自由生活，“混游渔商，隐不绝俗”，在民间获得了友谊和尊重，也写了许多歌颂祖国大好山河和优游世间的优美诗篇；而另一方面，他却身在江湖，心怀魏阙，他怀君、怨君、忧君，既依恋昔日长安的荣华生活，又痛恨皇帝昏聩，心系社稷安危，同时对长安奸臣当道、迫害忠良的时局表示强烈的愤怒。他此时的政治抒情诗歌爱憎分明，大起大落，感情悲愤，显示出诗人忧国忧民的情怀。安史之乱的爆发，激起了诗人强烈的爱国主义精神。他一是到处奔走，联络爱国志士出兵勤王，二是参加永王李璘的军队，意在平叛救国。不料，却陷入王室争斗的泥潭，被下狱流放。诗人悲愤至极，因叛乱未灭，战乱未息，他仍然没有忘记从军报国，“冀申一割之用”，但终因身体不支，而未能从行。因此，可以说李白一直是为“功成”而努力，功未能成，他是不愿身退的。在他看来，“苟无济代心，独善亦何益？”这种积极入世的精神，是李白终怀报国之志的思想基础。

李白的生平，有其传奇的一面，他身具特异的禀赋，这是他得天独厚能够获得一定成功的一面。但更多的是他超越时代的思想与现实社会迟滞落后一面的矛盾和冲突。先进与落后、光明与黑暗、超前与迟滞的对立，成就了李白激情澎湃、大起大落、大开大合、大喜大悲、奔放激昂的诗歌风格，感动了后代无数的读者，而他对理想的不懈追求，也激励了后人为理想献身的奋斗精神。

李白的诗歌，是他一生获得的主要成就。李白本质上是一位杰出的诗人，而不是一个政治家。他在政治上毕竟是幼稚的，既没有从政的经验，也没有做官的本事。他视权贵如俗物、眼高于顶的傲气和眼中揉不得沙子的耿直脾气，说明他就不是当官的料。他以谪仙人的眼光俯视世人，超类拔俗，远离污浊社会的清高，使他只能做一个清醒的社会观察者和批判者，而成不了着眼于实际的政治家和改革家。他的诗可以是社会的警钟，是激励人奋进的木铎，是反抗者的呼声，是拨开乌云的闪电，是理想的灯塔，却不是政治家治国的手段，不能做行政的纲领，实际上只起着启示和激励的作用。他可以是文化精神上的旗手，指引着人们奋勇前行。

在文学史上，李白是一位集前代诗歌之大成的伟大继承者。杜甫才是唐诗的开创者，在诗体和诗风上为后代诗歌开出无数法门。李白将《诗经》《楚辞》、两汉乐府、汉魏古诗、六朝新体诗以及初唐五律、歌行和绝句之长，化为自己的血脉，加以创造性的总结，将五、七言古诗和五、七言绝句，作了创造性的发展，将陈子昂所提倡的《诗经》以来的诗要有寄兴的传统和魏晋风骨的文学理论付以实践，达到了“凡所著述，言多讽兴，自三代已来，《风》《骚》之后，驰驱屈、宋，鞭挞扬、马，千载独步，唯公一人”及“至今朝诗体，尚有梁、陈宫掖之风。至公大变，扫地并尽。今古文集，遏而不行”的伟大成果，在唐代文坛达到“唯公文章，横被六合，可谓力敌造化”的崇高成就。此评价可谓公论。

当今正值继承中国优秀传统文化，建设社会主义新文化之际，李白的文化精神和诗歌创作，给我们带来了新的借鉴和启示。对当代文学创作有高原而无高峰的实际情况来说，要努力实现既有高原又有高峰的时代要求，向伟大的浪漫主义诗人李白学习，就是十分必要的了。因此，应该为其做好传记和研究，充分发扬李白的进取意识和创造精神，进一步解放思想，攀高峰、出精品，让李白的优秀文化精神广为传播，成为社会主义新文化的精神营养和艺术借鉴。

此书参考了当代专家同仁的许多研究成果，这里向他们表示衷心的感谢！并请读者朋友多提宝贵的批评意见。

葛景春

于河南省社会科学院醉白斋

2020 年 5 月 28 日

第 一 章　身世之谜

李白家世 _ 003
生地生年 _ 009
家庭成员 _ 012
身世辩证 _ 015

第 二 章　蜀中岁月

少年苦学 _ 021
峨眉学道 _ 025
从师赵蕤 _ 029
巴蜀之作 _ 035
仗剑出峡 _ 043

第 三 章　江汉之游

江陵访道 _ 049
洞庭交游 _ 056
江夏之行 _ 059
庐山观瀑 _ 062

第 四 章　东游吴越

金陵寻梦 _ 069
东穷溟海 _ 074
维扬受困 _ 079

第 五 章　酒隐安陆

相府招亲 _ 085
秦海观风 _ 095
襄阳识荆 _ 103
洛阳献赋 _ 110
随州访道 _ 120
太原之行 _ 122
嵩山之会 _ 125
告别安陆 _ 131

第 六 章　移家东鲁

学剑山东 _ 135
儒侠兼修 _ 138
诗嘲鲁儒 _ 141
思盼阳春 _ 144
梁园待起 _ 147
泰山仙游 _ 150

第 七 章　长安风云

奉诏入京 _ 157
名尊谪仙 _ 159
笑傲公卿 _ 164
清平醉写 _ 175

饮中八仙 _ 181
辞京还山 _ 186
云台浩歌 _ 191

第 八 章　李杜相会

洛阳初会 _ 197
梁宋之游 _ 201
济南聚会 _ 205
石门送别 _ 209

第 九 章　再游吴越

吴越情深 _ 215
重访秦淮 _ 226
心怀国忧 _ 233
元氏二友 _ 243

第 十 章　北探幽州

喜结梁苑 _ 251
虎穴探险 _ 253
远别之恨 _ 257

第十一章　退隐江东

隐居宣城 _ 261
抽刀断愁 _ 265
诗悼晁衡 _ 267
九华黄山 _ 274
漫游秋浦 _ 278
桃潭情深 _ 282

第十二章　平叛报国

中原胡尘 _ 287
东游勤王 _ 291
永王东巡 _ 297
蒙冤入狱 _ 307
长流夜郎 _ 312

第十三章　徘徊湖湘

勿弃贾生 _ 319
笑傲江城 _ 325
洞庭秋月 _ 331
草书歌行 _ 337
晚结佛缘 _ 340

第十四章　终老当涂

归卧匡庐 _ 345
壮心难酬 _ 348
石门别友 _ 354
投奔阳冰 _ 357
枕上授简 _ 361
垂辉千春 _ 363

参考书目 _ 369

身世之谜

李白的身世，隐晦不明；李白的出生地，至今争论不休。这些都成了难解之谜。但可以确定的是，李白自幼成长在蜀中的绵州昌隆县，是巴山蜀水养育了他。李白的父亲落籍于剑南道绵州昌隆县，李白的户籍也在绵州昌隆县，所以他的故乡是今四川江油，这是无可争议的。

李白家世

李白是中国唐代最伟大的浪漫主义诗人，他继战国时代伟大的浪漫诗人屈原之后，又一次将中国的浪漫主义诗歌推向了一个新的高峰，被人们推为“谪仙”和“诗仙”。李白与同时代的伟大现实主义诗人杜甫，双峰并立，并称“李杜”，对中国诗歌史产生了巨大的影响，形成浪漫主义和现实主义诗歌两大风格，对唐宋之后的诗歌发展做出了杰出的历史贡献。这样的一个伟大、杰出的诗人，他的家世、出生地和生卒年，疑点重重，众说纷纭，至今还没有一个统一的认识，成了一个难解之谜。现将有关李白的身世之谜，略述于下。

有关李白的家世，现根据历史文献进行考察。

唐·李阳冰《草堂集序》：

> 李白，字太白，陇西成纪人，凉武昭王暠九世孙。蝉联珪组，世为显著。中叶非罪，谪居条支，易姓与名。然自穷蝉至舜，五世为庶，累世不大曜，亦可叹焉。神龙之始，逃归于蜀，复指李树而生伯阳。惊姜之夕，长庚入梦，故生而名白，以太白字之。世称太白之精，得之矣。

唐·范传正《唐左拾遗翰林学士李公新墓碑并序》：

公名白，字太白，其先陇西成纪人。绝嗣之家，难求谱牒。公之孙女搜于箱箧中，得公之亡子伯禽手疏十数行，纸坏字缺，不能详备。约而计之，凉武昭王九代孙也。隋末多难，一房被窜于碎叶，流离散落，隐易姓名。故自国朝已来，漏于属籍。神龙初，潜还广汉，因侨为郡人。父客，以逋其邑，遂以客为名。高卧云林，不求禄仕。

李阳冰，是唐代著名的篆书书法家，宋代的《宣和书谱》称“有唐三百年以篆称者，唯阳冰独步”。传说李白曾向李阳冰传授过篆书法[①]。李白曾作诗称赞云：“落笔洒篆文，崩云使人惊。吐辞又炳焕，五色罗华星。”（《献从叔当涂宰阳冰》）李阳冰籍贯是赵郡李氏，与李白自称的陇西李氏本非一族，但唐人有联宗的习惯，故李白在晚年投奔时任当涂县令的李阳冰之际，称其为族叔。李白在临终时向他“枕上授简”，求李阳冰为其诗集作序，可见他们之间关系的密切。《草堂集序》中所说的李白家世，当是李白亲口对李阳冰说的。李阳冰说李白为“陇西成纪人，凉武昭王暠九世孙。蝉联珪组，世为显著”。陇西成纪，在今甘肃静宁西南，即西汉名将李广的故里，李白曾自称为李广的后裔：“本家陇西人，先为汉边将。功略盖天地，名飞青云上。苦战竟不侯，当年颇惆怅。世传崆峒勇，气激金风壮。英烈遗厥孙，百代神犹王。”（《赠张相镐二首》其二）李白在《与韩荆州书》中说：“白，陇西布衣。”这些话都是李白自己说的。他的籍贯为陇西李氏，一点没错。至于李阳冰说李白是“凉武昭王暠九世孙”，应是听李白讲的。范传正得了李白之子伯禽的手疏十数行家世记载，因而推断：“约而计之，凉武昭王九代孙也。”那么凉武昭王是谁呢？他叫李暠，祖籍陇西，自称是汉李广的第十六代孙，东晋隆安四年（400年）建立西凉政权，以敦煌为都城，称西凉王。他曾在义熙元年（405年）遣使奉表东晋，并迁都酒泉，去世后谥武昭王。李唐王朝自称是凉武昭王的后裔，天宝二年（743年），唐玄

① 元人郑杓、刘有定《衍极并注》：“大历初，灞上人耕地得石函，中有绢素古文科斗《孝经》，凡二十章，初传李白，白授阳冰，尽通其法。”按，云“大历初”，年代可能有误，因李白死于宝应元年（762年），不可能到大历初。

宗（李暠第十一世孙）追尊李暠为“兴圣皇帝”。李白自称是李暠的九世孙，则与唐高宗是同辈，比唐玄宗还高两辈。李阳冰说李白的先祖“中叶非罪，谪居条支，易姓与名”，意思是说当李白的先祖在其五世祖时，因无故而获罪，被谪居到条支，已改换了名和姓，不再姓李了，姓什么不得而知。是胡姓或是汉姓，也不清楚。范传正与李阳冰说法相同，但稍微有区别：“隋末多难，一房被窜于碎叶，流离散落，隐易姓名。故自国朝已来，漏于属籍。”意思是说，李阳冰所说的“中叶非罪”的具体时间是在“隋末”，人物是李白的一房人，被“窜”的地点是“碎叶”。那么“条支”和“碎叶”有什么区别，又有什么关系呢？可以说条支是一个大地名，即指唐朝在西域中亚地区的条支都督府所管辖的广大地区。其都督府所在地即现在的阿富汗中部加兹尼一带。条支都督府，领九个羁縻州，属唐代安西都护府管辖，因借指西域的广大地区。而碎叶是属于西域的一个具体的小地名，其地址在今吉尔吉斯斯坦境内的托克马克城附近，属唐安西都护府管辖。此事经过郭沫若先生的考证（详见郭著《李白与杜甫》第3页，人民文学出版社1971年版）。

关于李白的家世，主要有六种说法。

1. 隋末与李浑、李敏有关的族人说

齐东方先生说：“隋代大业年间，朝廷发生一起大案，权臣李浑被告谋反，李浑、李敏等宗族三十二人被诛，李门中幸存的老幼皆徙岭外，其中有一房流寓碎叶。学者考证，流寓到碎叶的李氏一房，即为李白的五世祖。”据他考证，李氏家族的李贤，其弟李远，其子李询、李崇、李轨等，皆在军中任过要职，主要活动在河西地区，是一个封地在陇西的军人世家，因此为隋炀帝所忌。据《隋书·炀帝纪》：大业十一年（615年）“五月丁酉，杀右骁卫大将军、光禄大夫、郕公李浑，将作监、光禄大夫李敏，并族灭其家”。原因是当时有一个方士曾向隋炀帝预言：“当有李氏应为天子”，并建议炀帝“尽杀海内凡李姓者”（《隋书·李穆传》）。于是，隋炀帝族诛李浑、李敏，并弄得天下李姓者人人自危，纷纷逃亡以避祸。因此，李白的先世应是沿着丝绸之路逃往西域碎叶以避祸。（《从李贤、李静训到李白——考古发现与李白先祖》，载《明月天山——“李白与丝绸之路国际学术研讨会”论文集》，国家图书馆出版社2018年版）

2. 李白的先祖是李轨的族人说

李轨也是出自凉武昭王李暠之后，在隋末拥有河西而自称河西大凉王，割据一方。李渊称帝后，与李轨约为从兄弟，想招降他。但李轨却擅自称大凉皇帝，不肯归降。后李轨被部下所执，送给李渊，在长安被诛杀。李白的先祖可能是李轨之族人，恐牵连在内，故逃往西域[①]。

3. 李白是隐太子李建成或齐王李元吉的后代说

钟吉雄《为什么我不敢告诉你我是谁——谈李白的身世之谜》（《台湾时报》1984.10.28八版）认为："李白出身帝王之家，可能是唐高祖的长子建成或三子元吉的曾孙。于李世民发动玄武门之变后，被废为庶民（李序有"五世为庶"的话），并流放西域。"兼葭《李白身世之谜》（《中国青年报》1985.7.28）介绍台湾学者罗香林关于李白身世的说法：武德末年（626年）玄武门兵变，李建成兵败身亡，妃子托孤于宫女，随商人入西域。这个遗孤乃李白的高祖或曾祖。褚问鹃《李白身世的研究》（《艺文志》第196期）也有相同说法。韩维禄《李白"先世为庶"当为李建成玄孙解》（《山西师范大学学报》1988年第1期）认为：李白为唐宗室，其关系为李渊、李建成、李承宗、承宗之子、李客、李白。李白不公开自己的家世，乃因唐初秦王李世民发动玄武门之变，诛李建成及其五子，李元吉及其六子，并除其籍于宗室。

4. 李白先祖是武则天时期拥立中宗的汝南王李炜说

李从军《李白考异录·李白家世考索》（齐鲁书社1986年版）认为：李白的先人"所坐就是永昌元年谋立中宗之案"。永昌元年（689年）四月，武则天杀辰州别驾汝南王炜、连州别驾鄱阳公諲等宗室十二人，徙其家属于巂州。"李白先人，当是李白祖父，即此宗室十二人之一，因永昌元年谋立中宗，反对武后当政而被杀。李白的父亲流巂州，想来李白的父亲没有被杀，是因年幼之故。"后又逃往西域，于神龙元年（705年）潜还蜀地。他对"穷蝉于舜，五世为庶，累世不大曜"做了新的解释。认为"五世"是指唐中宗、睿宗、玄宗、肃宗、代宗。李白一家在此五世皇帝期间，累世李客、李白、伯禽无官，身世沦落。

① 此论见王文才《李白家世探微》，《四川师范学院学报》1979年第4期。

5. 李陵后裔说

此说李白是西汉李陵、北周至隋李贤、李穆、李敏一族的后人，与李唐本非一李，后来李白是冒认李唐宗室。

张书城《李白先世之谜》（《唐代文学论丛》第8期）认为："西汉李广、李陵、北周李贤、杨隋李穆这一陇西成纪李氏才是真正的李白先世之家。"认为李穆、李白是"陇西成纪李氏的嫡裔"，"李白是李广长房、长孙李陵的后裔，是李广的二十五代孙"，"隋末多难，一房被窜于碎叶"，即指其五世祖李穆谪罪。并在文中列出了李白世系表，排比出李白远祖的世系、经历。范伟《关于李白世族的研究》（《求是学刊》1986年第3期）也认为：李陵在胡地的后裔乃李贤、李穆。李白的祖先即李贤、李穆这一支的李陵后裔，隐姓埋名于西域，至神龙初才潜还内地，恢复李姓。

6. 李白本是西域胡人，或有胡人血统的混血儿说

陈寅恪《李太白氏族之疑问》（《清华学报》1935年10卷第1期）认为："碎叶、条支在唐太宗贞观十八年即西历六四四年平焉耆，高宗显庆二年即西历六五七年平贺鲁，隶属中国政治势力范围之后，始可成为窜谪罪人之地。若太白先人于杨隋末世即窜谪如斯之远地，断非当日情势所能有之事实。其为依托不待详辨。"认为"太白生于西域""至中国后方改姓李也""其人之本为西域胡人，绝无疑义矣""其父之所以名客者，殆由西域之人其名字不通于华夏，因以胡客呼之，遂取以为名"。詹锳《李白诗论丛·李白家世考异》认为："意者白之家世或本商胡，入蜀之后，以多赀渐成豪族。"详考李白诗文中所称同宗诸人的辈次，"白之行辈似在凉武昭王九世至十三世之间"，并不固定，从而认为"于此可证其本非宗室，而于联宗之际漫为之说"，"然大抵以自称凉武昭王九世孙时最多，以其辈分在当时为最高故也"。天宝元年（742年），玄宗曾诏令"凉武昭王孙宝已下，绛郡、姑臧、敦煌、武阳等四公子孙，并宜隶入宗正寺，编入属籍"（《唐会要》卷六十五）。时李白正在长安供奉翰林，却"漏于属籍"，可见李白非凉武昭王九世孙。另外，从其诗文及有关记载，白曾草答蕃书，白豪侠之风与中华之传统文人不类，白习夷礼，白相貌特异等，可证"白本西域胡人"。日人松浦友久《李白的出生及家世》（《中国李白研究》1990年下

集）也认为李白是西域异族，而冒称李唐宗室。

李白的家世中，所谓“自穷蝉至舜，五世为庶，累世不大曜，亦可叹焉”，是什么意思呢？穷蝉至舜句，《史记·五帝本纪》曰：“穷蝉父曰帝颛顼，颛顼父曰昌意：以至舜七世矣。自从穷蝉以至帝舜，皆微为庶人。”这句出典说自昌意、颛顼、穷蝉、舜的高祖、曾祖、祖父、父亲，共有七世，这其间有五世都是庶民百姓。累世，接连几代。不大曜，名位不显。曜，显，有名。此句语意为自穷蝉至舜之间，五代都是平民百姓，接连几代都名位不显。此借指李白家世。李白的先世，包括李白的曾高祖、高祖、曾祖、祖父和父亲这五代人都是庶民百姓，名字不大为人所知。也就是说，如果李白是凉武昭王的九世孙，那么从李白的五世祖起，其后就不再做官，姓名不显了。因此，李白的先祖，包括他的父亲，都是隐姓埋名的。到了李白这一辈，才恢复李姓。李白对自己的家世讳莫如深，含糊其词，到底是什么原因呢？到现在我们也没有彻底弄清楚。也可能是李白出于种种原因，不好讲清楚，也不愿讲清楚吧。

生地生年

关于李白的出生地，虽众说纷纭，然归总起来，只有两说。一是蜀中说，一是西域说。

1. 蜀中说

最早的说法是李白生于蜀中。李白的好友魏颢，在《李翰林集序》中说："白本陇西，乃放形，因家于绵。身既生蜀，则江山英秀。"文中说李白"身既生蜀"，即指李白生于蜀中。李阳冰在《草堂集序》中也说："神龙之始，逃归于蜀，复指李树而生伯阳。惊姜之夕，长庚入梦，故生而名白，以太白字之。""复指李树而生伯阳"，用的是老子出生时的典故。《艺文类聚》卷七八："老子，姓李名耳，字伯阳。楚国苦县赖乡人也。其母感大星而有娠……母到李树下生老子，生而能言，指李树曰：'以此为我姓。'"此以老子的传说代指李白是母感大星而生，且指生李白之后，其家始改李姓。这也分明是说，李白是在其父逃归于蜀后而生的。还有唐人范传正的《唐左拾遗翰林学士李公新墓碑并序》中说："神龙初，潜还广汉，因侨为郡人。父客，以逋其邑，遂以客为名。高卧云林，不求禄仕。公之生也，先府君指天枝以复姓，先夫人梦长庚而告祥，名之与字，咸所取象。"也说的是李白之父在"潜还广汉"后生了李白。广汉，李白的家乡绵州，属汉代的广汉郡，此用的是古地名。

生于蜀说者，皆以此三文献为证，说明李白确生于蜀中。如郑畅《李白究竟出生在哪里？》（《四川大学学报》1981年第4期）、蒋志《李白生于江油补证》（《四川大学学报丛刊》15辑1982年10月）、裴斐《评李白出生碎叶说兼及其籍贯问题》（《江汉论坛》1984年第11期），皆据李阳冰序、范传正碑叙述，认为李白出生时间在“逃归于蜀”“潜还广汉”之后。另外，明杨慎《李诗选题辞》也正式提出，李白出生于彰明县青莲乡（今四川江油）。裴斐认为，众资料的一致性，充分说明李白生于蜀之可信。

2. 西域说

关于李白生于西域的观点，首起于王琦对李白在唐代神龙初时年龄的说法。神龙是唐中宗李显的年号，总共有三年。李阳冰说李父“神龙之始，逃归于蜀”。“神龙之始”即神龙元年（705年），其时李白已经五岁。王琦《李太白年谱》：“神龙改元，太白已数岁，岂神龙之年乃神功之讹，抑太白之生未家广汉之前欤？”其意即说李白可能出生于西域，不可能生于蜀中。最早明确提出李白生于西域的是李宜琛《李白底籍贯与生地》（《晨报副刊》1926年5月10日），陈寅恪《李太白氏族之疑问》也认为，“李白生于西域，不生于中国”。

那么，李白是生于西域什么地方呢？

范传正说：“隋末多难，一房被窜于碎叶。”因此，很多学者都认为李白生于碎叶：

胡怀琛《李太白的国籍问题》（《逸经》1936年3月第1期）认为李白生于碎叶，即《西域记》中的素叶西八百五十里的达逻私城；郭沫若《李白与杜甫》（人民文学出版社1971年版）提出，李白“出生于中亚细亚的碎叶城”，其位置在今吉尔吉斯共和国的托克马克市。由于郭沫若是著名的历史学家，他的说法得到了学术界广泛的认可。如郁贤皓先生就认同郭说，认为李白生于中亚碎叶。

但后来有人提出碎叶城有两个，一个是中亚碎叶，还有一个是焉耆碎叶。李从军《李白出生地考异》（《李白考异录》，齐鲁书社1986年版）认为，李白“出生于焉耆碎叶，即今新疆境内博斯腾湖畔的库尔勒和焉耆回族自治县一带”，焉耆碎叶城在调露元年（679年）王方翼筑城以前早已存在，而且是焉耆都督府的治所。但此说在谭其骧《郭著〈李白与杜甫〉地理正误》的考证中指出，焉耆碎叶实指中亚碎叶。二者实指一处。

关于李白生年的问题，目前存在很多种说法，尚没有定论。

1. 圣历二年（699年）说

首先考订李白生年的是宋人薛仲邕。王琦在论及薛仲邕《李太白年谱》时说："云白生于是年（圣历二年）。按曾巩序，享年六十四，李阳冰序载白卒于宝应元年十一月，自宝应元年逆数六十四年，乃圣历二年也。"但由于薛仲邕的《李太白年谱》多粗疏不精之处，故后人多不采信。

2. 神功元年（697年）说

自清王琦《李太白年谱》中发出"岂神龙之年号乃神功之讹"的疑问，近人裴斐《评李白出生碎叶说兼及其籍贯问题》一文据此，即认同此说，认为"若是，李家入蜀时在武后神功，下距李白降生四年，则与入蜀然后生白之说相合矣！"（《看不透的人生》第105页，北京燕山出版社1992年版）。但神功的年号只有一年，怎能称"神功之始"？裴斐"改字解经"的做法，与郭沫若改"咸秦"为"碎叶"的做法一样，是不够严谨的。

3. 武则天长安元年（701年）说

清王琦《年谱》：唐长安元年，太白生。"然李华作《太白墓志》曰年六十二，则应生于长安元年。以《代宋中丞自荐表》核之，表作于至德二载丁酉，时年五十有七，合之长安元年为是。"王琦考证较精详，后人多从之。但今之学者也有不同意此说者。

4. 神龙元年（705年）说

康怀远《李白生于神龙元年新证》（《江汉论坛》1985年第4期）认为"李白生于神龙元年，较之传统的定论应后推四年"。他的根据是李阳冰序中说李白宝应元年（762年）十一月"枕上授简"时，只是"疾亟"，并未说去世。魏颢序："经乱离，白章句荡尽。上元末，颢于绛偶然得之，沉吟累年，一字不下……白未绝笔，吾其再刊。"范碑："代宗之初，搜罗俊逸，拜公左拾遗，制下于彤庭，礼降于玄壤，生不及禄，没而称官。呜呼命与！"所谓代宗之初，依次为广德元年（763年）、广德二年（764年）、永泰元年（765年）、大历元年（766年）、大历二年（767年），"李白的卒年是大历元年，由此上推六十二年，李白的生年就不是长安元年而是神龙元年"。但对此说，人多不从。因代宗广德元年曾下诏封李白为左拾遗，李白此时已经去世，未能接诏，故李白不可能活到大历元年。此说是为了响应李白生于蜀中之说，故改李白生年为"神龙之始"。

家庭成员

李白的家庭有哪些成员，也是一个值得关注的问题。如他的曾高祖、高祖、曾祖、祖父、父亲是什么人，他的母亲是不是异族，有无兄弟姊妹，他的妻子是谁，他有几个儿女，几个孙子和孙女等问题，也是大家所关注的。

1. 父母

前面说过，李白的曾高祖、高祖、曾祖、祖父都不知道他们的名字，因为他们隐名埋姓，连他们姓什么都不知道。李白的父亲名叫李客，显然是他潜还蜀地以后的名字。范传正《唐左拾遗翰林学士李公新墓碑并序》："父客，以逋其邑，遂以客为名，高卧云林，不求禄仕。"李客的"客"，也不像是一个名字，而是别人对他的称呼。郭沫若说："李客必然是一位富商，不然他不能够携带那么多的人作长途羁旅。他入蜀以后，把李白养成了一个漫游成癖，挥霍任性，游手好闲，重义好施的人，也足以证明他是一个商人地主。但李客也有一定的文化修养，据李白自己的回忆：'余小时，大人令诵《子虚赋》，私心慕之。'"（《李白与杜甫》第18–19页，人民文学出版社1971年版）"李白的家在经营商业，在李白的作品里也有痕迹可寻。他在《与贾少公书》里说'混游渔商，隐不绝俗'；又在《金陵与诸贤送权十一序》里说'青云豪士，散在商钓'。这些都是证据。"（同上，第19页）

胡怀琛《李太白的国籍问题》："或者李白的母亲竟不是中原地方的人。"

江油青莲乡传说：李白家靠近涪江，有一个漫坡渡，传说原名叫"蛮婆渡”，是为纪念李白的母亲蛮婆而起名。蛮婆者，蛮夷女之谓也。

2. 伯叔

李白诗文集中有《对雪奉饯任城六父秩满归京》，“六父”当为李白之六叔。是否亲叔也未可知，其他从祖、从叔、族叔多为联宗，不可信。

3. 兄妹

郭沫若《李白与杜甫》：“李白的排行名叫‘李十二’，足见他的兄弟辈很多。”李白《万愤词》：“兄九江兮弟三峡，悲羽化之难齐。”郭沫若认为：“他至少有一兄一弟在长江沿岸的重要码头上经商。”李白还称李浩、李舒、李锡等为从兄，称李昭、李冽、李凝、李令问、李幼成、李之遥等人为从弟，这些从兄和从弟是不是真的和李白同一个祖父，恐多是联宗，大多是不可靠的。

传说李白有一个妹妹，名叫月圆。《唐诗纪事》卷一八“李白”条引杨天惠《彰明逸事》：“有妹月圆，前嫁邑子，留不去，以故葬邑下，墓今在陇西院旁百步外。”今四川江油有月圆墓，并有传为月圆居住的粉竹楼。

4. 妻妾

许氏：李白《上安州裴长史书》：“而许相公家见招，妻以孙女，便憩迹于此，至移三霜焉。”魏颢序：“白始娶于许。”此许氏为高宗时宰相许圉师的孙女为李白第一个妻子。

刘氏：魏颢序：“又合于刘，刘诀。”此刘氏当为李白之妾，许氏夫人死后所合，但不久便离异。《南陵别儿童入京》：“会稽愚妇轻买臣”中之“愚妇”当指此人。

鲁一妇人：魏颢序：“次合于鲁一妇人。”亦当是李白之妾。约是李白在东鲁兖州居住时所合。

宗氏：魏颢序：“终娶于宋。”“宋”字当为‘宗’之误。宗氏夫人是李白在天宝年间所娶，乃是武后时的宰相宗楚客之孙女，宗璟之姊，后与李白隐居庐山。李白流夜郎时，她曾设法营救李白出狱。

5. 子女

李白有一女一子。女名平阳，子名伯禽，又名明月奴。

魏颢序：“白始娶于许，生一女、一男曰明月奴。女既嫁而卒。”

一女即平阳。李白《寄东鲁二稚子》："娇女字平阳，折花倚桃边。折花不见我，泪下如流泉。"平阳与其弟伯禽长期生活在东鲁。

一男即伯禽，又名明月奴。李白《寄东鲁二稚子》："小儿名伯禽，与姐亦齐肩。"又《送萧三十一之鲁中，兼问稚子伯禽》："君行既识伯禽子，应驾小车骑白羊。"魏颢序："颢平生自负，人或为狂。白相见泯合，有赠之作，谓余：'尔后必著大名于天下，无忘老夫与明月奴。'"伯禽长期居于东鲁，卒于贞元八年（792年）。刘全白《唐故翰林学士李君碣记》："有子名伯禽。"范碑称李白孙女云："父伯禽，以贞元八年不禄而卒。有兄一人，出游一十二年，不知所在。父存无官，父殁为民，有兄不相保，为天下之穷人。"

又一说，李白有两个儿子。次子名颇黎。魏颢序："次合于鲁一妇人，生子曰颇黎。"李华《墓志》："有子曰伯禽、天然，长能持，幼能辨。"或以为"颇黎"与"伯禽"是同一人。郭沫若《李白与杜甫》认为"颇黎"即"伯禽"，当时寄养于"鲁一妇人"处。而魏颢误以为是李白与此妇所"合"。有人说"天然"是李白的又一个儿子，但天然明显不是一个人名。也有人解释说"天然"和"颇黎"是一个人。这个儿子，李白从未提起，李白是否有这个儿子，待考。

6. 孙子、孙女

李白有一个孙子、两个孙女。孙子出游不知所在，两个孙女为农民之妻。范传正《唐左拾遗翰林学士李公新墓碑并序》："访公之子孙，欲申慰荐。凡三四年，乃获孙女二人。一为陈云之室，一为刘劝之妻，皆编户甿也。因召至郡庭，相见与语。衣服村落，形容朴野，而进退闲雅，应对详谛。且祖德如在，儒风宛然。问其所以，则曰：父伯禽，以贞元八年不禄而卒。有兄一人，出游一十二年，不知所在。"也就是说，李白的孙子亦生死不知。因此李白自孙子之后，有没有留下直系的后代子孙，也是一个难解之谜。

身世辩证

李白的家世、籍贯、出生地、生卒年虽然问题重重，但是，我们还是可以从中找出一个基本的线索。那就是他是不是凉武昭王李暠的九世孙？他的先祖几代人是因何到西域的？他的父亲是何时潜还到蜀郡绵州昌隆县的？李白是生于西域碎叶城，还是西域其他地方或生于蜀中？他是不是李唐宗室？他到底是汉人还是胡人抑或混血儿？若这些基本问题能够索解，是可以大概理出其基本线索的。

李阳冰、魏颢、范传正等人都说李白是“陇西成纪人”，这里陇西是指其郡望。唐人重郡望。陇西李氏是唐五大姓之首，故李白在诗中曾不止一次说他是陇西人，是汉代李广的后裔。因李广是陇西李氏的始祖，因此李白说其郡望是陇西，应是可靠的。李白的族叔李阳冰说李白是“凉武昭王暠九世孙”，这个记载应该是李白临终时亲口对他说的，可信度是很高的。范传正说李白“约而计之，凉武昭王九代孙也”，是范传正从李白之子伯禽遗书“十数行”而且“纸坏字缺”的情况下推断出来的。所以说，他们二人的记载，一个是李白的口授，一个是李白之子的“手疏”，因此应当是可靠的。凉武昭王李暠自称是李广十六代孙，是陇西成纪人，李白是李暠九代孙，那么李白就是李广的二十五代孙。只是在李白的五世祖时出了问题。如果二十年左右算一代的话，从李白出生之前近九十年，正是隋末和唐初时期。在隋代出现了隋炀帝在大业末年的诛李大案，将李浑和李敏全家三十多口抄家灭门，全国的李姓之人惊慌失措，纷纷出逃避难，或扯旗造反。隋鹰扬府的李轨，也逃往河西造反，自称大西凉王。唐朝的开国始祖唐高祖李渊，武德元年（618年）称帝，与李轨约为兄弟，欲招降李轨，但李轨不投唐而于西凉割据称帝。后被部下所执，送至长安，被李渊处死。李轨既属割据逆贼，其族也在被灭之列，故纷纷逃往突厥和胡人所盘踞的西域地区——唐王法所不到之地避难，很可能就逃到中亚碎叶一带，隐姓埋名，累世不显。直到过了近九十年后，觉得事情已经过去多年，被人淡忘了。在唐中宗神龙元年（705年），李白之父才敢回到中土，但长安是不敢回去的，只好回到比较偏僻的蜀中绵州昌隆县的清廉乡（今四川江油青莲乡）隐居起来。因为李白的家世，可能牵连到武德初年李轨割据称帝被诛之事，所以事多隐晦，不好明说，因此他不敢将自家的谱牒申请朝廷入宗正寺，故漏于属籍。但他又确实是李唐王室的祖先凉武昭王李暠的后代，因李轨也是李暠的后裔，李暠被唐玄宗追封为唐朝的“兴盛皇帝”，故李白为攀附李唐宗室，常与李唐宗室的人联宗套近乎，称叔称侄、称兄道弟，以充帝室后裔。因唐朝是一个很讲门第出身的时代，李白自我提高门第，是可以理解的。

李白的父亲李客，似是从西域来绵州昌隆县的一个商人。陈寅恪、郭沫若皆认为“李客必然是一位富商”，理由是“不然他不能够携带那么多的人作长途羁旅。他入蜀以后，把李白养成了一个漫游成癖，挥霍任性，游手好闲，重义好施的人，也足以证明他是一个商人地主”。而蒋志在他的《李白家世考辨》中驳斥郭沫若的说法，认为李白的家庭不是富商，李白之父李客是一个“陶渊明式的隐士”（《李白蜀中论考》第35页，绵阳市社会科学界联合会编2001年版）。这两个观点笔者都不太赞同。李白之父逃归蜀中之前在西域生活，特别是中亚的碎叶地区，基本上是个牧业区，农业也不发达，他在碎叶城的家肯定不会专门从事农牧业活动，以其逃亡之身，也不可能去做官，因地处高寒，种地也不会有多大收成。碎叶城是安西大都护府所辖安西四镇碎叶镇治地，地处要道，又是当地的商业集中区。以笔者之见，李白在碎叶的先世应是主要从事商业活动或兼及农牧生产活动。

据玄奘《大唐西域记》卷一所载，在距碎叶城西约有五百多里的“呾逻私城，城周八九里，诸国商胡杂居也。土宜气序，大同素（碎）叶。南行十余里有小孤城，三百余户，本中国人也。昔为突厥所掠，后遂鸠集同国，共保此城。于中宅居。衣裳去就，遂同突厥；言辞仪范，犹存本国”。这个呾逻私城（今哈萨克斯坦东南部江布尔城）南十余里的小孤城，所住的三百多户中国人，是唐以前被突厥从中国内地掠夺过来的，其衣服是突厥式的，其语言和礼仪却是中国式的。这颇似中国移民在国外城中所建的“唐人街”“陕西村”①，中国人在国外有好扎堆儿的习惯，在这里得到体现。那么，在碎叶城内也可能有中国街或中国人聚集的地方。这些地方的中国人聚族而居，相对独立，在一起说中国话，吃中国饭，保留中国的生活习惯，继承、学习中国的文化。而李白的先世就可能是这个“唐人城”中的一员。况且像李白的先祖虽被迫逃亡西域，他们却不是心甘情愿的，时刻想回归故国。这样，我们就可以理解，李白的先祖在异国他乡长期生活在一个汉文化集中的小环境中，所以对中国的语言、文化及礼仪都一直传承未坠。因此，长期居住在西域的李白之父，对中国文化仍有相当好的修养，就不难理解了。在他带领全家到蜀中时，还能指导少年李白学习中国诗赋等典籍，李白后来回忆说“余小时，大人令诵《子虚赋》，私心慕之”（《秋于敬亭送从侄端游庐山序》），就可以说明这一点。又由于长期生活在西域，李白的父亲与胡人的交往机会很多，对当地的胡语和胡俗也有较深的濡染，所以他能讲双语或多种语言。李白受到家庭的影响，故对西域的文化习俗也较熟悉。

关于李白家世的汉胡之辩，陈寅恪说李白家是西域胡人，这个说法相当武断。既然李白说自己是祖籍陇西、汉李广之后，凉武昭王李暠九世孙，又是在隋末唐初窜于西域的，一个胡人的后裔是编不出这样故事的。说李白是个纯种汉人，也很难保证。因为北魏、西魏、北周和隋唐时，是北方汉人与少数民族的大融合时代。就连隋文帝、唐高祖、唐太宗等时代也多汉人与少数民族联姻，隋文帝皇后独孤氏、唐高祖皇后窦氏、唐太宗皇后长孙氏都是鲜卑族。他们的子孙自然都是混血的，更不用说长期留寓在西域的李白先人了。李白的母亲也可能是西域胡人，李白是汉胡混血的可能性很大。另外，从李白的相貌上来看，“眸子炯

---

① 据2004年4月13日《新京报》在《哈萨克“陕西村”：完整保留了明清习俗》的报道中说，在哈萨克斯坦离碎叶城三公里的地方有个“陕西村”，是清代（1877年）过去的，村子的2000多户村人至今还会说陕西话。

然，哆如饿虎”（魏颢《李翰林集序》），这样的相貌还真和一般的汉人有所不同。但从以男性为中心的宗法社会来讲，李白应是属汉人的。

李白之父为什么要选择在神龙元年（705年）前后回大唐呢？这里还有一个政治原因。据刘子凡《唐代的碎叶与庭州》一文说，武则天长安三年（703年）时，西域突骑施乌质勒“尝屯聚碎叶西北界，后渐攻陷碎叶，徙其牙帐居之”（《载《明月天山——“李白与丝绸之路国际学术研讨会”论文集》第233页，国家图书馆出版社2018年版）。由于碎叶发生了战乱，日子不太好过，李白之父才在长安三年或四年被迫逃回大唐，因为他祖辈的罪名并没有被取消，不好在长安或大地方居留，所以只好在蜀中绵州的昌隆县隐居了起来。

根据李阳冰《草堂集序》中“宝应元年十一月”李白在当涂县“疾殛”，及李白在至德二年（757年）所作《为宋中丞自荐表》中“前翰林供奉李白，年五十有七”的自述，这样往前推算起来，李白的出生年份应是武则天大足元年（701年）。到中宗神龙元年（705年），李白之父到达蜀地昌隆时，李白应已经五岁，所以认为李白不是生于蜀中，而是生于西域，这个说法也是有根据的。与李白有瓜葛的唐朝人，或因为表示李白是纯正的中国人，而正面加以掩饰。其实还是露出一些蛛丝马迹来。他的父亲给他起名白，字太白，范传正说李白是“先夫人梦长庚而告祥，名之与字，咸所取象”（《唐左拾遗翰林学士李公新墓碑并序》）。所谓“取象”的星象，指的是长庚星，古代指傍晚出现在西方天空的金星。亦名太白星、明星。《诗·小雅·大东》：“东有启明，西有长庚。”毛传：“日旦出谓明星为启明，日既入谓明星为长庚。”这里面隐含着李白先祖的居住地或李白的出生地，是说李白有来自西方之意。“太白金星”：五行中，金属西方，金（属）色为白。其父命其名曰白、字太白，真的不是没有来由的，应是有些隐喻的。

其实，生于西域，并不能说明李白是胡人，也不妨碍西蜀是李白的家乡。因为李白不管是“五岁诵六甲，十岁观百家”，或“横经籍书”“轩辕以来，颇得闻矣”，都说明他是五岁以后在蜀中昌隆县才开始接受的华夏文化教育，说蜀中是家乡、故乡，是毫无疑义的。

蜀中岁月

李白从小聪明好学，天赋极高，他“五岁诵六甲，十岁观百家。轩辕以来，颇得闻矣”。他的父亲课子读书，教他习武练剑，又让李白从蜀中著名学者赵蕤学习《长短经》。蜀中的道教之风和《长短经》中的纵横之术、王霸大略，对李白的思想、诗歌风格、进取方式和人生道路，都产生了很大的影响。蜀中时期是李白诗赋创作的准备期，其英气逼人的少年之作，奠定了李白诗文创作一生的坚实的基础。

少年苦学

自神龙元年（705年）李白随父入蜀隐于绵州昌隆县之后，从五岁至二十五岁，至“仗剑去国”，离蜀出峡，李白在蜀中家乡共度过二十个年头，他的青少年时期一直是在蜀中的。在李白的心目中，蜀中绵州的昌明县（原为昌隆县，后因避唐玄宗李隆基之名讳，改名为昌明县），一直都是他的家乡和故乡。

昌明县的清廉乡（现叫青莲乡），是个山清水秀的地方。它距离县城约二十里，有百十户人家，李白的家就在天宝山的山麓。天宝山其实是一个小丘，登上天宝山，北望可见太华山，西北可见云雾深处的匡山、戴天山。盘江西绕青莲场而过，到处是青竹丛丛，荷花满塘，环境十分优美。

他的父亲因是外乡人迁居于此，因此乡人都叫他李客。李客居住在昌明县时，亦隐亦商，除了经营生意，还多与当地的乡贤豪士交往。他让家人打理生意上的事，自己无事就闭门读书，习剑练武，因此给人的印象是“高卧云林，不求禄仕”的一个隐士高人。也许是因为他的身世不为人所知，故很少与官府交往，也不走读书做官的道路。

李客对李白寄予很大的希望，他想让自己的儿子有出息，重振家风，高扬门楣。因此，他亲自课子读书。少年时的李白是个十分好学的聪明孩子，也不负所望。照李白后来的说法，他的青少年时期“五岁诵六甲，十岁观百家。轩辕以来，颇得闻矣。常横经籍书，制作不倦”（《上安州裴长史书》）。所谓“五岁诵六甲”就是从五岁起即开蒙，开始对六甲的学习。六甲就是天干：甲、乙、丙、丁、戊、己、庚、辛、壬、癸；十二地支：子、丑、寅、卯、辰、巳、午、未、申、酉、戌、亥。以天干配地支，六十为一周期。其中有甲子、甲戌、甲申、甲午、甲辰、甲寅，称六甲。古时是用六甲来计年、计日、计时，从汉代起就属于儿童计数的学习内容。《汉书·食货志上》上说："八岁入小学，学六甲五方书计之事。"此句谓别人是八岁入小学，学六甲，而李白从五岁就学了六甲，比别的孩子早学了三年，说明其聪慧过人。到了十岁，李白就已经读了诸子百家之书，对从轩辕黄帝以来的有关史书也知其大略了。唐代学子多以《史记》《汉书》《后汉书》《三国志》为四史，是必读之史书。唐代又编纂了《晋书》《北齐书》《周书》《梁书》《陈书》《隋书》《南史》《北史》八史。李白当然不可能全部读完，当以前四史为主，后者可能只是略读而已。所谓的"横经籍书"，则主要是读儒家的"五经"和道家的老庄之书。儒家的五经是学子必读之书，李白尽管喜欢老庄，但儒家的五经也是不能不读的。李白还有"十五观奇书，作赋凌相如"（《赠张相镐二首》其二）的诗句。所谓的"奇书"，当指辞赋一类的书，如《楚辞》《文选》及"纵横家书"之类。《楚辞》是战国时期的大辞赋家屈原、宋玉等人所作的辞赋，《文选》包括司马相如、扬雄、枚乘、枚皋、张衡、左思、陆机、江淹等人的辞赋，也有先秦纵横家的游说之辞。这些辞赋家恢宏的气象和纵横家的大言，特别令少年李白着迷。好像李白的父亲也特别喜爱辞赋，李白曾说："余小时，大人令诵《子虚赋》，私心慕之。"所以，李白小时就在辞赋上下过功夫。他曾拟过江淹的《别赋》《恨赋》，这些著名的辞赋大都载于梁昭明太子所编的《文选》一书，故有李白少时"三拟文选"之说。如今所拟《别赋》已佚，《恨赋》尚存。其辞曰：

晨登太山，一望蒿里。松楸骨寒，宿草坟毁。浮生可嗟，大运同此。于是仆本壮夫，慷慨不歇，仰思前贤，饮恨而没。

昔如汉祖龙跃，群雄竞奔，提剑叱咤，指挥中原，东驰渤澥，西漂昆仑。断蛇奋旅，扫清国步，握瑶图而倏升，登紫坛而雄顾。一朝长辞，天下缟素。

若乃项王虎斗，白日争辉。拔山力尽，盖世心违。闻楚歌之四合，知汉卒之重围。帐中剑舞，泣挫雄威。骓兮不逝，喑恶何归。

至如荆卿入秦，直度易水。长虹贯日，寒风飒起。远雠始皇，拟报太子。奇谋不成，愤惋而死。

若夫陈后失宠，长门掩扉。日冷金殿，霜凄锦衣。春草罢绿，秋萤乱飞。恨桃李之委绝，思君王之有违。

昔者屈原既放，迁于湘流。心死旧楚，魂飞长楸。听江枫之袅袅，闻岭狖之啾啾。永埋骨于渌水，怨怀王之不收。

及夫李斯受戮，神气黯然。左右垂泣，精魂动天。执爱子以长别，叹黄犬之无缘。

或有从军永诀，去国长违，天涯迁客，海外思归。此人忽见愁云蔽日，目断心飞，莫不攒眉痛骨，抆血沾衣。

若乃错绣毂，填金门，烟尘晓沓，歌钟昼喧。亦复星沉电灭，闭影潜魂。

已矣哉，桂华满兮明月辉，扶桑晓兮白日飞。玉颜灭兮蝼蚁聚，碧台空兮歌舞稀。与天道兮共尽，莫不委骨同归。

此赋与江淹《恨赋》相比，元人萧士赟说：“《文选》江淹尝叹古人遭时否塞，有志不伸，而作恨赋，太白此作终篇拟之云。”此篇从内容到形式与江淹原作亦步亦趋，紧紧相扣。《酉阳杂俎》云：“李白前后三拟《文选》，不如意辄焚之，唯留恨、别赋。”现传的宋本《李太白文集》，就有《拟恨赋》。《文选》中所载江淹《恨赋》，分别写“试望平原”“秦帝魂断”“赵王既虏”“李君降北”“明妃去时”“敬通见抵”“中散下狱”“孤臣危涕”“闭骨泉里”九段，而李白的《拟恨赋》写了“晨登泰山”“汉祖龙跃”“项王虎斗”“荆卿入秦”“陈后失宠”“屈原既放”“李斯受戮”“从军永诀”“星沉电灭”九段，赋文的立意、段落、用事、句法几乎全部雷同。清人王琦云：“古《恨赋》，齐梁间江淹所作。为古人志愿未遂抱恨而死者致慨。太白此篇，段落句法，盖全拟之，无少差异……今《别赋》已亡，唯存《恨赋》矣。”（王琦注：《李太白全集》第11页，中华书局1977年版）以此来看，《拟恨赋》确实是李白少年时学习

《文选》时的模拟之作，属于习作之类，同时模拟的还有《别赋》之类，但现已不存了。其他的模拟《文选》之作，如诗歌类，当还有许多，但因是少年习作，今已荡然无存了。但是，在李白现存的辞赋和诗文中，我们仍然可以看到《文选》对李白创作的影响和痕迹。这种影响和痕迹已非是简单的模拟和仿作，而是借鉴和带有创造性的继承和发展，并已融入他自己的创作风格中了。

此外，李白还摹写了一些汉大赋，如《大猎赋》的初稿，即写于开元八年（720年）左右，其中颇有传颂之名句，如“于是擢倚天之剑，弯落月之弓。昆仑叱兮可倒，宇宙噫兮增雄。河汉为之却流，川岳为之生风。羽旄扬兮九天绛，猎火燃兮千山红”。虽是摹写汉大赋《上林》《羽猎》，但是从气势和文采上已是后来居上了。开元八年，苏颋罢相，出礼部侍郎知益州大都督府长史时，李白曾在路中向他投刺拜谒，并被请入府中，李白向他献过一篇赋。李白在《上安州裴长史书》中记载：“又前礼部尚书苏公出为益州长史，白于路中投刺，待以布衣之礼，因谓群寮曰：‘此子天才英丽，下笔不休，虽风力未成，且见专车之骨。若广之以学，可以相如比肩也。’四海明识，俱知此谈。”这篇赋可能就是《大猎赋》。这篇《大猎赋》的初稿是李白的青少年之作。后来，李白在天宝初年入长安时曾经加以修改，献于唐玄宗，得到了玄宗的夸奖。李白为什么要写辞赋呢？因为辞赋尤其是大赋，基本上是朝堂文学，是将来从政做官用得上的。所以李白之父对此很重视，从小就对李白加以培养学习作赋这一技能。苏颋夸奖李白将来“可以相如比肩”的话，说明他看到的李白所献之作，正是可以“比肩相如”的《大猎赋》初稿，其体制、架构、语言和气象略似，而还不够丰满成熟，故要其在“风力”即风骨和力量上下功夫。传说苏颋还向朝廷上了推荐李白和赵蕤的荐表，其中有“李白文章、赵蕤术数”的推奖之辞。

峨眉学道

初、盛唐时期，蜀中的道教是十分昌盛的。蜀中是道教的发源地，东汉末年，张道陵在巴蜀的鹤鸣山隐居修道，创立了道教。《华阳国志》卷二说："汉末，沛国张陵学道于蜀鹤鸣山，造作道书，自称'太清玄元'，以惑百姓。陵死，子衡传其业。衡死，子鲁传其业。"《神仙传》中说得更加详细明白："初，（张）天师值中国纷乱，在位者多危，退耕于余杭。又，汉政陵迟，赋敛无度，难以自安，虽聚众教授，而文道凋丧，不足以拯危佐世。陵年五十，方退身修道，十年之间已成道矣。闻蜀民朴素可教化，且多名山，乃将弟子入蜀，于鹤鸣山隐居。……先时蜀中魔鬼数万，白昼为市，擅行疫疠，生民久罹其害。自六天大魔推伏之后，陵斥其鬼众，散处西北不毛之地，与之为誓曰：'人主于昼，鬼行于夜，阴阳分别，各有司存，违者，正一有法，必加诛戮。'于是幽冥异域，人鬼殊途。今西蜀青城山，有鬼市并天师誓鬼碑石，天地石日月存焉。"正因为蜀中巫祝之风盛行，迷信鬼神，张道陵才选中了蜀中这个地方进行传道，建立了道教中的五斗米道①。到了唐代，由于李唐的统治者为提高其地位，攀附老子李耳为先祖，因此对道家与道教格外尊崇与提倡，唐玄宗又是一个特别崇信

① 《三国志》卷八《魏书》八："张鲁字公祺，沛国丰人也。祖父陵，客蜀，学道鹤鸣山中，造作道书，以惑百姓。从受道者出五斗米，故世号'米贼'。陵死，子衡行其道。衡死，鲁复行之。"

道教的皇帝，因此，蜀中的道风更盛。李白说："家本紫云山，道风未沦落。"（《题嵩山逸人元丹丘山居》）紫云山是李白家乡附近的一座山名（此山在今四川江油市匡山之南的香水乡），在李白的家乡绵州昌明县（今四川江油市），唐时的道风很盛，李白少年时曾到昌明县北的戴天山访问过道士，作有《访戴天山道士不遇》《寻雍尊师隐居》等诗，当时的青城山、峨眉山也都是著名的道教道场。青城山被道教称为是神仙十大洞天的第五洞天，峨眉山被称为是道教的三十六洞天的第七洞天[①]。张道陵所修道的鹤鸣山就在离青城山不远的地方[②]。唐朝时的峨眉山还不是佛教的四大道场之一，而是一座道教名山。传说黄帝曾到峨眉山问道[③]，又传说周成王时的羌人葛由，曾刻木为羊，并骑羊入峨眉山附近的绥山升天得道[④]。与孔子同时的楚狂陆通，字接舆，后曾隐居峨眉，寿及数百年，并传闻成仙[⑤]。东汉末的左慈，曾来峨眉山上隐修，至今在洗象池侧有左慈洞，伏虎寺旁有传说是左慈的衣冠冢。隋末唐初的道士孙思邈，在大业年间入蜀赴峨眉山炼"太一神精丹"，住在今峨眉山牛心寺后的药王洞中。李白青年时游峨眉山，在《登峨眉山》诗中写道：

蜀国多仙山，峨眉邈难匹。
周流试登览，绝怪安可悉。
青冥倚天开，彩错疑画出。
泠然紫霞赏，果得锦囊术。
云间吟琼箫，石上弄宝瑟。
平生有微尚，欢笑自此毕。
烟容如在颜，尘累忽相失。

---

① 见《云笈七签》卷二七《洞天福地部》司马紫微集《天地宫府并叙》。

② 《云笈七签》卷二八："第三鹤鸣神山，上治：治在其上，山与青城天国山相连，去成都二百里，在蜀郡临邛县界，径道三百里，世人不知之。"

③ 《云笈七签》卷三三："昔黄帝到峨眉山，见（天真）皇人于玉堂之中，帝请问真一之道。"《魏书·释老志》中载："道家之源，出于老子……授轩辕于峨眉，教帝喾于牧德。"

④ 见《神仙传》卷上《葛由》。

⑤ 见《高士传》卷上《陆通》。

倘逢骑羊子，携手凌白日。

诗中所写的峨眉山全然是道教的神仙世界。唐代诗人岑参在《江行夜宿龙吼滩，临眺思峨眉隐者，兼寄幕中诸公》中说“且欲寻方士，无心恋使君”，说的是想要辞官做隐士与道士为邻的意思。另一位唐代诗人鲍溶在《寄峨眉山杨炼师》一诗中有“道士夜诵蕊珠经，白鹤下绕香烟听”的诗句，说明在唐代峨眉山是一派仙风道气，道教的香火极为旺盛。唐末的道士吕洞宾，也曾来二峨山紫芝洞隐居，以后又到峨眉山千人洞修炼，并在大峨石上留下“大峨”二字，可见唐代的确是峨眉山道教的鼎盛时期。李白在少年时期熟读老庄之书，常游诸道观、道教圣地与道士交游，沉湎于道风之中。他说：“十五游神仙，仙游未曾歇”（《感兴八首》其五），说明他对道教的求仙学道之风是很感兴趣的。

在峨眉山学道时，李白结识了一个从随州来的年轻道士元丹丘。元丹丘是随州苦竹院胡紫阳道长的弟子，胡紫阳是司马承祯的再传弟子。元丹丘受师父之命，前来峨眉山学道。他除了熟读道经，对天文地理及儒家经典也颇有涉猎。李白与他在峨眉山学道养性，谈论诗文，相谈甚欢，情投意合，二人遂结成八拜之交，李白称其为“异姓天伦”①。元丹丘将李白介绍给峨眉道友，他们经常在一起游山玩水，谈仙说道。在峨眉山大约生活了一年，二人便分手了，李白回到匡山继续读书，元丹丘则去往随州的苦竹院。

除元丹丘外，李白还与一位峨眉山僧人交游。这位僧人在弹琴方面的造诣很高，而李白也对弹琴十分感兴趣，他们经常在琴艺方面进行切磋。李白在一首《听蜀僧濬弹琴》中写道：

蜀僧抱绿绮，西下峨眉峰。
为我一挥手，如听万壑松。
客心洗流水，遗响入霜钟。

① 李白《颍阳别元丹丘之淮阳》：“吾将元夫子，异姓为天伦。”

不觉碧山暮，秋云暗几重。

从这首诗中可以看出，李白对琴艺的欣赏能力之高。这是琴音与大自然山水之音的共鸣，也是画面与音乐的交融。这是一首充满诗情画意和音响的诗歌，表现能力很强。

从师赵蕤

李白青少年时曾师从梓州盐亭赵蕤学习《长短经》。《长短经》应属于纵横家一类的书。书中除了讲有关七国争雄、楚汉争战、三国鏖兵等历史故事，主要是讲先秦纵横家苏秦、张仪等人游说人主、谈王说霸的纵横之术和兵法要诀。

关于赵蕤的生平事迹，我们所知道的很少，《新唐书·艺文志》杂家类载："赵蕤《长短要术》十卷"，注云："字太宾，梓州人，开元中召之不赴。"五代人孙光宪在《北梦琐言》卷五记载较详细，说："赵蕤者，梓州盐亭县人也。博学韬钤，长于经世。夫妇俱有节操，不受交辟，撰《长短经》十卷，王霸之道，见行于世。"清人周广业所整理的《长短经》，书上载有赵蕤《长短经自序》，序前署曰："唐梓州郪县长平山安昌岩草莽臣赵蕤撰。"此则与《北梦琐言》所载乡里微有不同。宋人杨天惠《彰明逸事》说，李白"往来旁郡，依潼江赵征君蕤"。其实，这三者并不矛盾，盐亭县、郪县、潼江，唐时都在梓州境内。《元和郡县志·剑南道下》载：梓州"郪县，望，郭下，本汉旧县，属广汉郡，因郪江水为名也。后魏置昌城郡，改名昌城县，隋大业三年复为郪县"。

郪县为梓州的州治所在，盐亭县位于郪县的东北九十三里。潼江则指流经梓州盐亭县南三里的潼水。赵蕤家原在盐亭，后移居郪县长平山安昌岩[①]，均属梓州境内，说他是梓州人是正确的。

关于李白与赵蕤的交往，《彰明逸事》记载说："太白……隐居戴天大匡山，往来旁郡，依潼江赵征君蕤。蕤亦节士，任侠有气，善为纵横学，著书号《长短经》。太白从学岁余，去，游成都。"师从赵蕤事，当在开元八年（720年）苏颋来成都之前。李白在《上安州裴长史书》中曾说："昔与逸人东严子隐于岷山之阳，白巢居数年，不迹城市。养奇禽千计，呼皆就掌取食，了无惊猜。广汉太守闻而异之，诣庐亲睹，因举二人以有道，并不起。"近多有学者疑东严子为赵蕤，是很有道理的。赵蕤后来隐居在梓州郪县长平山安昌岩。安昌岩在长平山的东部，有赵岩洞，传说赵蕤在此读书隐居，因他隐居不仕，故隐其名而以地名为号，自称"东严（岩）子"是很可能的。梓州郪县本汉旧县，属汉时广汉郡。李白由戴天山"往来旁郡"，即由绵州昌明县来到梓州郪县长平山安昌岩，师从赵蕤学长短纵横之术。绵州和梓州为邻郡，两郡山脉连绵，同为"岷山之阳"[②]。因是李白从赵蕤游，而不是赵蕤从李白游，故李白的从游之地，只可能在梓州郪县长平山，而不可能在绵州昌明县的大匡山。因此，李白文中的举赵蕤和李白为"有道"的"广汉太守"只可能是梓州刺史，而不可能是绵州长史。赵蕤还对道家的修炼颇有心得，习有一套修养之术。道家主张无机心，可与禽兽相处，"系羁而游"（《庄子·马蹄》）。读书有闲，而时作道家修炼，也是赵蕤师徒"养高忘机"的修养手段。

从以上记载中我们可以看出，赵蕤是一位长于纵横之术的隐士，很有节操，虽有"经世"之术，但不热衷名利，梓州刺史的举荐，开元中天子的召见，都"不起"，因此更为时人所重。苏颋的《荐西蜀人才疏》中说："赵蕤术数，李

---

① 周广业《长短经》跋云："《琐言》蕤贯盐亭，而言郪者。《四川总志》云：蕤盐亭人，隐于郪县长平安昌岩。博考六经诸家同异，著《长短经》，又注关朗《易传》。明皇屡征不起。李白尝造庐以请是也。案太白集有《淮南卧病寄蜀中赵征君》诗，《广舆记》亦云蕤笃学不仕，与白为布衣交，著《长短经》。《梓州志》称其人杰。"

② 明杨慎在《李白诗题辞》中说："岷山之阳，则指康山。"（《升庵全集》卷三）。康山即大匡山。那么和绵州昌明县大匡山相近的梓州郪县长平山也可以称作"岷山之阳"。

白文章”[①]，可见赵蕤和李白当时为蜀中双璧，亦可见二人关系之密切。李白出蜀后在淮南卧病，所思蜀中的唯一亲友就是赵蕤，还专为他写了一首诗[②]，这是李白集中现存唯一有名姓的一首思念蜀中亲友的诗。由此可见，李白对这位授他长短纵横之术的老师和朋友的感情是多么深厚。由于李白与赵蕤的这种半师半友的关系，故赵蕤及其所著《长短经》对青年李白的思想影响极大，《长短经》竟成了李白后来游说的方略和从事政治活动的锦囊。因此，对《长短经》一书，不可不略加研讨之。

李白从赵蕤学王霸大略、纵横之术，其内容，我们可以从《长短经》一书中窥其大概。《四库全书提要》卷一一七“杂家类”介绍《长短经》内容说：“是书皆谈王伯（霸）经权之要，成于开元四年。自序称凡六十三篇，合为十卷。……刘向序《战国策》，称或题曰《长短》。此书辨析事势，其源盖出于纵横家，故以《长短》为名。虽因时制变，不免为事功之学，而大旨主于实用，非策士诡谲之谋。其言固不悖于儒者，其文格亦颇近荀悦《申鉴》、刘劭《人物志》，犹有魏晋之遗。”《长短经》有赵蕤自序曰：“儒门经济长短经序。”其序云：

> 赵子曰：匠成舆者，忧人不贵；作箭者，恐人不伤。彼岂有爱憎哉？实技业驱之然耳。是知当代之士、驰骛之曹，书读纵横，则思诸侯之变；艺长奇正，则念风尘之会。此亦向时之论，必然之理矣。故先师孔子深探其本，忧其末，遂作《春秋》，大乎王道；制《孝经》，美乎德行。防萌杜渐，预有所抑，斯圣人制作之本意也。
>
> 然作法于理，其弊必乱，若至于乱，将焉救之？是以御世理人，罕闻沿袭。三代不同礼，五霸不同法。非其相反，盖以救弊也。是故国容一致，而忠文之道必殊；圣哲同风，而皇王之名或异。岂非随时设教沿乎此，因物成务牵乎彼？沿乎此者，醇薄继于所遭；牵乎彼者，王霸存于所遇。故古之理

① 见明杨慎《丹铅总录》卷一二“太白怀乡句”。

② 见李白《淮南卧病书怀，寄蜀中赵征君蕤》。

者，其政有三：王者之政化之；霸者之政威之；强国之政胁之。各有所施，不可易也。管子曰："圣人能辅时，不能违时。智者善谋，不如当时。"邹子曰："政教文质，所以匡救也。当时则用之，过则舍之。"由此观之，当霸者之朝而行王者之化，则悖矣。当强国之世而行霸者之威，则乖矣。若时逢狙诈，正道陵夷，欲宪章先王，广陈德化，是犹待越客以拯溺，白大人以救火。善则善矣，岂所谓通于时变欤？

夫霸者，驳道也。盖白黑杂合，不纯用德焉。期于有成，不问所以；论于大体，不守小节。虽称仁引义，不及三王，而扶颠定倾，其归一揆。恐儒者溺于所闻，不知王霸殊略，故叙以长短术，以经论通变者，创立题目，总六十有三篇，合为十卷，名曰《长短经》。大旨在乎宁固根蒂，革易时弊，兴亡治乱。具载诸篇，为沿袭之远图，作经济之至道，非欲矫世夸俗，希声慕名。辄露见闻，逗机来哲，凡厥有位，幸望详焉。

《四库全书提要》和赵蕤《长短经》自序，基本上把这本书的内容介绍出来了。此书成于开元四年（716年），即当此书完成时，李白才十五六岁。李白诗有云："十五观奇书"（《赠张相镐二首》其二），不知所谓奇书是不是包括赵蕤的《长短经》，因为儒经和诸子百家、《昭明文选》一类的书，为唐代常见之书，自然算不得是什么奇书，而正值此书方成，"见行于世"，为王霸之略、纵横之术，深为李白所喜爱，故称之为"奇书"是可能的。李白自云："十五好剑术"（《与韩荆州书》），刘碣称其"少任侠"，范碑称其"少以侠自任"，皆可见李白少时曾向人学过任侠和剑术。这个教他任侠击剑的人除了他的父亲，很可能还有赵蕤。因赵蕤不仅著《长短经》以王霸之道著称，而且还"任侠有气"。这样看来，《彰明逸事》说李白仅与赵蕤"从学岁余"恐不确切，因李白《上安州裴长史书》中已明确说与东严子（即赵蕤）"巢居数年"。所以，赵蕤恐怕不仅是李白的政治教师，而且还是他的武术教练，李白正是从他那里学习了文武本领。因此，李白对自己的才能非常自负。

《长短经》确实正如《四库提要》和赵蕤自序所说的，此书是以孔子儒学为主，杂以道、墨、名、法、阴阳、纵横、兵家之谈的"经世实用"之书，是名副其实的杂家。但此书的特点还在于，它是一本关于审时度势、因时制变、谈王说霸的游说之辞，颇似策士游说诸侯的《战国策》。因此，此书取名为《长短经》。《战国策》一名亦叫《短长》，“短长”就是“权变”的意思[①]。《四库全书提要》说《长短经》其“源盖出于纵横家”，是一点也不错的。从此书所讲的内容来看，也确实如此。此书所引诸家，除了孔子言论，多是《老子》《庄子》《荀子》《韩非子》《吕氏春秋》《淮南子》、刘劭《人物志》、荀悦《申鉴》，傅玄《傅子》，还有孙子、太公、黄石公等兵书。其中《正论》一篇，专述诸子各家得失，折中诸家，论点全取《汉书·艺文志》。其主旨在“通于变”，取各家之所长，避各家之所短，能得“通方之训”，而力避“一隅之说”。所引史书以《史记》《汉书》《后汉书》《三国志》为主，其中尤重七国争雄、楚汉相争、三国逐鹿的历史。《长短经》所存九卷中，就有三卷以《霸图》《七雄略》《三国权》为专题，专谈历代政权得失的历史经验。书中最称道的人物是傅说、太公、管仲、苏秦、张仪、鲁仲连、汉高祖，汉光武、张良、韩信、诸葛亮及谢安。其中《七雄略》一卷，几乎专门叙述苏秦、张仪合纵连横故事。

《长短经》重点在于治国经世之术。《大体》《君德》诸篇，讲君主治国之术，王者刑德之用，主张实行霸王之道，刑、德杂用。《任长》《品目》《量才》《知人》《察相》《论士》《臣行》诸篇，主要讲要善于选拔任用人才，识别退斥奸佞。其主旨在于“得人则兴，失士则崩”（《论士》）。君主要想治理好国家，必须礼贤下士，任用贤才。《政体》一篇，讲建立明确各项制度，是“治国之本”。“夫欲论长短之变，故立政道以为经焉。”《适变》《时宜》等篇，则讲王道、霸道要因时而用，不可刻舟求剑，守株待兔。书中引用《商君书》中“三代不同礼而王，五伯不同法而霸，治世不一道，便国不必法古”，主张“与时迁移，应物变化”，颇有历史发展观。其书卷八《杂说》等十九篇，颇似纵横家言。其中《钓情》一篇以《韩非子·说难》篇为旨，力陈揣摩人主之心

---

① 见杨宽《马王堆帛书〈战国纵横家书〉的史料价值》，载《战国纵横家书》，文物出版社1976年版。

之难和游说之难。《诡信》以下诸篇，多似《韩非子》中的内、外《储说》，好像是游说前所准备应对的各种事例和材料。卷九《出军》以下二十四篇，皆是兵家之言，前有总论曰：“孙子曰：《诗》云‘允文允武’，《书》称‘乃武乃文’。孔子曰：‘君子有文事，必有武备。’《传》曰：‘天生五材，民并用之，废一不可，谁能去兵？’……故《吕氏春秋》曰：‘圣王有仁义之兵，而无偃兵。’《淮南子》曰：‘以废不义而授有德者也。’是知取威定霸，何莫由斯。”由此看来，《长短经》这本书确实是一本经世致用的政治教科书，这本书从君主治国之道、任人之术、用兵之略、历史治乱得失之历史经验，以及策士游说人主之术，游说之辞和对人主、权贵所采取的交游态度，都讲得很详细。书中诸子百家之说无所不包，无所不有，真可谓是集大成之作。若真能将这本讲王霸大略、经世之术的书参熟、吃透，再加以细心揣摩，灵活运用，随机应变，李白就不愁不像苏秦和战国时的策士们一样，一言而得中人主之意，立谈便可身致卿相。无怪乎李白是那么自负、那么狂傲，到处自许有王霸大略、怀经济之才，因为他早就胸有“奇书”了。赵蕤的《长短经》，确实对青少年时期的李白的思想有着举足轻重的作用，对他以后思想的形成和人生道路方向的确定有着重要的影响，在其诗文的风格上也烙下了明显的痕迹。

巴蜀之作

除了经史、诸子百家、纵横术、辞赋等的学习和训练，李白在诗文方面也得到了专门的培养。从我们现在所见到的文献资料来看，李白在青少年时期，文学方面主要学习的是《昭明文选》。《昭明文选》在初、盛唐时期大盛。李白正是在唐代《文选》学盛行的风气下，学习《文选》的。李白在蜀中学习的青少年时期，正是李善《〈文选〉注》广为流传的时期。李善《〈文选〉注》成于显庆三年（658年）或之前[①]，至李白在蜀中“十五观奇书，作赋凌相如”（《赠张相镐二首》其二）的学习时期（开元三年，715年），李善的《文选注》已经流传五十七年了。三年之后，五臣《〈文选〉注》也已完成并进献给皇上[②]，由于受到皇帝的称赞，此后也开始盛行。也就是说，李白所能见到的《文选》基本上就是李善的《〈文选〉注》和五臣的《〈文选〉注》。这两部《文选》学著作，将萧统的《昭明文选》及唐人的《文选》注释和研究的成果，形成一种唐代的《文选》文化，都呈现在唐人的面前，供他们学习和研读，使他们更好地借鉴汉魏六朝的文学精华，并从《〈文选〉注》中汲取前代的文化知识。

李白在蜀中已将《文选》当作他的基本文学教材之一。他文学和诗歌的起

① 据唐李崇贤《上〈文选注〉表》，上表时间在显庆三年九月。见李善注《文选》上册，第3页，中华书局影印胡刻本，1977年版。

② 据吕延祚《进〈五臣集注文选〉表》，上表的日期是开元六年（718年）九月十日。见《六臣注文选》上册，第1页，中华书局宋刊影印本，1987年版。

步，首先是对《文选》中的诗赋和各种文体的模拟与仿作。李白除了在青少年时期模仿和学习汉大赋和六朝小赋，还学习了汉魏古诗和乐府诗。这些古诗和乐府诗，大多数是《文选》中所收录的。李白文集中现存他在蜀中所作的古体诗和乐府诗不多，可能大多都遗失了，仅存数首，如《登锦城散花楼》《上李邕》《酬宇文少府见赠桃竹书筒》《登峨眉山》等。其中《登锦城散花楼》《登峨眉山》属五古，《上李邕》《酬宇文少府见赠桃竹书筒》属七古。五古以《登锦城散花楼》为例：

日照锦城头，朝光散花楼。
金窗夹绣户，珠箔悬银钩。
飞梯绿云中，极目散我忧。
暮雨向三峡，春江绕双流。
今来一登望，如上九天游。

此诗约作于开元八年（720年），李白游成都时所作。诗中描写李白登成都散花楼的新鲜感受，自然清新，显示出李白少年时期诗歌“清水出芙蓉”的语言风格。但诗句中多有对句，“金窗夹绣户，珠箔悬银钩”“暮雨向三峡，春江绕双流”既对仗工整，又符合格律。但整体上来看，还是一首五言古诗。《登峨眉山》也是如此，诗押入声韵，也有对句如“青冥倚天开，彩错疑画出”“云间吟琼箫，石上弄宝瑟”。这种写作特色，与齐梁时期的新体诗颇为相似，这就如朱熹所说的“李太白终始学《选》诗，所以好”（《朱子语类》卷一四〇）。李白的五言古诗受《文选》体诗的影响，是与他青少年时期学《文选》的影响分不开的。李白于蜀中所作的七言古诗，也有齐梁体的特征，如《酬宇文少府见赠桃竹书筒》：

桃竹书筒绮绣文，良工巧妙称绝群。
灵心圆映三江月，彩质叠成五色云。
中藏宝诀峨眉去，千里提携长忆君。

此诗仅六句，诗中的第二联是对仗句，全诗基本符合平仄格律，押平声韵，但尾联失黏，不算是七言律诗，因为不够八句，而是七言古诗受近体诗影响所致。这一年，李白赴渝州拜谒时任渝州刺史李邕时所作的《上李邕》一诗，因李白年少语狂，为李邕所轻，李白因此向他回赠一诗：

大鹏一日同风起，抟摇直上九万里。
假令风歇时下来，犹能簸却沧溟水。
世人见我恒殊调，闻余大言皆冷笑。
宣父犹能畏后生，丈夫未可轻年少。

此时的李白年少气盛，对李邕轻视年轻人的态度表示极大的不满，并致以强烈的反击和讽刺，可谓是极有个性的作品。此诗八句，但后四句转韵，语言直白平易，个性鲜明，表现出李白七言古诗的通畅流利，用韵转折自如的特色，当受到鲍照风格刚健自然的七言古诗的影响。

但从李白现存的蜀中诗作来看，他的五言律诗还是占多数。他在家乡昌明县所作的《初月》《雨后望月》《对雨》《晓晴》《望夫石》《访戴天山道士不遇》《赠江油尉》《寻雍尊师隐居》等，以及在游成都时作的《春感》都是五言律诗。这些五言律诗，皆合平仄格律，遣词造句多清新可爱，但风骨尚欠强健。这些诗多数不在宋本李白文集之中，而是录于宋人《文苑英华》、宋人计有功《唐诗记事》、宋人杨天惠《彰明逸事》、宋人祝穆《方舆胜览》中，其中有些诗真伪待考。《彰明逸事》云：“时太白齿方少，英气溢发，诸为诗文甚多，微类《宫中行乐词》体。今邑人所藏百篇，大抵皆格律也。”可见李白少年时期学诗所习，皆初唐五律之类。时俗如此，李白当然也不能例外。这些诗中颇多佳句。如“云畔风生爪，沙头水浸眉”（《初月》）、“出时山眼白，高后海心明”（《雨后望月》）、“古岫披云毳，空庭织碎烟”（《对雨》）、“零落残云片，风吹挂竹溪”（《晓晴》）、“有恨同湘女，无言类楚妃”（《望夫石》）、“尘萦游子面，蝶弄美人钗”（《春感》）等，皆比喻新奇、形象生动，令人耳目一新。其中写得最好的还数《访戴天山道士不遇》和《寻雍尊师隐居》二首。《访戴天山道士不遇》如下：

犬吠水声中，桃花带露浓。
树深时见鹿，溪午不闻钟。
野竹分青霭，飞泉挂碧峰。
无人知所去，愁倚两三松。

李白少年时曾“隐居戴天大匡山，往来旁郡依潼江赵征君蕤……从学岁余”（《彰明逸事》，《唐诗纪事》卷一八），此诗约写于匡山李白读书时。读书之余，李白便到匡山北面的戴天山寻访师友。戴天山的这位道士，便是李白的师友之一。此诗写了上戴天山的路上的优美景色和寻人不见的惆怅心情。首联写诗人穿村过水，一路所见；中二联写入山渐深，林幽壑静；尾联写寻人不见，心情惆怅。诗中不用一典，纯然白描，然工丽精致，色彩鲜明，才思超逸，太白风雏之态呼之欲出。明人周珽《唐诗选脉会通评林》曰：“通为秀骨玉映，丰神绝胜。”

《寻雍尊师隐居》曰：

群峭碧摩天，逍遥不记年。
拨云寻古道，倚树听流泉。
花暖青牛卧，松高白鹤眠。
语来江色暮，独自下寒烟。

尊师是道士的尊称。雍尊师名不详，所写地点也不详。从内容上来看，此约作于未出蜀之前，是李白深山访道时所作。此诗描写山中景色和道教典故。“群峭碧摩天”一下子就写出了李白家乡附近的戴天山、大匡山、太华山、观雾山、紫云山及窦圌山等群山陡峭的风光。这是对山的静态描写。而颈联的“拨云寻古道，倚树听流泉”，则是写山之高、道之古及瀑布流水的声响，深得高山流水之清韵。“拨”“寻”与“倚”“听”四字，是从动态来写登山途中的跋山涉水和流连忘返的感受。“花暖”一联，是用了道教的典故来写道士生活环境的，青牛、白鹤，俱是仙家之物。《列仙传》载，老子乘青牛出函谷关。《玉策记》载，千岁之鹤随时而鸣，能登于木。其未千岁者终不集于树上也。尾联“语来江色暮，独自下寒烟”，是讲李白与雍尊师在江烟升腾、天色将暮之际，二人谈道已晚才分手，于是李白恋恋不舍地独自下山而回。诗中对山中道士“逍遥不记年”的生活，十分羡慕，也写得非常具有诗意。《访戴天山道士不遇》与《寻雍尊师隐居》中的戴天山道士和雍尊师很可能是同一个道士，第一次没有寻着，第二次又重访，却寻着了，果然是仙风道骨，二人气味相投，故相谈甚欢，不愿离去。这说明，李白受蜀中的道风影响是很深的。李白在蜀中所写的诗中，据传还有一首七律《别匡山》：

晓峰如画参差碧，藤影摇风拂槛垂。
野径来多将犬伴，人间归晚带樵随。
看云客倚啼猿树，洗钵僧临失鹤池。
莫怪无心恋清境，已将书剑许明时。

这首诗由于不载于宋本《李太白文集》及后来的多种李白诗文集，而是仅见于《彰明县志》《江油县志》及北宋《敕赐中和大明寺住持记》碑，故不被后人所采信。这算不算是李白的佚诗，后人颇有争论。但从诗的尾联“莫怪无心恋清境，已将书剑许明时”的满怀豪情壮志，立誓许身报国的情感来看，是很合乎李白的志向和性格的。又从七律的发展史上来说，李白能在青年时期就作出合于格律的七言律诗来，也是有可能的。故记于此。

此时期，李白还写了一篇乐府诗《白头吟》。此诗约作于开元八年（720年），是李白游成都时的作品，写的是司马相如和卓文君的故事。司马相如是蜀郡成都人，为汉代著名辞赋家。据史载，司马相如曾在汉景帝时为武骑常侍，但他并不喜欢这个职位，后投景帝之弟梁孝王，与枚乘、邹阳俱为梁孝王门客，作《子虚赋》。后景帝与梁孝王死，司马相如回乡，生活潦倒，为临邛县令王吉所知，邀他同到临邛富商卓王孙家做客。其时正当卓王孙之女文君新寡，卓文君是一位才貌双全的女子，相如见而悦之。于是相如在应邀弹琴之际，弹《凤求凰》而挑逗之。其夜相如携文君私奔回成都。相如将其车马变卖，回到临邛开酒肆，文君当垆卖酒，相如穿犊鼻裈操作。此事被卓王孙耻之，于是送百奴婢、百万钱与之。后来汉武帝见《子虚赋》而叹之："恨不与古人同时！"狗监杨得意告之，此为乡人司马相如所作。于是武帝诏相如入京为郎官。久之，司马相如欲纳茂林女为妾，卓文君在家乡闻之，作《白头吟》与相如。相如闻之大惭，于是取消了纳妾的念头。《白头吟》曰："皑如山上雪，皎若云间月。闻君有两意，故来相决绝。今日斗酒会，明日沟水头。躞蹀御沟上，沟水东西流。凄凄复凄凄，嫁娶不须啼。愿得一心人，白头不相离。竹竿何袅袅，鱼尾何簁簁。男儿重意气，何用钱刀为！"此诗传为卓文君所作，载《乐府诗集·相和歌辞》。李白所作的《白头吟》是根据此故事有感而作。其辞曰：

锦水东北流，波荡双鸳鸯。
雄巢汉宫树，雌弄秦草芳。
宁同万死碎绮翼，不忍云间两分张。
此时阿娇正娇妒，独坐长门愁日暮。
但愿君恩顾妾深，岂惜黄金买词赋。
相如作赋得黄金，丈夫好新多异心。
一朝将聘茂陵女，文君因赠白头吟。
东流不作西归水，落花辞条羞故林。
兔丝故无情，随风任倾倒。
谁使女萝枝，而来强萦抱?
两草犹一心，人心不如草。
莫卷龙须席，从他生网丝。
且留琥珀枕，或有梦来时。
覆水再收岂满杯，弃妾已去难重回。
古来得意不相负，只今惟见青陵台。

此诗是蜀人自咏蜀事。借汉乐府《白头吟》写司马相如和卓文君故事，以讽刺世人“相如作赋得黄金，丈夫好新多异心”见异思迁的恶习，并赞颂了像卓文君那样坚贞而又决绝的女子。诗中讲了司马相如为阿娇写辞赋，以求武帝回心转意，而相如得黄金之后，却拿金钱去纳茂陵女为妾，抛弃自己结发妻子的故事，确实是一个绝大的讽刺。诗的结尾表扬了古代韩朋与其妻宁死不屈，在宋王所筑的青陵台上双双殉情而死的故事，为“得意不相负”的榜样，其情十分感人。

李白最有名的乐府诗是《蜀道难》。此诗虽不是李白在蜀中时所作，但确与李白曾在年轻时游历蜀中剑门关附近的艰险蜀道风光有关。剑门关离李白的家庭所在地青莲乡只有一百多里的路程。李白好游山玩水，剑门关他肯定是去过的，也是深有感触的。到后来才以蜀道之险，借机而发之。正是李白少年时期在家乡蜀道所感受到的艰难奇险的风光印象，才孕育了这首传诵千古的名作。

李白在蜀中漫游时，还到过初唐武则天时期的大诗人陈子昂的家乡梓州射洪，在陈子昂读书的地方参观其故居。陈子昂的家族是当地的豪族，其父即有任侠之风。陈子昂少年时不喜读书，好任侠习武，结交豪杰。十八岁时始发奋读书。中进士后，曾上书武则天，被擢为右拾遗。曾随武攸宜守幽州。他的诗歌慷慨激昂，风骨强健，其《感遇三十八首》《登幽州台歌》尤为著名，他所提倡的诗歌要有“风雅”“兴寄”和“汉魏风骨”，以复古为革新的理论，为盛唐诗歌的到来开辟了方向，其功甚伟。李白对他十分敬重，后来李白所作的《古风》，就是在陈子昂《感遇》等诗影响下所作的作品。李白青年时期的任侠之风，也是受了陈子昂一定影响的。特别是陈子昂的《登幽州台歌》，是一首十分有感染力的作品：

前不见古人，后不见来者。
念天地之悠悠，独怆然而涕下。

陈子昂是被武则天之侄武攸宜迫害而死的，李白在陈子昂家乡凭吊他时，想到了他的这首诗，深深地体会到一个才高位下的诗人最终走投无路的深切悲哀。

开元十二年（724年），李白带着书童丹砂离开家乡，到巴蜀之外的世界去漫游，开阔眼界。他从成都顺着锦江南下，船行至嘉州（今四川乐山市）的清溪驿（又名平羌驿），天色已晚，只见半轮山月高悬在平羌江面上。他在驿馆住了一宿，第二天早上就要乘上去往三峡方向的船，直下渝州（今重庆市）而去。李白心想，马上就要离开蜀中的家乡了，这轮山月不就是家乡的亲人前来送行的吗？于是就写下了《峨眉山月歌》一诗：

峨眉山月半轮秋，影入平羌江水流。
夜发清溪向三峡，思君不见下渝州。

此诗中的“峨眉山月”中的“峨眉”，是蜀中家乡的指代。诗末句中的“君”字是双指，既指“峨眉山月”又指家乡的亲人。峨眉山月是家乡月，平羌江水是家乡水，告别了我在蜀中家乡的山水和月亮，我要到渝州去，我要出三峡去，到一个比蜀中家乡更加广阔的地方去。

仗剑出峡

李白离开嘉州时，山月是“半轮秋”，到达夔州和巫山时已经是“积雪照空谷，悲风鸣森柯”（《自巴东舟行经瞿塘峡，登巫山最高峰，晚还题壁》）。也就是说，李白在清溪驿出发，从秋天一直走到冬天。一路上他每到一处，便恣意游览。

李白在夔州和巫山等地停留的时间较久。在夔州，他游览了三国时刘备托孤的白帝城。他一向对蜀国的丞相诸葛亮一心报国、鞠躬尽瘁的品格十分敬佩，并对刘备和诸葛亮风云际会、鱼水融合的君臣际遇十分向往。他希望此次出川能够找到以身报国的机会。李白后来在诗中说：“赤伏起颓运，卧龙得孔明。当其南阳时，陇亩躬自耕。鱼水三顾合，风云四海生。武侯立岷蜀，壮志吞咸京。”（《读诸葛武侯传书怀，赠长安崔少府叔封昆季》）诗中表达了他从青少年时期就怀有的对诸葛亮的倾慕。在巫山，他曾登上巫山神女峰，去观看这位名闻遐迩的巫山神女。巫山在今重庆市巫山县，在城东十多里的长江北岸，那里挺立着天下著名的神女峰。传说巫山神女是赤帝之女，名瑶姬，下凡人间，独立在山峰上，为峡江的船只护航、耕云播雨，守护着一方土地。后来楚国的宋玉写了《神女赋》和《高唐赋》，才把媱姬的形象塑造成了一个“朝云暮雨”自荐楚王的神女。李白对宋玉将瑶姬这样美丽而善良的神女，描写成一个自荐枕席的女子，心中十分不满，于是写下了这首反驳宋玉的诗：

瑶姬天帝女，精彩化朝云。
宛转入梦宵，无心向楚君。
锦衾抱秋月，绮席空兰芬。
茫昧竟谁测，虚传宋玉文。

（《感兴八首》其一）

诗中，李白将瑶姬这位天帝之女说成是可以身化朝云的美丽仙女，她虽然能出入人们的梦境，但却无心向楚王这样的昏君自荐衾枕，她只愿与秋月为伴，独守兰芬之身。宋玉为讨楚襄王的欢心，在《高唐赋》中把神女说成是“旦为朝云，暮为行雨，朝朝暮暮，阳台之下”，沉湎于楚王枕席之女。李白认为，这是茫昧之语，宋玉的文章描写是不符合瑶姬神女形象的，他的这篇《神女赋》真是浪得虚名，不应流传。

在离开巫山后，李白又乘船顺着峡江前行。每遇胜景，便让小船停下来，登岸游览。在秭归，他瞻仰了屈原祠，向这位与日月同辉的伟大诗人朝拜致敬，吟诵着“长太息以掩涕兮，哀民生之多艰”的诗句，久久不愿离去。他还游览了黄牛峡的黄牛庙，那里供着大禹的神像。相传大禹治水时，天上的土星化为神牛相助，以犄角抵开两山，让江流通过。此牛的身影就留在石壁上，船行三日，犹能看得见神牛之影，因此峡名为黄牛峡，建立黄牛庙以纪念。李白游览过黄牛庙后，望着山上的黄牛影，吟诵着“朝发黄牛，暮宿黄牛。三朝三暮，黄牛如故”的民谣，回到船上。

过了西陵峡的南津关，三峡已尽。船来到荆门（在今湖北宜昌西）一带，此处南为荆门山，北为虎牙山，夹江而立。出了荆门，大江已经完全摆脱了峡谷的束缚，江流突然变宽，天地为之一阔。李白长长地舒了一口气，感到心胸突然开阔起来。小船上，李白仰天而望，但见蓝天上朵朵悠悠的白云，一会儿分开，一会儿又融在一起；一会儿像座座连绵起伏的山脉，一会儿又变成了一片琼楼玉宇。那天边的一轮月亮，在峨眉时还是半轮月，到这里已经是满月了。再看看大江在江汉平原上就像是一匹去掉笼辔的野马，汪洋恣肆，无拘无束地奔流着。两岸的树木，从江中的船上望去，就好像荠菜一样的低矮。大平原无边无际，连个山影也看不见。这里就是楚地，这里就是屈原和宋玉生活过、歌唱过的楚国。

一首诗在他的脑海中盘旋，这是他出三峡后所写的第一首诗。辽阔无垠的楚天和平坦无际的楚地，给了他全新的感觉和感受：

渡远荆门外，来从楚国游。
山随平野尽，江入大荒流。
月下飞天镜，云生结海楼。
仍怜故乡水，万里送行舟。

（《渡荆门送别》）

江汉大平原，一下子开阔了李白的视野。长江在未出峡前，在三峡中千折百回地逶迤前进，两面都是陡峭的高山束缚着江水，真是陡峡急流，一泻千里。但是到了宜昌的西陵峡口时，蜀江已尽，山川大开，大江已摆脱了峡江的束缚，在广阔的平原上得到了空前的解放，恣情随意地畅流着。山随平野已尽，江入大荒而流。这等景象，是李白在蜀中所没有见过的，一下子开阔了他的视野，真是到了一个新的天地！但他回首一路上送他出峡的故乡之水蜀江，感到十分亲切，仿佛是万里迢迢前来送他行舟似的。再见了，三峡，再见了，我蜀中的故乡！

江汉之游

在江陵，李白遇到了大道士司马承祯。司马承祯对他大加赞赏，这拉近了李白与道教文化的距离。李白由此所写的《大鹏赋》，是其名作之一。他在洞庭湖对乡人吴指南病中的照顾和死后的安葬极尽朋友之情，彰显了李白“存交重义”之高尚品德。黄鹤楼上，他对崔颢的《黄鹤楼》诗赞赏有加，显现出李白心有服善和扬善之德。在庐山，他为庐山瀑布的壮美所倾倒，写出了“海风吹不断，江月照还空”及“飞流直下三千尺，疑是银河落九天”的诗句，显示了过人的才华。

江陵访道

李白于开元十三年（725年）出峡，来到江陵。江陵今属湖北荆州市，原是楚国的国都，名郢，处于楚国的西部，地处江汉平原的西部，南临长江，北依汉水，西控巴蜀，南通湘粤，是一个商业繁荣、交通发达的战略要地。江陵县北十里的地方，原是楚都的旧址，纪南城。自楚文王即位（前689年），将楚都由丹阳移郢之后，到秦将白起拔郢（前278年），郢为楚都共有四百多年的历史。

李白与丹砂下了船，便在江陵的一家客栈住下。在这家客栈里，他听说当代著名道教大师司马承祯到了江陵。司马承祯是上清派第十二代宗师，他二十岁时到中岳嵩山，事潘师正为师，成了正一宗陶弘景的第四代传人，后隐居于天台山，自号白云子。在武则天和唐中宗时，屡召不起。唐睿宗时曾应召入宫，天子事之为师。据《旧唐书·隐逸传》上说：景云二年（711年），“睿宗令其兄承祎就天台山追之至京，引入宫中，问以阴阳术数之事。承祯对曰：‘道经之旨：为道日损，损之又损，以至于无为。且心目所知见者，每损之尚未能已，岂复攻乎异端，而增其智虑哉！’帝曰：‘理身无为，则清高矣！理国无为，如何？’对曰：‘国犹身也。《老子》曰：游心于淡，合气于漠，顺物自然而无私焉，而天下理。《易》曰：圣人者，与天地合其德。是知天不言而信，不为而成。无为之旨，理国之道也。’睿宗叹息曰：‘广成之言，即斯是也！’承祯固辞还山，仍赐宝琴一张，及霞纹帔而遣之，朝中词人赠诗者百余人。开元九年（721年），玄宗又遣使迎入京，亲受法箓，前后赏赐甚厚。十年，驾还西都，承祯又请还天台山，玄宗赋诗以遣之”。

唐代的三代帝王都曾邀司马承祯为国入宫，尤其是唐玄宗，还拜司马承祯为师，顶礼膜拜，可见司马承祯在唐代道教中地位之尊。李白早就闻其大名，听说他现住在江陵紫极宫，因此决定前往拜见。

在江陵的紫极宫，门前车马拥挤，达官贵人和黎民百姓都争着向司马大师致礼观瞻，李白也在人群中挤来挤去，想一见司马大师的真容。恰逢司马承祯送荆州刺史等官员上车回府，司马道长一眼看见了李白，喜出望外。只见李白身穿白袍布衣，却是神采飞扬，两眼炯炯有神，便招呼李白一人上前。李白向司马大师行拜谒之礼。司马大师素善风鉴，见其相貌不凡，说李白“有仙风道骨，可与神游八极之表”（《大鹏赋》），手挽李白进入紫极宫中作倾心之谈，并邀李白随其学道。李白既高兴，又犹豫。高兴的是司马大师对其期望甚高，说他有成仙学道的根底，但又犹豫的是，此次李白出川，其意在“已将书剑许明时”，以身报国，修仙学道应是在事君荣亲、功成名就之后。于是他就向司马大师说了自己心中的想法，婉转地谢绝了司马道长随其学道的邀请。司马承祯看出了李白虽有道缘但又热衷功名的世俗之思，叹息着勉励他一番，约其功成身退后再续仙缘。

李白像失了魂一样回到客栈。他反复回忆了与司马承祯的相见与期许。心想，这真像是南柯一梦，能与老神仙相遇，真是他的缘分。他一向以大鹏自许，莫非司马承祯是神话中的希有鸟，要与他同跨仙界，比翼而飞？他耐不住心中的激动，于是展纸挥笔，写了一篇《大鹏遇希有鸟赋》，后经修改，改名为《大鹏赋》并序。赋曰：

余昔于江陵见天台司马子微，谓余有仙风道骨，可与神游八极之表，因著《大鹏遇希有鸟赋》以自广。此赋已传于世，往往人间见之。悔其少作，未穷宏达之旨，中年弃之。及读《晋书》，睹阮宣子《大鹏赞》，鄙心陋之。遂更记忆，多将旧本不同。今复存手集，岂敢传诸作者，庶可示之子弟而已。

其辞曰：

南华老仙发天机于漆园，吐峥嵘之高论，开浩荡之奇言，徵至（一作志）怪于齐谐，谈北溟之有鱼，吾不知其几千里，其名曰鲲。化成大鹏，质凝胚浑。脱鬐鬣于海岛，张羽毛于天门。刷渤澥之春流，晞扶桑之朝暾。燀赫乎宇宙，凭陵乎昆仑。一鼓一舞，烟朦沙昏。五岳为之震荡，百川为之崩奔。

尔乃蹶厚地，揭太清，亘层霄，突重溟。激三千以崛起，向九万而迅征。背岴太山之崔嵬，翼举长云之纵横，左回右旋，倏阴忽明。历汗漫以夭矫，扤阊阖之峥嵘。簸鸿蒙，扇雷霆，斗转而天动，山摇而海倾。怒无所搏，雄无所争，固可想像其势，仿佛其形。

若乃足萦虹蜺，目耀日月，连轩沓拖，挥霍翕忽。喷气则六合生云，洒毛则千里飞雪。邈彼北荒，将穷南图。运逸翰以傍击，鼓奔飙而长驱。烛龙衔光以照物，列缺施鞭而启途。块视三山，杯观五湖。其动也神应，其行也道俱。任公见之而罢钓，有穷不敢以弯弧。莫不投竿失镞，仰之长吁。

尔其雄姿壮观，坱轧河汉，上摩苍苍，下覆漫漫。盘古开天而直视，羲和倚日以旁叹。缤纷乎八荒之间，掩映乎四海之半。当胸臆之掩昼，若混茫之未判。忽腾覆以回转，则霞廓而雾散。

然后六月一息，至于海湄。欻翳景以横翥，逆高天而下垂。憩乎泱漭之野，入乎汪湟之池。猛势所射，余风所吹，溟涨沸渭，岩峦纷披。天吴为之怵栗，海若为之躨跜。巨鳌冠山而却走，长鲸腾海而下驰。缩壳挫鬣，莫之敢窥。吾亦不测其神怪之若此，盖乃造化之所为。

岂比夫蓬莱之黄鹄，夸金衣与菊裳。耻苍梧之玄凤，耀彩质与锦章。既服御于灵仙，久驯扰于池隍。精卫殷勤于衔木，鶢鶋悲愁乎荐觞。天鸡警晓于蟠桃，踆乌晢耀于太阳。不旷荡而纵适，何拘挛而守常。未若兹鹏之逍遥，无厥类乎比方。不矜大而暴猛，每顺时而行藏。参玄根以比寿，饮元气以充肠。戏旸谷而徘徊，冯炎洲而抑扬。

俄而希有鸟见谓之曰："伟哉鹏乎，此之乐也。吾右翼掩乎西极，左翼蔽乎东荒，跨蹑地络，周旋天纲。以恍惚为巢，以虚无为场。我呼尔游，尔同我翔。”于是乎大鹏许之，欣然相随。此二禽已登于寥廓，而尺鷃之辈空见笑于藩篱。

此赋的序言中说：“余昔于江陵见天台司马子微，谓余有仙风道骨，可与神游八极之表，因著《大鹏遇希有鸟赋》以自广。此赋已传于世，往往人间见之。”说明了此赋的原题为《大鹏遇希有鸟赋》，也说明了撰写此赋的缘由和目的。原来李白是借描写与司马承祯相遇，以及司马道长夸自己“有仙风道骨，可与神游八极之表”的话，来宣扬自己，以求得世人的注意。

此赋以《庄子·逍遥游》中的大鹏形象为基础，以排比、夸张铺陈之手法，从各种角度极力描写大鹏的形象，“斗转而天动，山摇而海倾”的雄伟气势，“跨蹑地络，周旋天纲”的远大志向，不为外物所役的旷荡纵适的逍遥精神，等等。大鹏是庄子的图腾，是自由精神的象征，从此赋以及李白其他诗文中可以看到，庄子追求自由之精神对李白思想的巨大影响。此赋在艺术上取得了极大的成就。元人祝尧《古赋辨体》云：“此（赋）显出《庄子》寓言，本自宏阔，太白又以豪气雄文发之，事与辞称，俊迈飘逸，去骚颇近。”张道《苏亭诗话》：“太白之《希有鸟赋》（按即指《大鹏赋》）《惜余春赋》，子美之《三大礼赋》仰揖班（固）、张（衡），俯视徐（陵）、庾（信）。”因此，此赋一经写出便广传于世，“往往人间见之”。李白的好友魏颢在《李翰林集序》中说：“《大鹏赋》时家藏一本。”同代人任华也说：“《大鹏赋》《鸿猷文》，嗤长卿，笑子云。”都说明了此赋极高的艺术成就。从思想上来说，太白自比大鹏，欲遨游于九天之上，以达到自由之境，实现其“安社稷、济苍生”报效君国和功成身退、高蹈尘外之梦。

李白的《大鹏遇希有鸟赋》很快在江陵流传开来。都知道有个西蜀才子，名叫李白，有仙风道骨，来到了江陵，并得到了司马道长的高度认可和极力夸赞，而且还极有才华，其赋可比相如。李白在江陵名声大噪，一时间便结识了当地不少名士，他们在一起饮酒赋诗，相与甚欢。江陵是六朝时西曲乐府民歌的盛行之地，在宴会和酒席上时常能够听到婉转动听的西曲民歌。如《石城乐》：

生长石城下，开门对城楼。
城中美年少，出入见依投。

布帆百余幅，环环在江津。
执手双泪落，何时见欢还。

又如《江城乐》：

阳春二三月，相将蹋百草。
逢人驻步看，扬声皆言好。

暂出后园看，见花多忆子。
乌鸟双双飞，侬欢今何在。

除了西曲民歌，金陵地区的吴声曲也十分流行。如《子夜歌》：

宿昔不梳头，丝发披两肩。
婉伸郎膝上，何处不可怜。

又如《子夜四歌》：

春倾桑叶尽，夏开蚕务毕。
昼夜理机丝，知欲早成匹。

秋风入窗里，罗帐起飘扬。
仰头看明月，寄情千里光。

这些西曲和吴声曲都是当地的民歌。其词通俗易懂，清丽动人，又以巧妙的比喻和谐音为胜，再加上缠绵悱恻的曲调和大胆直率的内容，十分动听，直入人心。李白对这些民歌十分喜爱，也引起了他学习的愿望和创作的兴致。他也模仿六朝民歌的写作手法写了一些诗。如《巴女词》：

巴水急如箭，巴船去若飞。
十月三千里，郎行几岁归？

这首诗就是模仿西曲乐府民歌《石城乐》“布帆百余幅”而作的诗歌。两首诗都写的是妻子怀念和盼望远行丈夫早归的内容。而李白之作，虽为仿作，但在诗中却表现了更加丰富的内容和深厚情感。前二句写巴水的流速和巴船行驶速度之快。用了“急如箭”和“去若飞”来作为比喻，而后二句却说，在十月份这样的涨水季节，三千里的路程，几日或十几日即可回到家中，可是她的郎君却几年都没有回家了，使她心中十分牵挂。

李白的乐府诗《静夜思》也受到了南朝民歌的影响。诗中的“举头望明月，低头思故乡”两句，显然是从吴声曲乐府民歌“仰头看明月，寄情千里光”两句的诗意转化过来的，而且连韵脚都是一样的。

李白在江陵还写了一首《荆州歌》：

白帝城边足风波，瞿塘五月谁敢过？
荆州麦熟茧成蛾，缫丝忆君头绪多。
拨谷飞鸣奈妾何！

这首诗写的仍是闺妇思夫的内容，其中运用了南朝乐府诗的比喻和谐音的艺术手法。如以蚕丝为喻，“丝”与“思”谐音。白帝城在瞿塘峡之西，五月正是江水大涨的时期，而瞿塘峡中有滟滪堆突出于峡口中，谚语有“滟滪大如马，瞿塘不可下，滟滪大如牛，瞿塘不可流”的说法。因此古代过三峡的船夫，在江水大涨的五月是不敢过瞿塘峡的，怕的是触上滟滪堆水下的暗礁。首二句以思妇的口气说，丈夫远在瞿塘上白帝城，五月峡江涨水时，千万不要回来。而五月也正是荆州麦熟茧成，妇女在家缫丝之时，思君之心正如所缫之丝一样头绪繁多，真是千头万绪呀！最后一句是个隐喻。拨谷即布谷鸟，它的叫声好像是“行不得也哥哥！”因此思妇十分无奈，听鸟叫声而感慨万分。因此诗是七言，所以也有人说：“此歌有汉谣之风，唐人诗可入汉魏乐府者，唯太白此首。”（杨慎《李诗选》）此说虽有一定道理，但笔者还是认为，这首诗是主要学西曲乐府的。

李白在江陵所学的南朝乐府民歌，开阔了他的眼界。他在蜀中所写的诗歌，多是学习初唐才形成的律诗，律诗自然是文人之诗，格律对仗多有限制。李白虽然在青少年时期也对律诗特别是五律下过功夫，写得有模有样，平仄格律、对仗无一不合，但正格律诗与李白自由旷放的性格不合。他出蜀到了江汉之后，学习了当地的乐府民歌，一下子受到启发，开阔了他的思路，拓展了他的眼界，诗风也开始有了转变。于是李白开始将二者结合，逐渐形成了既婉转工丽又清新自由的诗风。

洞庭交游

开元十三年（725年）夏，李白与书童丹砂离开了江陵，一路沿江而下，来到了洞庭湖畔的岳阳。岳阳楼在洞庭湖东岸的城西门楼上，原址是三国时吴国的鲁肃所建，原是吴国水军的阅兵台。唐开元四年（716年），中书令张说谪守巴陵，在旧阅兵台上建岳阳楼，楼高三层，西临洞庭湖，登临远眺，八百里洞庭尽在眼底。岳阳楼是著名的风景名胜，它与武昌的黄鹤楼、南昌的滕王阁并称江南三大名楼。

李白在附近找了一家客栈，安置了行李，住了下来。第二天正欲出门，适有一客人前来相访。此人姓夏，排行十二，自称是李白的仰慕者，他也是刚从江陵来。在江陵时，读了李白的《大鹏遇希有鸟赋》，十分敬佩，欲结交李白，店家说李白已乘船到岳阳去了。他便乘船急追，来到了岳阳，打听到了李白的住处，便来拜访。李白见他千里追寻，十分感动，便约他一起去登览岳阳楼。二人上了岳阳楼，见眼前视野十分开阔，八百里洞庭尽在眼中。二人便让店家送上酒菜，边饮酒边谈。谈到兴起时，李白忽来诗兴，对着眼前大好风光，吟了起来。诗曰：

楼观岳阳尽，川迥洞庭开。
雁引愁心去，山衔好月来。
云间连下榻，天上接行杯。
醉后凉风起，吹人舞袖回。

吟完之后，李白忽然舞了起来，风吹衣袂飘飘欲仙，十分惬意。夏十二鼓掌大笑，也与李白同舞。舞罢，二人喝得大醉方休。回到店中，李白向店家要了纸笔，将诗写了下来，篇名为《与夏十二登岳阳楼》，将此诗赠给了夏十二。夏十二喜不自禁。有人说，诗人有待江山助，李白此诗借眼前洞庭之景，一抒心中的豪情。从此，李白这首诗也和孟浩然的《望洞庭湖赠张丞相》齐名，借着洞庭湖和岳阳楼之名传了开来，李白也在岳阳诗名大振。

一位从蜀中来的名叫吴指南的客人，此时也在岳阳漫游。他与李白曾在蜀中相识，听说李白到此，也前来拜访。李白见到从蜀中家乡来的故人，感到分外亲切。二人相约，共游洞庭。

第二天，他们乘船游览洞庭湖。时值夏日，烈日炎炎，天气炎热，湖面水平如镜，一丝风也没有。只有湖中的君山远望如黛螺，山上绿树如发，给人一些凉意。到了君山，他们离船上岸，沿着山路约走了两个多时辰，来到湘妃墓时已经浑身大汗。墓在翠竹丛中，已经荒圮，走近一看，墓旁每棵竹子的竿上只见斑斑点点，恰似泪痕。他们撮土为香，向湘妃墓拜了几拜，便坐在竹丛的阴凉下休息。其实竹荫下也不凉快，吴指南便将上衣也脱了，用衣作巾擦去了身上和脸上的汗水。

正当他们燥热难耐之时，天气忽然大变，西北的乌云滚滚而来，凉风习习，好生凉快。风越刮越大，由凉风渐渐变成了冷风，小风变成了大风和狂风。隐隐的，雷声也由远而近。

他们见天要下雨，就赶快起身下山。下到半山腰时，只听头顶一声炸雷，雨就哗哗地下起来了。等他们跑到山下，上了小船，一个个都成了落汤鸡，浑身上下都湿了个透，冷得直打哆嗦。尤其是吴指南，哆嗦得就像筛糠一样。老船夫将身上的衣服脱下来，披在吴指南身上，自己光着膀子冒雨在外面摇着船。小船冒雨顶风，驶至岳阳城。

回到客栈后，吴指南高烧不止，脸色蜡黄，热过之后，又开始发冷，盖了几床被子还直打哆嗦，连连叫冷。李白叫丹砂在床边侍候着，自己到城里请了一位郎中来给他诊病。郎中看了看，又把了把脉，说是偶感风寒，不要紧，又开了几剂草药，说吃几天就会好的。结果连吃几天也不见好，反而更重了。吴指南几日里茶饭不进，吃了就呕吐。李白很着急，又接连请了几位郎中，有的说是疟疾，有的说是伤寒，还有人说是霍乱。照着他们开的药方吃下去，结果病情不但不见轻，反而越来越重，人也日渐瘦弱，往日的一个壮汉，如今却病得脱了人形。

李白又重金请了城里最好的郎中给他诊治，但吴指南已病入沉疴，病情越来越重。吴指南躺在床上，闭着眼睛，喘着粗气。他觉得自己快不行了，连忙向李白托付后事，希望死后能将自己的骸骨运回故乡。李白含泪答应了。不久，吴指南就断了气。李白伏尸大哭，若丧天伦。次日李白买了一口棺木，将吴指南装殓了。他本来打算将吴指南的棺木运回蜀中，一了吴指南的心愿。可是当时天气炎热，尸体很快就有了异味，根本就无法上船，况且蜀地离此千里之遥，又正是长江涨水之时，逆水行船，根本过不了三峡。于是他只好赶快雇了一辆牛车，拉至洞庭湖边的树林边，将吴指南的棺木临时用砖厝葬。其时天色已晚，丹砂劝李白回去，但李白觉得对不起老友，决定在坟前守一夜墓，以表对故友的愧疚之情。于是，二人在坟边睡下。

夜半时分，一阵沙沙风响，隐隐约约地传来阵阵虎啸，丹砂被惊醒，随后叫醒了李白。只见前面的草丛里，有两只绿荧荧的小灯笼，在黑夜里闪闪发光，那是老虎的两只眼睛。丹砂吓得紧闭着眼睛，李白则手持宝剑，横目双睁，与老虎对峙着。相峙了一会儿后，那对绿灯笼消失了。李白这才松了口气。

李白将吴指南厝葬后，与丹砂顺着湘江南下，他们过汨罗，凭吊了屈大夫投江处；至潭州，游了岳麓山；到衡阳，登上了祝融峰；最后来到零陵，在九嶷山中向舜帝陵墓朝拜。随后，又东游金陵。数年之后，当李白又回到洞庭时，才将吴指南的尸骨取出，在湖水中削洗干净，用包袱裹了，背到了鄂城，但又因故一时回不了巴蜀，只好在鄂城之东买了一块墓地，将吴指南的尸骨装殓入棺葬了。数年之后，在李白的《上安州裴长史书》中写道："昔与蜀中友人吴指南同游于楚，指南死于洞庭之上，白禫服恸哭，若丧天伦。炎月伏尸，泣尽而继之以血。行路闻者，悉皆伤心。猛虎前临，坚守不动。遂权殡于湖侧，便之金陵。数年来观，筋肉尚在。白雪泣持刃，躬申洗削。裹骨徒步，负之而趋。寝兴携持，无辍身手。遂丐贷营葬于鄂城之东。故乡路遥，魂魄无主，礼以迁窆，式昭朋情。此则是白存交重义也。"李白记载此事，以向裴长史表白自己"存交重义"的品行。

江夏之行

开元十四年（726年）秋，李白离开了岳阳，南游衡山和零陵之后，开始了他漫游吴越的行程。在途经武昌之时，他登上了江边黄鹤矶上的黄鹤楼。此楼是三国时期吴国孙权所建，后屡毁屡建。传说仙人费文纬曾在此楼乘黄鹤而去，故名为黄鹤楼。黄鹤楼楼壁的题诗牌上，写满了过往诗人的题诗，其中一首诗引起了李白的兴趣。其诗曰：

昔人已乘黄鹤去，此地空余黄鹤楼。
黄鹤一去不复返，白云千载空悠悠。
晴川历历汉阳树，芳草萋萋鹦鹉洲。
日暮乡关何处是？烟波江上使人愁。

（崔颢《黄鹤楼》）

李白大赞：好诗好诗。丹砂在旁请李白也写一首，李白说：眼前有景道不得，崔颢题诗在上头啊！

崔颢的这首《黄鹤楼》诗，到底好在哪里呢？

这是一首崔颢登楼怀乡诗。前四句以仙人乘黄鹤的故事起兴，以切黄鹤楼的诗题。五六句写登楼所见，尾联写所感。此诗的特点是，前四句用的是古风式的民歌体，后四句才是律体。有人称这是古风体的律诗，是“以古入律”。这正是七律形成不久时才有的现象，为的是要律诗有高古之致，受到当时和后人的赞赏和喜爱。尤其是传说李白见此诗而搁笔感叹“眼前有景道不得，崔颢题诗在上头”的话，更使此诗声名鹊起，严羽就说：“唐人七律诗，当以崔颢《黄鹤楼》为第一。”（严羽《沧浪诗话·诗评》）

为什么这首诗被评价得这么高呢？这是因为此诗将古风与律诗结合在一起，不但不感到别扭，而且还有一种潇洒别致的风味。前四句用古风体，出现了三次“黄鹤”，“空悠悠”还是三平调，并且颔联也不成对仗，但用的是民歌词语重叠的手法，如同白话，语势浏漓，使人感到自然流畅，而没有平仄不协之感。后四句却是标准的律句。“晴川”一联，对仗极工，用“历历”来形容汉阳之树，景象如在眼前；用“萋萋”来描写鹦鹉洲之芳草，不但写出了芳草青翠茂盛，还含有对东汉才子祢衡的身世凄凉之意。尾联表达了诗人在他乡远游的乡关之思，以江上之茫茫烟波遮断了自己的望乡视线，来写心中迷茫的思绪和思乡之愁。这些乡愁只是微微有些伤感，但并不颓废和消沉，有着盛世游子所常有的羁旅乡愁，所以能引起普遍的共鸣。其诗呈现出了神行象外、苍茫浑厚的盛唐气象和不为声律所拘束的自由诗风，确实有感动人心的力量。

此诗是用以古行律、古律结合的手法来写律诗的。在盛唐以歌行自由狂放的诗风最为流行的时代，以古入律不但是允许的，而且也是时髦的。所以，此诗深受李白的赞扬和推举，后来还写了《鹦鹉洲》和《登金陵凤凰台》两首以古行律的诗与崔颢竞赛，这就极大地抬高了此诗的身价，对后人也有很大的影响，以至于被后人盛赞为唐人七律的压卷之作，清人吴其昌甚至说：“不古不律，亦古亦律，千秋绝唱，何独李唐？”（《删定唐诗解》）

李白年少气盛，对此诗念念不忘，内心虽感敬佩，但也有一点不服气的感觉，觉得他也能写出这样的诗，于是拟作几首，但总不满意，只好作罢。但他还是憋着一口气，在心中说：总有一天要超越它！

此外，李白在武昌还作有自创的乐府新辞《江夏行》一首。诗曰：

忆昔娇小姿，春心亦自持。
为言嫁夫婿，得免长相思。

谁知嫁商贾，令人却愁苦。
自从为夫妻，何曾在乡土？
去年下扬州，相送黄鹤楼。
眼看帆去远，心逐江水流。
只言期一载，谁谓历三秋。
使妾肠欲断，恨君情悠悠。
东家西舍同时发，北去南来不逾月。
未知行李游何方？作个音书能断绝？
适来往南浦，欲问西江船。
正见当垆女，红妆二八年。
一种为人妻，独自多悲凄。
对镜便垂泪，逢人只欲啼。
不如轻薄儿，旦暮长相随。
悔作商人妇，青春长别离。
如今正好同欢乐，君去容华谁得知？

这首诗是写武昌的一个商人妇与经商的夫君长别离的思念之苦。他的夫君去扬州经商时，她还亲自到黄鹤楼相送。原想夫君一年半载就能回来，可是夫君一去三年未归。相邻的几位商人出去经商不满一个月都回来了，可是自己的夫君去后连个音信都没有，是不是出了什么意外，好令为妻的担惊受怕。看看附近当垆卖酒的年轻女子，与家人团聚在一起，真是羡慕得不得了。眼看自己的大好青春将过，她真有点后悔当初嫁与一个长期别离的江上行商之人了。这当是李白目睹江夏商人妇的实情而写出的诗，他对这些可怜的商人妇，怀有深刻的同情。

李白打算乘舟顺江而行，直下江东。他在荆门离蜀出峡时，便把此行的目的定位为东游吴越：“此行不为鲈鱼鲙，自爱名山入剡中！”（《秋下荆门》）

庐山观瀑

李白离开了江夏，乘船到了九江，眼前是一座高大的山影，这就是闻名天下的名胜庐山。庐山原名叫匡庐。传说周武王时有一个隐士，名叫匡俗，他们兄弟七人在山上结庐隐居，修炼道术，后升仙而去，人去庐在，故又名庐山。历史上有许多诗人名士、高僧、大隐，都曾游过庐山。如晋朝的诗人陶渊明，南朝刘宋的诗人谢灵运、鲍照，晋朝的高僧慧远，东汉的道教天师张道陵，东晋的道士陆静修，都曾在此修炼或传道。庐山北临大江、叠嶂九层，崇岩万仞，山势雄伟奇特。李白十分喜爱这里，把庐山游了个遍，遍访松门、石镜、三叠泉、仙人洞、五老峰等风景名胜。他在屏风叠遥望五老峰，深为此处的风景所吸引，随口吟道："庐山东南五老峰，青天削出金芙蓉。九江秀色可揽结，吾将此地巢云松。"（《登庐山五老峰》）但李白最喜爱的是庐山香炉峰附近的瀑布。他先后作了两首《望庐山瀑布》。其一是一首五古：

西登香炉峰，南见瀑布水。
挂流三百丈，喷壑数十里。
欻如飞电来，隐若白虹起。
初惊河汉落，半洒云天里。
仰观势转雄，壮哉造化功。
海风吹不断，江月照还空。

空中乱潈射，左右洗青壁。

飞珠散轻霞，流沫沸穹石。

而我乐名山，对之心益闲。

无论漱琼液，且得洗尘颜。

且谐宿所好，永愿辞人间。

庐山西部有南北两座香炉峰，故此诗中说“西登香炉峰，南见瀑布水”。此诗是首古风，用的是写实手法，点出了李白登上北香炉峰的峰顶，望见了黄龙南的瀑布水，“挂流三百丈，喷壑数十里”也是实写，“三百丈”是个估计的高度，所喷之水沫四溅，水声数十里都能听见，虽有夸张，也基本上是实写。“欻如飞电来”以下十二句，是对瀑布的具体描写。其中写得最传神的是“海风吹不断，江月照还空”两句。“海风”即是江风，海有大的意思，江面水阔之处称海，言其大也。瀑布从山上所降，海风虽大也难以吹断；而瀑布之水是透明的，为江月所照，空明透亮，似有似无。这样的意境是很难用一般的语言来表现的，所以后人对此两句大为惊叹。唐人任华云：“登庐山，观瀑布，‘海风吹不断，江月照还空。’余爱此两句。”（《杂言寄李白》）宋人葛立方云：“‘海风吹不断，江月照还空’，凿空道出，为可喜也。”（《韵语阳秋》卷十三）宋刘辰翁评此二句曰：“奇敻，不可复道。”（《唐诗品汇》卷六引）日人近藤元粹评此二句曰：“妙入化境矣！”（《李太白诗醇》）诗的后六句写了李白对庐山的神往之情，愿远离世尘，漱琼液而洗尘颜，于此隐居。

如果说此诗是对庐山瀑布的详细描写，那么《望庐山瀑布》其二，则是一首绝句，是对庐山瀑布的概写：

日照香炉生紫烟，遥看瀑布挂前川。

飞流直下三千尺，疑是银河落九天。

在《望庐山瀑布》其一中有“海风吹不断，江月照还空”的诗句，为后人所称。但他仍不满足，于是又写了这首绝句。这首诗与前一首诗，有绝句与古风的不同，也有写作地点和角度的不同。很显然，上首古风是在香炉峰上高处来远望瀑布，而第二首诗却是站在山下仰望香炉峰和黄龙瀑布。所以望的地点不一样，角度不一样，其视角和感受也不一样。

此诗充分发挥了李白超绝的想象力和写绝句高明的艺术技巧。首二句“日照香炉升紫烟，遥看瀑布挂前川”，是紧扣诗题的一个“望”字，从远望和仰望的角度来写庐山瀑布的大环境。诗中先写望香炉峰，香炉生紫烟是实写，慧远《庐山记》中说：“东南有香炉山，孤峰秀起，游气笼其上，则氤氲若香烟。”“挂前川”，这个前川，与香炉峰不在一起，而是在香炉峰之前。这也是实写。前二句之所以平平而起，没有可令人称叹的奇句妙语，却是为后二句奇景的突现所做的一个铺垫。第三句开始陡转，“飞流直下三千尺”，是对瀑布的具体描写。“三千尺”与“三百丈”是一个意思，为什么不用“三百丈”而用“三千尺”呢，这是因“三千”比“三百”数字更大，更惊人。“飞流直下”四字写出其动态和气势，“三千尺”是突出其高度。但这仍未能写出香炉峰瀑布的神奇，末句抛出“疑是银河落九天”的想象之辞，才将此诗的意境拔高到一个奇妙雄伟的境界。这是作诗拙奇相生的写法，犹如兵法上的奇正之变，以正御兵，出奇制胜。如果此诗处处皆是奇语奇句，那就显示不出诗的重点，效果就不突出了。就是因为后二句与前二句拉开了势差，才显示出了累石于千仞之上的势差的力量。

此诗为咏庐山瀑布之千古绝唱，以“银河落九天”喻瀑布之高，新奇无比，古今无双。宋代大文学家苏轼说：“帝遣银河一派垂，古来唯有谪仙词。”对此诗赞赏备至。明人朱谏对《望庐山瀑布二首》的两首诗做了对比：“李白瀑布诗，选（指选体五古《望庐山瀑布》）言其详，绝（指此首绝句）言其概。言其详者，奇状异形，无不备举；言其概者，撮其大体，而略其细止也。选则详瞻而精到，绝则疏畅明快。天授之才，无所不可，白之诗其神矣哉！”（《李诗选注》）严评本载明人批：“不能出前篇意，只是道得醒快，然亦自好。”（《李白全集校注汇释集评》卷一九集评）前代学者对二首诗皆有恰切的评论。

李白还游了庐山下的东林寺和浔阳江边的灌婴井等古迹。这口灌婴井，原是西汉名将灌婴修筑九江城时所凿，其水深不见底。传说它与长江相连通，当大江上风高起浪之时，灌婴井中之水也随之起浪。李白看过之后，后来写了一首诗，其中有“浪动灌婴井，浔阳江上风”（《下寻阳城，泛彭蠡，寄黄判官》）的诗句，使此井从此有名。李白在浔阳城玩了几天之后，便乘船继续沿江而下。

东游吴越

金陵是六朝繁华之都，使青年李白流连忘返。他在吴地民歌的启迪下，写出了《长干行》《杨叛儿》《乌栖曲》《越女词》《白纻辞》《采莲曲》等一系列的旧题乐府诗，一夜成名。他漫游吴越，经剡中，至天台，眺望溟海，观览东南山水，名人胜迹，写出了《苏台览古》《越中览古》《西施》等诗。同时，他行侠仗义，又受困扬州，写下了“举头望山月，低头思故乡”的千古名诗。

金陵寻梦

大江在安徽芜湖这个地方转了一个弯，改为南北方向，向东北流去。江之东称为江东，江之西称江西。江东之人望长江在西，称西江。而此段的长江原为楚国之地，故又称为楚江。李白乘舟沿着大江向金陵的方向前进，他站在船头上向前遥望。忽见江面两岸出现了两个山头，随着船行，越来越高的山峰耸峙，夹江而立，形如天门。原来是著名的天门山到了。他喜不自禁，口吟一绝：

天门中断楚江开，碧水东流至此回。
两岸青山相对出，孤帆一片日边来。
（《望天门山》）

此诗描写了李白在江中船上望天门山的情景。天门山地处今马鞍山当涂县西南长江两岸。江北之山是梁山，江东之山是博望山。在诗中，李白觉得此二山原本相连，为大江之水所冲断，故形成二山，相对如门。“开”之一字，写出了江水的力量，也写出了此段江水的流向，是由东向而改为北向的特殊地理特征。“两岸青山相对出”一句，则写出了船行中所见，天门山东西两岸的两座山峰，随着船行渐近，山峰好像是渐渐从江岸上长出来一样的动态感觉。这种以船与山越来越近而山越来越高的动态写法，前所未有，确实是十分新奇的。尾句的“孤帆一片日边来”，多有歧义。“孤帆”二字，有人说是李白写眼前所见，有一只挂帆而行的孤舟在前面航行。笔者则认为，这是李白自指他所乘的孤舟，以显示李白的特立独行，以孤舟来衬托大江的宽阔及天门山高大的壮丽风光。关于“日边来”三字，有人认为这是用典故。将日比君，日边是喻帝都，说李白这次是从长安的西方过来的。这个解释有些过度了，其实李白指的是当时所见。时正中午，日在南面，正是他的船从西南向东北而行，与“至此回”的方向是一致的。

李白并没有在当涂停留，而是顺流而去，直下金陵。

金陵是一个繁华而热闹的城市，原是三国时吴国之都城。自南朝以来，一直是东吴、东晋、宋、齐、梁、陈六朝故都，也是唐代东南重镇。城东有钟山，西有石头城，北临长江天堑，秦淮河抱城而过，有虎踞龙盘之势。这里工商繁荣，富甲江南。尤其是秦淮河一带，更是迷魂销金之窟。从六朝乐府的民歌里，从来往江上客商的口中，李白早就了解、向往这个地方了。因此，李白和丹砂从江上下船登岸，便直奔秦淮河。

在盛唐之时，秦淮河是纸醉金迷之地、温柔富贵之乡，到处是秦楼楚馆、歌台酒肆，河中的画舫一个接着一个。李白和丹砂在秦淮河边的一家客栈住下。第二天便带着丹砂雇了一条游船，在秦淮河上慢慢摇过。两岸酒馆、歌榭中的调笑声、音调婉转的吴地小曲不断传来。倚门卖笑的红袖女，不断地向船上的客人招手、抛媚眼。李白既喜欢这里的热闹繁华，又讨厌这里的浮靡和轻薄。游过秦淮河之后，二人上岸，进了一家歌楼。见台上有一个年轻的姑娘，在唱金陵的小曲。只听她唱道：

春倾桑蚕尽，夏开蚕务毕。
昼夜理机丝，知欲早成匹。

李白仔细一听，这个声音好熟悉，好像是他在江陵时听过，当初不就是听她唱的这首歌吗！李白向邻座的一个顾客打听，此歌女名叫金陵子，近来在金陵城颇受欢迎，最善于唱吴声曲的民歌。金陵子有十六七岁，长相清秀，明眸皓齿，音声婉转多情，唱起吴地民歌来很有吴语的风情和感染力。她连唱了几曲，博得听众的热烈掌声和叫好。其中李白的掌声最为热烈。金陵子见李白眉目清朗，目光炯炯，英俊潇洒，便迎上前去，说他们好像是在哪里见过面。李白也认出了她，说他曾在江陵听过她唱的小曲，二人有一见如故的感觉。后来李白常到她演唱的歌楼听曲，就熟悉了，互相来往起来。

一日，金陵子跟李白说，她老唱那几首曲子，大家都听够了，听众越来越少，想请李白给她写几首新歌词，李白应允了下来。

金陵子在金陵认识的人较多，这些人大部分是她的粉丝和听众。李白是个喜欢交朋友的人，他决定在秦淮河畔的一家酒楼里举办一次宴会，就由金陵子列出请客的名单，宴请金陵城的名士和豪杰。宴会上来了金陵世家公子陆六、博陵名士崔十六、丹徒布衣王处士，还有在金陵公干的安州孟少府、扶风豪士窦滔等人。此时，李白在江陵、岳阳、江夏和庐山等地所写的诗赋如《大鹏赋》《荆门送别》《荆州歌》《江夏行》《望庐山瀑布》《望天门山》等，已陆续在金陵传开，为众人所传颂。等客人到了以后，李白亲自在酒楼门口迎接，与客人们一一抱拳相迎，彼此说了些仰慕的话，把大家引到楼上。待到大家落座，李白站起来抱拳施礼，表示感谢，说了一番“在家靠父母，出外靠朋友”的客套话，众人也纷纷赞颂李白的诗赋精彩，富有才华，前途不可限量。酒过三巡、菜过五味之后，陆六站起来说，我们请金陵子唱几首李白所写的乐府新词吧。大家一起欢呼起来。金陵子怀抱琵琶，登台上坐，便弹唱起来：

妾发初覆额，折花门前剧。
郎骑竹马来，绕床弄青梅。
同居长干里，两小无嫌猜。
十四为君妇，羞颜未尝开。
低头向暗壁，千唤不一回。
十五始展眉，愿同尘与灰。
常存抱柱信，岂上望夫台。
十六君远行，瞿塘滟滪堆。
五月不可触，猿声天上哀。
门前迟行迹，一一生绿苔。

苔深不能扫，落叶秋风早。
八月胡蝶来，双飞西园草。
感此伤妾心，坐愁红颜老。
早晚下三巴，预将书报家。
相迎不道远，直至长风沙。
（《长干行》）

大家听了之后，一致称赞起来，一是李白的歌词写得好，二是金陵子歌喉婉转。从前的吴声曲民歌歌词都很短，只有四句，就是几首连着唱，也都不长，而且大都是抒情诗。李白这首《长干行》却是一首叙事诗，有故事情节，语言通俗，歌声优美，音调动听。大家纷纷要求再唱一曲。金陵子于是再调玉徽，重挥纤指，又唱了一首《杨叛儿》：

君歌杨叛儿，妾劝新丰酒。
何许最关人？乌啼白门柳。
乌啼隐杨花，君醉留妾家。
博山炉中沉香火，双烟一气凌紫霞。

这是一首切合金陵地区的乐府民歌新词。《杨叛儿》本是一首金陵的童谣。后被收入《乐府诗集》，其古辞云：“暂出白门前，杨柳可藏乌。欢作沉水香，侬作博山炉。”李白此诗是学金陵民谣而作。这是一首歌颂坚贞爱情的诗，内容多用比喻和隐语，而语言具有民歌风采。再加上金陵子婉转的歌喉，余音绕梁，袅袅不绝，听得大家如醉如痴。过了好半天，大家才如梦初醒，连连称赞。但也有一些听众，觉得李白此诗和隐语暗喻，有点太深，不够刺激，便喊道，再来一首有色有味儿的！金陵子有些难为情，看了看李白，李白向她点了头。于是金陵子就把李白写给她的一首新歌词《对酒》，唱了起来：

蒲萄酒，金巨罗，吴姬十五细马驮。

青黛画眉红锦靴，道字不正娇唱歌。
玳瑁筵中怀里醉，芙蓉帐底奈君何！

此曲一出，还没有唱完，下面就一片喝彩。有人说，写得太形象了，这不是写的某某某吗？有人嚷道，李公子艳福不浅，真够味儿！李白也觉得不好意思了。他连忙解释说，开个玩笑嘛；并说他这是在讥讽金陵风月场上的一些人乱学胡人风气。一些吴地的歌姬舞女，穿胡装、学胡女打扮、用胡人酒器喝胡人酒，嗲声嗲气地用胡姬的声调唱歌，是乱赶时髦。这时才有人明白，怪不得诗中说这位“吴姬”穿的是胡人“红锦靴”，喝的是西域的“蒲萄酒”，用的是胡家的酒器“金叵罗”，还“道字不正娇唱歌”呢，原来是李白在讽刺她们，出此类吴姬的丑呢。总之，这次酒宴使李白在金陵的名声大噪，谁都知道，从西蜀来的才子名叫李白，他的乐府新词和诗赋，那叫一个绝！

东穷溟海

李白与当地的金陵子弟相与交往起来，他们轮流坐庄，隔三岔五地吃酒作乐，骑马漫游。金陵玩遍了，便到苏州、杭州、越州等地去游览。在此时期，李白的诗兴大发。在金陵，他还写了《登瓦官阁》《金陵望汉江》《白纻辞》《夜下征虏亭》《采莲曲》等诗。在游苏州时，他写了《乌栖曲》《苏台览古》等诗。《乌栖曲》曰：

姑苏台上乌栖时，吴王宫里醉西施。
吴歌楚舞欢未毕，青山欲衔半边日。
银箭金壶漏水多，起看秋月坠江波。
东方渐高奈乐何！

这首诗是李白游苏州的姑苏台时所作，姑苏台是吴王和西施通宵达旦、饮酒作乐、不问朝政的地方。因吴王荒淫误国，国将不国而不自知。李白对此很有感触，于是用乐府诗的形式写了此篇，引以为戒，对当政者可谓是敲响了警钟。写此诗时，他还嫌不过瘾，于是又写了《苏台览古》一诗：

旧苑荒台杨柳新，菱歌清唱不胜春。
只今惟有西江月，曾照吴王宫里人。

此诗进一步写了吴王亡国之后的凄惨景象。旧日满是舞台歌榭的姑苏台，如今已沦为旧苑荒台，成了采莲姑娘唱歌采菱的地方。当年吴王和西施等歌儿舞女的欢乐场面，只有西江之月曾经照耀过。如今安在哉！

在越州，李白游了会稽和西施的家乡诸暨。作了《越中览古》《王右军》《西施》等诗。《越中览古》曰：

越王勾践破吴归，义士还家尽锦衣。
宫女如花满春殿，只今惟有鹧鸪飞。

这首诗与《苏台览古》同一风格和主题。当年越国败于吴国，越王勾践成了吴王夫差的阶下囚，被吴王夫差作为人质，成了为吴王牵马扶镫的贱役，尝尽百般羞辱。越国大夫文种送上西施等美人及财宝献给吴王，勾践方被放还。此后，勾践在会稽宫中卧薪尝胆，十年生聚、十年教训，终于转弱为强，后来一举灭了吴国，继而大会诸侯，成为霸主。当年勾践破吴凯旋，将士们衣锦还乡，是何等的荣耀，收进越王宫中的宫女个个貌美如花，后来也逃不掉王朝兴亡的宿命，由盛变衰，被楚国所灭。如今，越王和后宫三千何在呢？都化作了稽山之土，越王台如今也残损破落，只见鹧鸪乱飞罢了。这首诗与《苏台览古》同样抒发了李白在盛时不要耽于享乐，莫忘当年艰苦的主旨，人无远虑，必有近忧，要居安思危啊。

李白还访问了会稽东兰渚山的兰亭。兰亭是东晋大书法家王羲之寓居的地方。李白对王羲之一向仰慕，他对书圣王羲之写道经向道士换鹅的故事十分感兴趣，更对永和九年王羲之与谢安等人在兰亭曲水流觞赋诗的雅举十分向往，对千古书法名作《兰亭集序》十分佩服。于是他作了一首《王右军》诗，表达对书圣的怀念；

右军本清真，潇洒在风尘。
山阴遇羽客，要此好鹅宾。
扫素写道经，笔精妙入神。
书罢笼鹅去，何曾别主人！

越州诸暨的苎萝村，是西施的家乡。当年西施在浣纱溪边浣纱，被勾践发现，迎入宫中，后来越国大夫文种将其送与吴国做美女卧底，深得吴王宠爱。越王破吴之后，范蠡携西施泛游五湖，不知所终。李白作《西施》和《浣纱石上女》诗，为之传之。此外，李白还写了《越女词五首》，对吴越少女美丽的面貌、白皙的皮肤、活泼的举止、绰约的风姿都写得生动，宛在眼前：

其一

长干吴儿女，眉目艳星月。

屐上足如霜，不着鸦头袜。

其二

吴儿多白皙，好为荡舟剧。

卖眼掷春心，折花调行客。

其三

耶溪采莲女，见客棹歌回。

笑入荷花去，佯羞不出来。

其四

东阳素足女，会稽素舸郎。

相看月未堕，白地断肝肠。

其五

镜湖水如月，耶溪女如雪。

新妆荡新波，光景两奇绝。

后来杜甫游吴越时有“越女天下白”的诗句，恐怕是受到了李白《越女词》中“吴儿多白皙”“耶溪女如雪”诗句的影响。

天台山是东南名胜，其山水之盛在东南地区名列前茅。这里有佛家天台宗的国清寺和道教南宗的桐柏观。国清寺在山中，有五峰环绕，古木参天。桐柏观在华顶峰上，春夏之间，蓝天白云，杜鹃盛开，是道教第六洞天。司马承祯曾在这里长期修道，李白对这里十分向往。天台山东临溟海，西连仙霞岭，北界新昌，有赤城栖霞、华顶秀色、石梁飞瀑、双涧回澜等著名风景。华顶峰是天台山的最高峰，站在这里可以远眺东海。在一个晴朗的日子，李白遥望东方，写下了《天台晓望》一诗：

天台邻四明，华顶高百越。
门标赤城霞，楼栖沧岛月。
凭高远登览，直下见溟渤。
云垂大鹏翻，波动巨鳌没。
风潮争汹涌，神怪何翕忽？
观奇迹无倪，好道心不歇。
攀条摘朱实，服药炼金骨。
安得生羽毛，千春卧蓬阙。

在华顶峰上遥望，可见附近的四明山和越中众山都在脚下，“门标赤城霞，楼栖沧岛月”是这首诗中的名句。因赤城山是红色的，故称赤城霞。而桐柏观在华顶峰的顶端，从沧海之岛上升起的明月，落在了山顶桐柏观的楼上，表示天色已明。凭高望远，可见溟海就在山下，仿佛能看到海云之上有大鹏在翻飞，大海之中有巨鳌在波涛中出没，海水在海风的吹动下波涛汹涌，神怪在海上忽隐忽现，这是何等的壮丽和诡谲。这是李白第一次见到或想象到的大海景象，是何等的壮观。所以李白便产生了服药炼丹、修仙学道的想法，要是能炼成一身金骨，生出能飞翔的羽翅，飞到蓬莱仙岛做个快活的神仙，那该多好！

总之，李白的这次吴越之游使他饱览美丽的吴越风光和美好的风土人情，将其尽入诗囊。

从吴越归来后，李白又在金陵交游诗友同好，盘桓了将近一年。这一年之中，李白挥金如土，散金三十余万。李白后来在《上安州裴长史书》中说：“曩昔东游维扬，不逾一年，散金三十余万，有落魄公子，悉皆济之。”眼看行囊中金将尽，李白只好告别金陵子弟，东下扬州。

李白要离开金陵的消息传出，在金陵的一帮朋友纷纷来到江滨渡口相送。

大家在江边的一家酒肆里设酒送别。李白首先对金陵的一帮友人表示谢意，向大家举杯，将酒一口喝干。金陵的富家子弟陆六，也带头招呼大家举杯相敬李白。于是，众人连饮三杯落座。大家敬佩李白的诗才和行侠仗义之举，纷纷劝李白留下。李白含泪说道：大家对我的帮助和照顾，我李白非常感激，金陵和各位朋友给我留下了深情厚谊，不论我走到哪里都不会忘记你们的！有人提出能否留下一首诗，李白痛快地答应了。陆六从店家取来了笔墨和纸张。只见李白脱下白袍，挽起袖子，大笔挥洒地写了起来。李白写一句，陆六就念一句。只见李白手不停挥，一口气就将诗写好了。诗曰：

风吹柳花满店香，吴姬压酒唤客尝。
金陵子弟来相送，欲行不行各尽觞。
请君试问东流水，别意与之谁短长？
（《金陵酒肆留别》）

酒席上赞声一片。有人问柳花怎么是香的？有人回答，是酒香染的吧。还有人问，酒怎么是压的？一人答道，这是新酒，老板娘亲自从酒槽中压酒，当然新啦。众人一致夸奖说，你看，他将我们的友情与长江东流之水相比，当然还是太白先生对我们情深谊长啦。酒肆中一片欢笑之声。李白感到与金陵子弟的离别虽有些感伤，但他们的热情与情谊更是令他感动。

送李白及丹砂上了船，金陵弟子眼望着他们的帆影渐行渐远，才恋恋不舍地离开了渡口。

维扬受困

扬州是唐代一大都会。时有“扬一益二”的说法，即除了首都长安和东都洛阳，就数扬州和益州成都了。当时的淮南道大都督府就设在扬州。李白到扬州是想寻找出仕的门路。李白到了扬州后，找了一个小店住下。听说安州的孟少府也到扬州府来了，李白去都督府打听孟少府下落，府衙的人说，他办完事就走了，也不知他现在何处。

无可奈何之余，李白与丹砂去扬州的名胜西灵寺游览。西灵寺建在扬州城北的蜀岗之上，原名为大明寺，因初建于南朝宋孝武帝大明年间而得名。隋朝改名为栖灵寺，并建栖灵寺塔。至唐时，又改称为西寺或西灵寺，塔名也改为西灵塔。

寺中的住持也知道李白的诗名，请他为西灵寺作首诗。李白登寺塔游览，四望风光宜人。下了塔楼之后，便吟了一首《秋日登扬州西灵塔》诗：

宝塔凌苍苍，登攀览四荒。
顶高元气合，标出海云长。
万象分空界，三天接画梁。
水摇金刹影，日动火珠光。
鸟拂琼檐度，霞连绣栱张。
目随征路断，心逐去帆扬。

露浩梧楸白，霜催橘柚黄。
玉毫如可见，于此照迷方。

李白在此诗中前十句描写了西灵寺之高，上凌青苍，与天上的元气相混。在塔的顶层可览四野风光，甚至可见东海的海云。天上万象由此塔分界，它的顶层画梁可与三天相接。塔顶上的火珠在日光下闪耀，鸟可从塔里的帘幕中飞过，它的斗栱与天上的彩霞连接。后六句是诗人所发的感慨：在塔上举目远眺，道路已消逝在远方，看不到尽头；而此时的心儿已随大江的帆影远去。此时已是秋天，四野的梧桐和楸树上的露珠闪闪发光，橘子和柚子已被秋霜催熟，一片金黄。这景色实在是太壮观了，令诗人赞叹不已。诗的最后二句，诗人用了佛典释语，说如果真有佛家所说的玉毫的话，其所发之光可以照人于迷途，指明方向。寺中住持见到这首诗十分高兴，觉得李白甚有慧根，可与之交，并邀请李白到寺中来住。李白当然高兴，于是就在西灵寺的厢房住下。

李白从家中所带的川资已在金陵挥耗殆尽，他多次想到扬州大都督府拜见长史大人，但都被衙役挡在门外，只好在西灵寺中随着寺僧蹭斋饭。由于心情不好，又一时身体受了风寒，几日卧床不起。虽有丹砂守在身边，小心侍候，病情有所好转，但仍浑身无力。眼看中秋已到，正是阖家团圆之时，他忽起归家之念，可是手里又没有盘缠，只好在寺中待着，等痊愈之后再说。这时，他想起了蜀中的故乡和亲友，夜不能寐，坐在床上，呆呆地看见一片月光射进了窗户，一首小诗涌上心头：

床前看月光，疑是地上霜。
举头望山月，低头思故乡。[①]

远在天涯的父母高堂和月圆小妹，你们都好吗？在这遥远的大江东头，我是

① 《静夜思》，此是宋本《李太白文集》原文，明以后有些唐诗选本始改为：“床前明月光，疑是地上霜。举头望明月，低头思故乡。”更加通俗易懂了。

多么的孤独和寂寞呀，又是多么地想念你们啊！可是我有家不能回，只有天上的明月可以托付我的思念，向你们问好！

他又想起了自己的老师赵蕤先生，想起了他临行的嘱托：“士生则桑弧蓬矢，射乎四方，故知大丈夫必有四方之志。”让他仗剑去国，辞亲远游，走出蜀地去开阔眼界，能够闯出一片自己的天地来。如今自己不仅没有寻到建功立业的门路，却在外和一帮浮浪子弟混在一起，没有丝毫长进，真是愧对恩师的希望和用心。于是又写了一首怀念赵蕤的诗《淮南卧病书怀，寄蜀中赵征君蕤》：

吴会一浮云，飘如远行客。
功业莫从就，岁光屡奔迫。
良图俄弃捐，衰疾乃绵剧。
古琴藏虚匣，长剑挂空壁。
楚怀奏钟仪，越吟比庄舄。
国门遥天外，乡路远山隔。
朝忆相如台，夜梦子云宅。
旅情初结缉，秋气方寂历。
风入松下清，露出草间白。
故人不可见，幽梦谁与适。
寄书西飞鸿，赠尔慰离析。

诗中说，自己就像一朵浮云，在吴越飘来飘去，浪费了大好光阴，而一无所成。出蜀时本来有着一个美好的计划，可是被我扔在了一旁，把身体也搞坏了。琴书剑艺也荒废殆尽，真好像思楚的钟仪和思越的庄舄，身在异乡而思念故乡。故国之门遥在天外，远山相隔而回去不得。那蜀中的相如台和子云宅使我日夜思念。在这秋气肃杀之时，我已无心在外游历。松间的秋风和草间的白露，我也无心欣赏。老朋友都见不着，只能托幽梦归去与你相会。托鸿雁给你带封信，聊慰你我的离别之情吧。在这首诗中，李白写出了他对此次吴越之游没有抓住机会寻找建功立业的门路，而将大好青春和大把金钱浪费在浮华的生活上感到后悔，对辜负家乡的亲人和师友的教诲而感到羞愧。他开始觉悟和明白，他不能忘却他的初心和志向，必须振作起来，为实现“已将书剑报明时”的愿望，开始新的奋斗。

回过头再说安州的孟少府，他到大都督府办事，听说李白也到了扬州，便四处找他。最后在西灵寺找到了李白，见他由于生病熬煎，身体虚弱，顿生怜悯之心。李白对他说了想要回家的愿望，孟少府说，先跟我到安州去吧，回家的事以后商量。李白早先听闻司马相如大夸云梦泽的事，也很想到那里去看看。于是，等孟少府办完了事，李白便和孟少府一起去了安州。

第五章 酒隐安陆

在安陆十年，李白做了三件大事。一是与安陆许氏结亲，二是入长安寻找出仕门路，三是到洛阳向唐玄宗献《明堂赋》。入京、入都虽然都失败而归，但却使李白得到了历练，使他愈战愈勇，表现出强烈的仕进之心。北游太原，使李白对边塞地区有了较为深入的了解。他在嵩山颍阳山居与元丹丘、岑勋会饮时吟出的《将进酒》诗篇，达到了极高的艺术水平。

相府招亲

开元十五年（727年）春，李白到了安州。安州属淮南道扬州大都督府所管辖，是一个中都督府。安州与随州是近邻，随州苦竹院道观的道士元丹丘，听说李白到了安州，故前来与李白相会。

在孟少府的安排下，李白将自己近年来的诗赋抄成一卷，献给了安州都督府的都督马正会。马正会是一个爱才之人，他接到李白的诗赋，很高兴。一日，马正会让孟少府请李白参加宴会，元丹丘也一起前往。与会的还有安州的世家名流。在宴会上，马正会给予李白高规格的待遇，让他与都督府长史李京之一同坐上了马都督的陪座，待为上宾。宴席上，马都督向众人介绍了李白，说李白就是《大鹏遇希有鸟赋》《望庐山瀑布》《长干行》《望天门山》等诗的作者，并亲自吟诵了李白的几首诗，众人一致喝彩。有人说，李白善于作赋，在成都就曾向礼部尚书兼益州长史苏颋大人献过赋，为苏大人所赏识，何不让李先生当场作赋一首？李白并不推辞，只见他展纸濡墨、手不停笔，不一会儿就作好了，名为《愁阳春赋》。赋云：

东风归来，见碧草而知春。荡漾惚恍，何垂杨旖旎之愁人。天光青而妍和，海气绿而芳新。野彩翠兮芊眠，云飘飖而相鲜。演漾兮夤缘，窥青苔之生泉。缥缈兮翩绵，见游丝之萦烟。魂与此兮俱断，醉风光兮凄然。

若乃陇水秦声，江猿巴吟。明妃玉塞，楚客枫林。试登高而望远，痛切骨而伤心。春心荡兮如波，春愁乱兮如雪。兼万情之悲欢，兹一感于芳节。

若有一人兮湘水滨，隔云霓而见无因。洒别泪于尺波，寄东流于情亲。若使春光可揽而不灭兮，吾欲赠天涯之佳人。

此赋一出，当场众人欢呼，齐赞李白之捷才。马都督向旁边的安州长史李京之说："诸人之文，犹山无烟霞，春无草树，李白之文，清雄奔放，名章俊语，络绎间起，光明洞澈，句句动人。"于是，大夸李白为奇才。李长史点头称是。后来，此话李白曾在《上安州裴长史书》中说过，并说："此则故交元丹，亲接斯议。"其时，座中还有一位世家乡绅许员外，对李白十分赞赏，愿结交这位西蜀才子为朋友。

在孟少府的安排下，李白隐于安陆寿山的桃花岩下，开始了他酒隐安陆的十年读书和交游活动。也是在孟少府的介绍下，他结交了安州的廖公、蔡十、魏洽等一帮当地名士。他们经常到李白这里饮酒赋诗，共谈隐逸之乐，纵论天下大事。

开元十六（728年）年春，襄阳的孟浩然动了远游之念，想到扬州去看一看素有盛名的琼花——据说当年隋炀帝为慕扬州琼花之名，特意开通了一条从洛阳到扬州的大运河。他听说李白在安州，想约他一起漫游扬州。孟浩然与李白曾在游越州时相识，后来孟浩然急着要去长安，二人便分开了。李白与安陆的几个好友在桃花岩为孟浩然接风设宴，相谈甚欢。李白因刚从扬州回来不久，不能相从。但他对孟浩然恋恋不舍，于是相送孟浩然至江夏，一同游了黄鹤楼后，便于长江渡口将孟浩然送上东去扬州的船。船将离岸之际，二人仍依依不舍。直到帆影远去，消失在天际，一种与故友惜别之情涌上了李白的心头：

故人西辞黄鹤楼，烟花三月下扬州。
孤帆远影碧空尽，唯见长江天际流。[1]

---

① 《黄鹤楼送孟浩然之广陵》。宋本原作"碧山尽"，后多种版本作"碧空尽"。

送走了孟浩然，李白又回到了安陆。这时，孟少府和元丹丘正在桃花岩等他，说要送一段好姻缘给李白。这姻缘说的不是别人，正是许员外家的千金小姐。

许家是安陆的名门世家，其祖父许绍是唐高祖的同学，在隋时曾封为安陆郡公，隋末随唐高祖起兵反隋，立有战功，卒后赠为荆州都督。其少子许圉师，在高宗朝时任黄门侍郎，同中书门下三品，位至宰相，仪凤四年（679年）卒，赠幽州都督，陪葬恭陵。许员外名许自然，因行猎时误伤人命，故被免官，一直在家乡安陆闲居。

李白对孟少府所提的这门亲事有些犹豫，与好友元丹丘商量。元丹丘说是好事，一是许家是安陆大族，又是相门之后，在朝中有不少官员与他家有旧，与许氏结亲，对李白将来的前途有好处；二是元丹丘曾到许家做过道场，见过许小姐，长得是花容月貌。又因许员外认为李白是个人才，将来前途无限，也愿意招李白为婿。最后，李白点头应允了这门亲事。于是由孟少府出面提亲，许员外一口答应，择日结婚。结婚的那天，锣鼓喧天，喜气洋洋，轰动了整个安陆城。李白见许小姐果然是温柔可人，秀外慧中。许小姐也喜欢李白的诗赋，曾收藏了李白的一些诗。其中有一首诗名叫《长相思》，诗曰：

日色欲尽花含烟，月明如素愁不眠。
赵瑟初停凤凰柱，蜀琴欲奏鸳鸯弦。
此曲有意无人传，愿随春风寄燕然，
忆君迢迢隔青天。
昔日横波目，今作流泪泉。
不信妾肠断，归来看取明镜前。

李白问夫人，这首诗好不好？夫人说，好是好，不过最后四句是偷别人的。李白问，偷人家的？许小姐说，你的最后两句，还不是从武后娘娘“不信比来常下泪，开箱验取石榴裙”诗中偷来的吗？李白夸奖说，夫人好记性啊，李白佩服！

一年以后，许氏夫人生了一个女儿，初为人父，李白十分高兴，给女儿起名叫平阳。夫人说，这个名字怪怪的，一点也不像一个女孩的名字。李白对她解释说：平阳就是月亮的意思，日月齐光嘛。而且本朝高祖皇帝有个女儿就叫平阳公主，是个了不起的女中豪杰。将来我们家的小平阳，说不定也是一位了不起的人物呢！

此时的李白，时逗稚女怀中笑，闲看娇妻机中织，生活好生自在。在温柔乡中不但不思功名进取，反而产生了耕读隐居的念头。他在桃花岩开了几亩山田，又将所居的茅屋修葺了一番，取名为“桃花书屋”。无事便在山中读书，闲时便邀三五友人在山中小饮，谈诗论文，弹琴对弈，不复以功名为意。

开元十七年（729年）春，李白在桃花岩隐居已经有两年，闲来无事便游山玩水，作文赋诗。他写了一首《山中问答》：

问余何意栖碧山，笑而不答心自闲。
桃花流水窅然去，别有天地非人间。

在诗中，李白表达了此时在白兆山中游山玩水、悠然自得的心情。他觉得，自然山水是人们栖身的绝好家园，它远离世尘的喧嚣，一山一水，一花一叶，都有其自然之美，值得诗人们去玩味。“桃花流水”虽暗用了陶渊明的桃花源典故，但更是表现了诗人寓情于景、善于发现自然之美的敏锐眼光。李白还有一首《山中与幽人对酌》诗：

两人对酌山花开，一杯一杯复一杯。
我醉欲眠卿且去，明朝有意抱琴来。

此诗大约与《山中问答》写于同一时期。诗中描绘了诗人在山中与友人饮酒对酌的情景，表现了诗人处世旷达的一面。诗人摆脱了世间礼法、人情世故的束缚，任性率真，一任自然，真是一个飘然纯真的人物。

李白在桃花岩与夫人过着无拘无束、自在潇洒的生活。许员外起初以为李白结婚、有女不久，沉溺于家室之乐，交往几个朋友，甚至身躬陇亩，以尝稼穑之艰是正常现象，不以为意。又见他隐居读书，还以为他是在准备功课以应科举呢。后来慢慢地发现，根本不是那么回事。孟少府到桃花岩去过几次，也发现李白所读的根本不是儒经六艺之书，而是老庄之书。所交之友也不是在讨论经济之道、科艺举业，而是在谈佛论道、琴棋闲话，因此与许员外有同感。许员外便托孟少府劝说李白，该是准备举业以应仕途的时候了。于是，孟少府便以开玩笑的方式，戏仿南朝孔稚圭的《北山移文书》，给李白写了一篇《寿山移文书》。其意不外是以桃花岩的所在地寿山隐藏贤士的说道，巧妙责备李白隐居不出，辜负了朝廷望贤盼士之心。

李白接到了孟少府的《寿山移文书》，看后会意地一笑，知道老朋友是在催他出山呢。他想了想近日之所为，确实也有些好笑，怎么这样就安心地做起隐士来了呢？大鹏之志，意在四海，怎能像燕雀一样，整日盘旋蒿下，不思进取了呢？是该反省了。于是，他便展纸挥笔写了一篇《代寿山答孟少府移文书》，算是对孟少府的回复。书中有几段这样写道：

> 近者逸人李白自峨眉而来，尔其天为容，道为貌。不屈己，不干人，巢、由以来，一人而已。乃虬蟠龟息，遁乎此山。仆尝弄之以绿绮，卧之以碧云，嗽之以琼液，饵之以金砂。既而童颜益春，真气愈茂，将欲倚剑天外，挂弓扶桑。浮四海，横八荒，出宇宙之寥廓，登云天之渺茫。
>
> 俄而李公仰天长吁，谓其友人曰：吾未可去也。吾与尔，达则兼济天下，穷则独善一身。安能餐君紫霞，荫君青松，乘君鸾鹤，驾君虬龙，一朝飞腾，为方丈、蓬莱之人耳？此则未可也。
>
> 乃相与卷其丹书，匣其瑶瑟，申管、晏之谈，谋帝王之术。奋其智能，愿为辅弼，使寰区大定，海县清一。事君之道成，荣亲之义毕，然后与陶朱、留侯，浮五湖，戏沧洲，不足为难矣。
>
> 即仆林下之所隐容，岂不大哉。必能资其聪明，辅以正气，借之以物色，发之以文章，虽烟花中贫，没齿无恨。其有山精木魅，雄虺猛兽，以驱之四荒，磔裂原野，使影迹绝灭，不干户庭。亦遣清风扫门，明月侍坐。此乃养贤之心，实亦勤矣。
>
> 孟子孟子，无见深责耶！明年青春，求我于此岩也。

在此书信中，李白向孟少府表明了自己的人生志向是“达则兼济天下，穷则独善一身”。说明他遁隐此山是暂时的，他的人生目标仍是出将入相，或为帝王之师，使“寰区大定，海县清一”。天下太平之后，他便像春秋时的范蠡和汉时的张良一样，功成身退，然后再去“浮五湖，戏沧洲”。小寿山是养贤，而非是藏贤，他李白终究是要出山的。

孟少府看了此书，深知李白是一个有大志的人，他不是不想出世，而是不屑于参加科举，做小官，而是想一出世就一鸣惊人，立致卿相，为帝王之师。孟少府将此意向许员外禀明，许员外只是说了一声：“志向是挺高，只是做起来太难了。”就不再说什么了。

且说李白从此静下心来，专心攻书，熟读经史。许家乃世家门第，素以藏书丰富著称。一年下来，李白将他所未读过的书差不多全都翻阅了一遍。自觉得已饱读诗书，学问已通天人之际，就等待着时机的到来了。

一日，李白的三个族弟李之遥、李令问、李幼成来访。李白在桃花园里设宴款待，四人饮酒赋诗。李白首先立了个规矩，饮酒前必先限时作诗，如诗不成，罚酒三斗。《春夜宴从弟桃花园序》曰：

> 夫天地者，万物之逆旅也；光阴者，百代之过客也。而浮生若梦，为欢几何？古人秉烛夜游，良有以也。况阳春召我以烟景，大块假我以文章。会桃花之芳园，序天伦之乐事。群季俊秀，皆为惠连；吾人咏歌，独惭康乐。幽赏未已，高谈转清。开琼筵以坐花，飞羽觞而醉月。不有佳咏，何伸雅怀？如诗不成，罚依金谷酒数。

这篇序文，写得非常精彩。喝酒是俗事，而作诗是雅事。所以酒不能乱喝。“不有佳咏，何伸雅怀？”诗赋酒以雅，而酒助诗以情，是诗升高了酒的品格。此篇开头几句，颇有哲理之思。天地是万物的旅舍，而光阴是百代的过客。人生比起天地之大、光阴之长，都是很渺小的，生命是短暂的。所以浮生如梦，不及时抓住时机，享受生活，就是虚度人生，所以要及时行乐。这个观点既使放在今天也无可厚非。人生是什么，不但要创造生活，还要过好生活，这是人之常情。弟兄们见面，高谈阔论，饮酒赋诗，是诗家之佳话。“开琼筵以坐花，飞羽觞而醉月”是这篇文章的点睛之笔，写得太富有诗意了。所以弟兄们好不容易相见，又定了喝酒的规矩，于是推杯换盏，饮酒赋诗，喝了一个通宵。

次日，李白带着酒意给三个族弟送行，直把他们送上了大道，见他们骑马远去，才转身回家。这时，恰好碰见了安州李长史的官轿迎面行了过来。李白来不及让道，醉眼蒙眬间又误认成自己的老朋友魏洽，于是走到李长史面前作揖施礼，口称魏洽贤弟，多日不见，这是到哪里去？李长史见此大怒，以为李白是戏弄于他，便大声呵斥李白，将其拿下，论了个拦截官轿、戏弄朝廷命官之罪，将其押进府衙。

李长史之所以如此刁难李白，是因为他对李白非常忌妒。他既讨厌李白在马都督面前卖弄才情，又忌妒他娶了安陆大户许家的漂亮小姐。许员外知道此事后，及时赶到府衙求情，才将李白放出来，却要求李白写一份悔过书。人在屋檐下，岂能不低头？李白本不愿写，经许员外的屡屡劝说，才写了一纸《上安州李长史书》，表示道歉。李白这才感到地方恶吏的厉害，真是龙卧浅滩遭虾戏，虎落平阳被犬欺呀。

但是，李长史并没有停止对李白的迫害，反而到处散布李白的坏话，什么李白出身来历不明呀，李白品质败坏呀，李白仗势欺人、横行不法呀，等等。此时马都督已经调走，李长史也任期已到，由新来的裴长史接任。二人交接时，李长史对裴长史说了李白许多坏话。李白不得不向裴长史写了一封书信，为自己辩护。他在《上安州裴长史书》中写道：

> 白闻天不言而四时行，地不语而百物生。白人焉，非天地，安得不言而知乎？敢剖心析肝，论举身之事，便当谈笑，以明其心。而粗陈其大纲，一快愤懑，惟君侯察焉。
>
> 白本家金陵，世为右姓。遭沮渠蒙逊难，奔流咸秦，因官寓家。少长江汉，五岁诵六甲，十岁观百家。轩辕以来，颇得闻矣。常横经籍书，制作不倦，迄于今三十春矣。

以为士生则桑弧蓬矢，射乎四方，故知大丈夫必有四方之志。乃仗剑去国，辞亲远游。南穷苍梧，东涉溟海。见乡人相如大夸云梦之事，云楚有七泽，遂来观焉。而许相公家见招，妻以孙女，便憩迹于此，至移三霜焉。

曩昔东游维扬，不逾一年，散金三十余万，有落魄公子，悉皆济之。此则是白之轻财好施也。又昔与蜀中友人吴指南同游于楚，指南死于洞庭之上，白禫服恸哭，若丧天伦。炎月伏尸，泣尽而继之以血。行路闻者，悉皆伤心。猛虎前临，坚守不动。遂权殡于湖侧，便之金陵。数年来观，筋肉尚在。白雪泣持刃，躬申洗削。裹骨徒步，负之而趋。寝兴携持，无辍身手。遂丐贷营葬于鄂城之东。故乡路遥，魂魄无主，礼以迁窆，式昭朋情。此则是白存交重义也。

又昔与逸人东严子隐于岷山之阳，白巢居数年，不迹城市。养奇禽千计。呼皆就掌取食，了无惊猜。广汉太守闻而异之，诣庐亲睹，因举二人以有道，并不起。此则白养高忘机，不屈之迹也。

又前礼部尚书苏公出为益州长史，白于路中投刺，待以布衣之礼。因谓群寮曰："此子天才英丽，下笔不休，虽风力未成，且见专车之骨。若广之以学，可以相如比肩也。"四海明识，具知此谈。前此郡督马公，朝野豪彦，一见尽礼，许为奇才。因谓长史李京之曰："诸人之文，犹山无烟霞，春无草树。李白之文，清雄奔放，名章俊语，络绎间起，光明洞徹，句句动人。"此则故交元丹，亲接斯议。若苏、马二公愚人也，复何足陈？倘贤贤也，白有可尚。

夫唐虞之际，于斯为盛，有妇人焉，九人而已。是知才难不可多得。白，野人也，颇工于文，惟君侯顾之，无按剑也。伏惟君侯，贵而且贤，鹰扬虎视，齿若编贝，肤如凝脂，昭昭乎，若玉山上行，朗然映人也。而高义重诺，名飞天京，四方诸侯，闻风暗许。倚剑慷慨，气干虹霓。月费千金，日宴群客。出跃骏马，入罗红颜，所在之处，宾朋成市。故时人歌曰："宾朋何喧喧！日夜裴公门。愿得裴公之一言，不须驱马埒华轩。"白不知君侯何以得此声于天壤之间，岂不由重诺好贤，谦以得也。而晚节改操，栖情翰林，天才超然，度越作者。屈佐郧国，时惟清哉。棱威雄雄，下慑群物。

白窃慕高义，已经十年。云山间之，造谒无路。今也运会，得趋末尘，承颜接辞，八九度矣。常欲一雪心迹，崎岖未便。何图谤言忽生，众口攒毁，将恐投杼下客，震于严威。然自明无辜，何忧悔吝。孔子曰：“畏天命，畏大人，畏圣人之言。”过此三者，鬼神不害。若使事得其实，罪当其身，则将浴兰沐芳，自屏于烹鲜之地，惟君侯死生。不然，投山窜海，转死沟壑。岂能明目张胆，托书自陈耶！昔王东海问犯夜者曰：“何所从来？”答曰：“从师受学，不觉日晚。”王曰：“吾岂可鞭挞宁越，以立威名。”想君侯通人，必不尔也。

愿君侯惠以大遇，洞开心颜，终乎前恩，再辱英盼。白必能使精诚动天，长虹贯日，直度易水，不以为寒。若赫然作威，加以大怒，不许门下，逐之长途，白即膝行于前，再拜而去，西入秦海，一观国风，永辞君侯，黄鹄举矣。何王公大人之门，不可以弹长剑乎？

李白在这封上裴长史书中，针对李长史对他的种种诬蔑和谣言条条予以驳斥，而对自家的家世、身世、经历、行踪、学行、品德，“粗陈大略”，一一做了回答。这是一封辩诬书，也是一封记述李白身世生平的自叙书。我们对李白的家世和前半生的了解，大都从中得到解答。

此书共分九段。第一段，说明自己上书的理由，向裴长史表明心迹，希望长史大人明察自己遭受诽谤的委屈。

第二段，自述家世和自己的学习经历：“本家金陵，世为右姓。遭沮渠蒙逊难，奔流咸秦，因官寓家。”李白自说其先祖是金陵（即金城，指甘肃兰州）大姓，为李暠之子李歆，因为匈奴人沮渠蒙逊入侵而遇难，其家族被迫奔流内地，屡经转徙，西魏时李白的先祖到了咸秦（即长安）做官。“少长江汉”，江汉指古巴蜀地区，说明他是在蜀中长大的。“五岁诵六甲，十岁观百家。轩辕以来，颇得闻矣。常横经籍书，制作不倦，迄于今三十春矣”，是说李白自幼好学，对诸子百家、经、史等著作刻苦学习，广泛涉猎，并创作诗赋文章，直到今天已经三十年了，向裴长史说明自己勤奋好学及努力写作之迹。

第三段，表明了自己心怀“四方之志”和“仗剑去国，辞亲远游”，历经南穷苍梧、东涉溟海和安陆许氏结亲的经历。

第四段，讲了自己曾“散金三十余万”接济友人的“轻财好施”之举，和结交乡人吴指南并为其殡葬“存交重义”的事迹。

第五段，讲了昔日在蜀中与东严子隐居岷山之阳，养奇禽千计，呼之掌上就食，及为广汉太守推荐有道科，应举而不赴之“养高忘机”和“不屈之迹”，以表其淡薄功名、气节高尚的品德。

第六段，讲在成都时与和张说并称为“燕许大手笔”的礼部尚书兼益州长史苏颋相识，和与安州都督马正会相与，及二人对自己的文学才华的赏识和夸赞，表明自己是一个少年才子，而不是徒有虚名。

第七段，李白以夸张的语言赞美裴长史的治理才能、文学才华、堂堂仪表，以及“高义重诺”、好贤下士的品德。裴长史是否真有这些高贵的品德和才能与之相称，姑且不说，但这些颇似战国策士的赞颂之辞，都是李白急于脱难，一时编凑的恭维之辞，还是可以理解的。

第八段，说自己十分景仰裴长史，希望长史大人能够主持正义，为自己受谤之冤昭雪。

第九段，说裴长史若能够给自己礼遇，自己必能施展“精诚动天，长虹贯日”的肝胆和才能，报效于恩公。若赫然作威，不予理睬，或“不许门下，逐之长途”，自己将“西入秦海，一观国风”，从此永辞，远走高飞。到王公大人那里去弹长铗，以求慧眼识拔。此段颇有此地不留爷，自有留爷处的意思，这也是李白颇见风骨之处。

李白的这篇文章，对自己的家世、生平事迹、少年学习著作情况、交游的经历、当代名人对自己的欣赏和评价，都做了充分的罗列，以表明自己家世来历之清白、学习之刻苦、创作之勤奋、为人之仗义、人品之高尚，全面地反驳了李长史之徒对李白的种种诬蔑和谣言，同时也体现了李白的雄辩才能与不畏权贵的傲骨，更是后人了解李白生平活动的重要资料。

裴长史接到李白的书信，没有任何回音。可见，裴长史也并非是慧眼识英才之人。

秦海观风

唐代取士的门路有多种，除了正常的进士、明经等科举考试，还有皇帝特诏的制举。据徐松《登科记考》所载，仅唐玄宗开元年间（713年—741年）就开了十二次，几乎每两年一次。其名目之多，随皇上所愿，如才膺管乐科、才高位下科、才堪经邦科、贤良方正科、道侔伊吕科、直言极谏科、王霸科、智谋将帅科、文辞秀逸科、博学通艺科、博学宏词科、武足安邦科，甚至还有高才沉沦草泽自举科、才高未达沉迹下僚科等，有数十种之多。这些特诏的制举比起进士、明经之类的科举来，不仅荣耀得多，而且中举后待遇优厚。特别是天子亲自策试，可以凭自己的才华脱颖而出，将自己的宏图高论直达天听，以达其“游说人主，立致卿相”的目的。但是这些有道科一般都是由地方长官直接举荐，才有可能与选入京。因此除了干谒求荐，别无他途。李白在蜀中谒见苏颋、李邕，在扬州干谒大都督长史，在安州与马都督等地方长官交游，向裴长史等人上书，都有求荐的成分在内，所谓“三十成文章，遍干诸侯”是也。

由于李白的恃才放浪、桀骜不驯、露才显己，以致才高招忌，遭到一些人的谤毁，也招致一些地方权贵的不满。因此，在安陆他屡遭坎坷，求荐无门。本来安陆的马都督对李白的才华甚为欣赏，颇有好感，但马都督不久也调任而去。李长史等人的屡次毁谤，使后来继任的安州都督也觉得李白才高气傲，目中无人，不是做官的材料。因此，虽有孟少府等人的极力推荐游说，许员外的多方活动，但李白始终没有得到安州官府的荐举，他们反而将一些无德无才的官家子弟报了上去。孟少府将这个消息告诉李白后，李白当场就气得两眼冒火：难道这就是大唐的荐贤举能吗？孟少府劝他说：太白兄消消气，谁不知当今圣上喜好斗鸡，难道你不知道有个叫贾昌的小儿，因会斗鸡，被圣上封为神鸡童，十三岁就官居五品吗？长安时人有语曰："生儿不用识文字，斗鸡走马胜读书。"唉，上有所好，下必有所迎焉。李白气得一连几天都没有吃下饭，天天早上起来就喝闷酒。

许氏夫人也很着急，怕他闷坏了身体，劝他出来走走。李白也觉得在家里这样下去不是办法，便决定"西入秦海，一观国风"。

开元十八年（730年）秋，李白收拾行装，便和丹砂一起上了路。他们由安陆出发，途经襄阳、南阳、商州、蓝田，西入长安。一路上风餐露宿，经月始达。

过了灞桥，行近春明门，看见皇城高大，气象巍峨，李白一阵感叹。进了城门，行走在大街上，两旁的坊舍整齐干净，横平竖直，垂柳婀娜，槐荫夹道。当他们走过皇城时，只见宫殿高耸，红墙黄瓦，富贵雍容。皇城的朱雀门有五个门洞，只有一个侧门开着，门前站着八名守卒，衣甲闪着金光，威武雄壮。李白想通过门口向皇宫中探望，只能看见宫殿的一角，此时便有一个军卒，手持长矛，向他呵斥："走开，不许停留！"李白只好走开。

李白想在长安西市附近的一家客栈中住下，便带着丹砂向西市走去。西市是长安城中最热闹、繁华的地方。这里是全国的商业中心，各地的锦缎布匹、药材土产、山货海珍、奇异珍宝、日用百货、时鲜干果、四海美酒、各地名茶，应有尽有。甚至还有西域、泉州和广州来的海外客商，都开着商铺在这里经营。有波斯的银器、罗马的珠宝、天竺的香料、高昌的葡萄酒等，其间有不少西域人开的酒肆，有妖艳的胡姬在门口招手揽客。李白也确实感到饿了，就到一家胡姬酒店中吃饭，一位胡姬热情地招待他。李白见到这位胡姬的眉眼颇与自家的小妹月圆有几分相似，感到十分亲切，就用胡语说道："来五个羊肉饼和一壶葡萄酒！"

胡姬颇感惊讶："先生会胡语？"李白说："多少会一点。"胡姬问道："你是在哪里学的？"李白说："我的母亲是西域人，我在家时母亲总是对我说胡语，所以我是从小学的。"胡姬问："西域的哪个地方？"李白说："伊塞克湖西的碎叶城。”胡姬惊喜地道：“我们家也是从碎叶来的。”她回头向里屋叫道：“爸爸！快出来呀，我们遇到老乡啦！”胡姬的父亲赶忙从里间出来，见到李白，又是热情地鞠躬，又是拍李白的肩膀，二人用胡语交谈了一阵子，于是胡掌柜命胡姬道：“阿依古丽，快给客人上酒来，这顿饭我请客！”阿依古丽一阵风似的把准备好的酒饭端了出来。四人围成一桌，喝了起来。一会儿又来了几个客人，胡老板说：“抱歉，我要招待新客人了，就让我女儿陪你们聊吧。”遂起身去招呼其他客人去了。阿依古丽就像是遇到了亲人一样，与李白谈起了碎叶，谈起了他们的家世，李白也同她谈起了自己的身世。吃过饭后，李白将一串开元通宝搁在了桌子上，胡姬和胡老板坚决推辞，但李白执意要给，只好收了。临别时问长安哪个地方最好玩，胡姬告诉他，最好玩的地方就是曲江池附近的大慈恩寺和芙蓉苑。

第二天早晨，吃过早饭后，李白沿着朱雀大街，直到明德门，然后又沿着城墙来到了大慈恩寺。进门后，只见高达百尺的大雁塔耸立在面前。大雁塔是长安南城最高的建筑物。李白绕塔看了塔底层所镶嵌的石刻，其中最有名的就是褚遂良所书的《大雁塔碑记》和历代进士的《雁塔题名记》。然后，李白和丹砂沿梯直上，每上一层便到四面的窗口向外瞭望，越往高处，塔窗外的景物越小，人的眼界越开阔。只觉得耳边风声习习，两肋生翅欲飞。向南看，终南山的山峰遥遥在望；向东南看，曲江池的芙蓉苑如同一汪清水中小巧的园林模型；向西北望，只见长安城以朱雀大街为轴心，横平竖直，街道横十三条竖十一条，像棋盘一样将城内分切为一百〇八坊。城中北部的皇城，宫殿楼阁的金顶黄瓦，在阳光下闪耀着炫目的光辉。在皇城东南角的龙首原上，大明宫金碧辉煌，仿佛是人间仙境。壮哉长安！李白想起了唐太宗《帝京篇》中的诗句“秦川雄帝宅，函谷壮皇居。绮殿千寻起，离宫百雉余”。李白想，当今皇上就住在大明宫，这位大唐天子开创了“开元盛世”，正是用人之际，生逢盛世，何其幸也。李白暗下决心，一定要进入大明宫，为大唐效力，一申报国之志！

下了大雁塔，李白又游了曲江池。而池北的芙蓉苑由于被红墙圈了起来，由士兵把着门，不得进入，只能在曲江池边遥望苑中的紫云楼那高大的楼影，叹息而去。

回到客店，李白将从前所作的《大猎赋》修改了一遍，连同平时所作乐府诗歌及交游诗抄成一轴，作行卷之用。他将岳父写给当朝左丞相张说的一封信打开，看了看，听说张说是一个爱才好士之人，于是决定到张相府家拜谒。

在相府门前，他敲开了大门，大门吱呀一声，开了个缝，露出一个门子的脑袋，问了一声：你找谁？李白说：我找相爷张大人。门子说：相爷生病，一律谢客，概不见人。李白忙说明来意，一定要进门。门子说：我去通报一下。过了一会儿，门子又开门对李白说：相爷卧病在床，不能见客，有要事，让我转告一声。李白将手中的书信和自己所写的赋文卷轴呈上。说："我过几日再来吧！"

门子将李白的书信和卷轴转送进去。张说确实年老生病，门子说得不假。张说在床上接过李白的书信和诗赋卷轴，看过了许员外的书信，又展卷看了看李白的诗赋，尤其是李白的《大猎赋》，写得真是好。他知道当今圣上最爱辞赋，若能将此赋荐入朝中，圣上一定喜欢。叹道：李白确实是个人才，许员外又是他的故旧，既然是千里而来，那就见一见吧，瞅个机会，拉他一把。他就将二儿子张垍派去接见李白。张垍是当朝驸马，宁亲公主的丈夫，官兼卫尉卿。他年少得志，眼高于天，张说让他去接见一个布衣李白，心中十分不悦。他也早知李白有诗名，看了李白的《大猎赋》后大惊：此人非凡人也，其才远在我等之上。如果让李白留在长安，将来又多一个竞争对手。他要想办法将李白从长安撵走，不能让他见到父亲，更不能荐入朝廷。此念既定，便派人去找李白。

随后，李白被张驸马接入自己的府邸。张驸马起身迎接李白，显得十分热情。他把李白延至上座，对李白说：书信和诗赋，家父已看过了，觉得兄才可比司马相如。本来想见先生，可是家父年老多病，现已卧床月余，不能见客，派小弟前来迎接先生。等家父身体好些，才能上朝举荐。要不，您就在长安再等些时日？我看这客舍的条件不好，就暂且住在我姑母玉真公主的别馆如何？我姑母现在华山修道，房子空着，那里的生活条件较好，又可以赋诗写文章。李白听了十分高兴，觉得张丞相确实是个爱才礼士的好官，张垍也文质彬彬，谦和有礼。于是，同意先在玉真公主别馆暂居一时，以等待消息。

张垍亲自将李白送到离京城几十里远的玉真别馆。对李白说，有了消息，小弟便立即来通知你。李白见张垍如此热情，非常感激。张垍亲昵地拍着李白的肩膀，让他不要走远，耐心地等待。过了一会儿，张垍便借口公务繁忙，告辞回去，临走时一再嘱咐：千万不要离开此地，可能随时会有信来。又回头对一个老苍头说：你要照顾好太白先生的生活，若有不周，我拿你是问！

李白在公主别馆一住就是二十多天，张垍从此再也没有信儿来，他又不敢离开此处，只好干等着。一开始这里还有人供应吃喝，后来，老苍头借故回去取东西，也一去不回。偌大的玉真公主别馆，只剩下了李白和丹砂主仆二人。天公也偏不作美，哗啦啦地下起雨来，一下就是二十几天。别馆里眼看米也快吃完了，酒也快喝光了，还不见有人来。秋雨连绵，秋风渐紧，衣裳单薄，寒意袭人，下雨天又无处可去，在此实在憋得难受。他无奈地给张垍写了一封信。信中附二首诗，其一写道：

秋坐金张馆，繁阴昼不开。
空烟迷雨色，萧飒望中来。
翳翳昏垫苦，沉沉忧恨催。
清秋何以慰，白酒盈吾杯。
吟咏思管乐，此人已成灰。
独酌聊自勉，谁贵经纶才？
弹剑谢公子，无鱼良可哀！

（《玉真公主别馆苦雨，赠卫尉张卿二首》其一）

李白在诗中抱怨张垍将他置于别馆中不闻不问，他只好在绵绵的秋雨中盼望着有人来接他，可是左盼右盼，总不见人来，他只好馆中独酌，借酒浇愁。他浮想联翩，何时自己才能像管仲和乐毅那样，一展雄才？自己现在无衣无食，愁困在此，颇似当年孟尝君的门客冯谖，只好弹铗高唱“出无车、食无鱼”了。

天气终于转晴，过了几天还不见有人来，李白决定先在周围走走。终南山离此不远，李白久闻终南山的大名，但还没有上山游览过。于是他和丹砂租了一头驴，一起进了大山。他们在崎岖的山道上、茂密的丛林中左攀右爬，到了中午才爬到终南山的半山腰。李白见山坡上有一处人家。几间茅屋，一个用树枝围扎起来的小院，屋后有几丛野竹，从茅屋中传来断断续续的琴声，显得这里的主人身份不俗。丹砂前去敲开了柴门，从里面走出一个小童，向主人说来客人了。主人从屋中走了出来，见李白神气高朗，相貌不俗，便向李白施了一礼：请问先生高姓大名，缘何而来？李白说：我是蜀人李白，游览路过此处，来寻口水喝。主人将他请进屋内，待坐定后，主人向李白说，山人敝姓斛斯，也是蜀人，家住成都，后来到长安应举，因无人举荐，科场连连失意，遂隐居南山，修身养性。李白虽然满肚子苦水，也不便对斛斯山人讲，便扭转话头大夸斛斯山人的琴弹得好。斛斯也让李白弹奏一曲，李白也不推辞，遂弹了一曲《松入风》。急时如松涛阵阵，缓处如流水潺潺，忽然琴声又激昂起来，如怒如诉，如泣如歌，正起兴处，只听“砰”的一声，琴弦断了一根。琴声便戛然而止。斛斯山人正听得入迷，被弦断声惊醒。问道：先生莫非有什么心事？李白遂将此次入京遭到张垍戏弄之事相告。斛斯山人安慰道：官场中人有几个是真心爱士的，不过是虚与委蛇而已，所以陶渊明当县令八十日，便生出退隐之心，辞官归乡了。所以弟隐居于此，“抚孤松而盘桓”，聊以打发时日罢了。于是邀李白在松下摆起酒桌，二人痛饮了一番。眼看着明月东升，天色将暮，于是李白带着酒意与丹砂一起下山。路上，他作了一首诗：

暮从碧山下，山月随人归。
却顾所来径，苍苍横翠微。
相携及田家，童稚开荆扉。
绿竹入幽径，青萝拂行衣。
欢言得所憩，美酒聊共挥。
长歌吟松风，曲尽河星稀。
我醉君复乐，陶然共忘机。

（《下终南山过斛斯山人宿置酒》）

李白回到了玉真公主的别馆，让丹砂收拾行李，准备返回长安。将行李安顿在客栈后，李白便到张驸马的府邸去找张垍。门子告诉李白，说张相爷病危，驸马去相府了。李白又来到相府。走到门前，便闻相府中一片哭声，原来张老丞相已归天了。朝中的官员车马喧嚣，前来相吊。李白欲进去吊丧，却被阻在门外，他只好在门外望门而拜，随后便失望地回到了客栈。此时，他也不好意思再去找张垍问自己的事。

李白在长安又找了几个亲戚故旧，他们不是推托有事，便是让他吃闭门羹，令李白大失所望。李白听说有一位叫李粲的族兄，现任邠州长史，何不到他那里一游？于是便去了邠州。虽然李粲与李白本非近族，但见李白前来投奔，且知李白诗名颇著，因此也热情地接纳了他。李粲身为一州之佐，生活豪奢，出手阔绰，五日一小宴，十日一大宴，筵席上舞儿歌女相伴，不亦乐乎。李白在他那里住了些时日，便写了一首诗：

幽谷稍稍振庭柯，泾水浩浩扬湍波。
哀鸿酸嘶暮声急，愁云苍惨寒气多。
忆昨去家此为客，荷花初红柳条碧。
中宵出饮三百杯，明朝归揖二千石。
宁知流寓变光辉，胡霜萧飒绕客衣。
寒灰寂寞凭谁暖，落叶飘扬何处归？
吾兄行乐穷曛旭，满堂有美颜如玉。
赵女长歌入彩云，燕姬醉舞娇红烛。
狐裘兽炭酌流霞，壮士悲吟宁见嗟？
前荣后枯相翻覆，何惜余光及棣华。

（《豳歌行上新平长史兄粲》）

诗中透露出希望他能举荐的意思。李粲对李白说，我身处小州，只能管辖几个小县，在朝廷那里我是说不上话的。贤弟若要是在州内找个从事一类的差使，我可说了算，可是要举荐朝中，愚兄就无能为力了。李白无奈地说，让兄长操心了。又在邠州住了几日，便要告别而去。李粲也不挽留，赠了他一些程仪。

李白和丹砂离开了邠州，便绕道武功顺便登了太白山。太白山是关中第一高山，其主峰比终南山的太乙峰还要高，素有“武功太白，离天三百”之称。李白和丹砂登上了太白山的主峰。李白感到太白山与自己同名，仿佛就是他的本命山，特别是站在太白山顶，望着眼前无边的云海，直与青天相接，心中非常激动。于是随口吟道：

西上太白峰，夕阳穷登攀。

太白与我语，为我开天关。

愿乘泠风去，直出浮云间。

举手可近月，前行若无山。

一别武功去，何时复更还？

（《登太白峰》）

这时，忽听身后有人鼓掌：绝妙好词，飘飘然有神仙之气！李白回头一看，原来是一位儒雅之士，头戴角巾，身着青袍，含笑站在他的身边。李白作揖道：先生您是？此人回礼答道：敝人是坊州司马王嵩，也是来这里游玩的。李白见王司马面善可亲，便道：让您见笑了。二人都是性情中人，越说越投机。便一同下山去，边行边谈。到了山下，李白将揖别而去。王司马说：何不到坊州小住几日，我也好早晚请教？李白觉得他是个朋友，便愉快地接受了他的邀请。

到了坊州，王司马请李白在家中住下，并在书房中拿出自己的诗作，向李白请教。李白也将近日所作，与王司马切磋。一日，王司马请李白和刚从长安来坊州办事的阎正字一起喝酒。席间谈起了朝中之事，其中提到了驸马张垍。阎正字说，张垍与其父可是大不相同，张丞相是个好人，而此子却善于望风使舵，溜须拍马，心胸狭窄，对同僚忌妒心极强。李白也向他说起了在长安的遭遇，阎正字说，张说大人卧病数月，不能上朝，其故去后，您的大作张垍根本就未向朝廷举荐，而是私自压下了。李白这时才明白，为何自己被张垍送到离长安五六十里的公主别馆，不让回长安，原来是他心中有鬼。李白作了《酬坊州王司马与阎正字对雪见赠》和《留别王司马嵩》等诗，作为酬赠。在坊州住了十几日后，李白便直接由蓝田关过商州、南阳，回安陆去了。

襄阳识荆

李白回到安陆后，跟许员外谈了此次长安求仕的情况。许员外对丞相张说之死很是惋惜，对驸马张垍的做法十分不满，但也无可奈何。只好劝李白在桃花岩好好读书，等以后有时机再出来寻找出路。

此后，许家的公子开始对李白不甚满意，也不那么热情了，觉得李白除了能喝酒吟诗，也没多大本事，进京做官看来是没有什么希望了。更有甚者，还经常口出怨言，说李白凭什么在他家白吃白喝，还好吹牛，说什么自己要直谒天子，立致卿相，但到了长安连皇宫的大门也没有摸着。李白听见后也不理他们，在他住的桃花岩中经常召集诗友聚会，吟诗弹琴，做长夜之饮。许员外知道后，几次捎话，要李白干些读经备考的正经事儿。李白也感到有些苦恼，他已经在安陆闲了三年多，这样下去也不是个事。

他忽然想起了襄阳的孟浩然，襄阳离安陆很近，何不去他那里走一趟，找老朋友玩玩，散散心，也强似在家中生闷气。

开元二十二年（734年）秋，李白来到了襄阳，前往孟浩然家所在的襄阳城南鹿门山的孟家坳。李白渡过一清如碧的汉江，穿过寂静幽深的松树林，丹砂挑着担子在后边跟着，担子一头是书、琴，一头是一坛酒。日暮时分，他们才到了孟家坳。向村人打听，村中有老汉向庄边的一处院子指了指，说那就是孟夫子家。他们走近孟家的柴门，透过栅栏，看到院中种满了菊花，一棵老梧桐树下，一位头戴葛巾、身穿布袍的老者在弹琴，他边弹边吟唱：

故人具鸡黍，邀我至田家。
绿树村边合，青山郭外斜。
开轩面场圃，把酒话桑麻。
待到重阳日，还来就菊花。

（孟浩然《过故人庄》）

直到一曲终了，李白才高声叫道：孟公！浩然夫子！老者这才站起看到了栅栏外的来人，见是李白，大喜过望，原来是太白来访，忙命小童开柴门。孟浩然也起身到门前迎接：什么风把你给吹来了？李白笑道：什么风？刚才你不还在唱“开轩面场圃，把酒话桑麻”嘛！老弟前来和你“把酒话桑麻”了！二人挽手到菊花丛中坐定，孟浩然命家人备好瓜果秋蔬，又命小童上酒。李白叫丹砂把酒坛端过来，将酒斟好，孟浩然举起酒盏，看着杯中的酒说：老弟喝了这么多年的状元红，也没有弄个状元当当？举杯一饮而尽，连夸好酒。李白也干了一杯，说：孟公见笑，没想到我李白酒隐安陆，蹉跎多年，不但没有人举荐我当状元，如今连这个隐士也当不成了。接着，他向孟浩然讲了他在安陆屡遭李长史等人的压制和欺凌，不得举荐之事。孟浩然听了微微一笑，说：贤弟年少气盛，一定是得罪了这些人。俗话说，灭门的县令。那郡府的长官比县令还厉害，可是惹不起的呀。不过，惹不起，我们还躲不起？树挪死，人挪活嘛。李白呷了一口酒，说：挪到哪去，还不一样？李白将他前几年到长安求仕之事给孟浩然讲了，并大骂：天下的乌鸦一般黑，我算是把这班官僚看透了！孟浩然给李白斟满酒，安慰道：也不能一概而论嘛。我们襄阳的襄州刺史兼荆州长史韩朝宗，就是一个好贤纳士的人物，经他奖掖提拔和推荐到朝廷做官的就有崔宗之、房习祖、黎昕、许莹等人。去年，一个姓严的后生，还被他荐为秘书郎呢！像贤弟这样的英才，韩朝宗一定赏识，荐你入朝做官，保准没有问题！李白说：可惜我与他素不相识，无由得见。孟浩然说：太白贤弟不用担心，愚兄倒与他有些交往，可代为引荐。

李白在孟浩然家住了几日，便与孟浩然一起进了襄阳城。不凑巧，韩朝宗不在府中，衙役说过几日就能回来。孟浩然建议李白在襄阳城玩几日，以待韩朝宗回来。

次日，孟浩然带着李白到城南的岘山，丹砂和一个小童挑着菊花酒在后边跟着。

来到岘山下的习家池，二人在池旁的草地上喝酒，从中午一直喝到晚上。李白已喝得微有醉意，他举杯一饮而尽，将空杯推向一边，叫道：换大杯来！丹砂换碗给李白斟满了酒，李白又一饮而尽，还嫌不过瘾，便端起酒坛咕咚咕咚地喝了起来。丹砂欲制止，孟浩然给他使了个眼色，让他不要管。李白从头上取下葛巾，当作扇子扇，口中叫道：好酒，痛快，痛快！他向孟浩然问道：浩然兄，我的酒量如何？孟浩然说：太白贤弟真是海量。酒量可比山公。山公指的是晋朝的荆州太守山简，以善饮闻名。他镇守襄阳时，常常出游习家池，与人行乐饮酒，经常酩酊大醉而归。时人为之歌曰："山公时一醉，径造高阳池。日暮倒载归，酩酊无所知。"李白此时已有些酒意，对山简很不服气，说：他山简算、算个老几？比起我李白，他差、差远了。说着，他摇摇晃晃地站了起来，一边前摇后晃地走，一边唱起了《襄阳歌》：

落日欲没岘山西，倒着接䍦花下迷。
襄阳小儿齐拍手，拦街争唱白铜鞮。
旁人借问笑何事，笑杀山公醉似泥。
鸬鹚杓，鹦鹉杯，
百年三万六千日，一日须倾三百杯。
遥看汉水鸭头绿，恰似葡萄初酦醅。
此江若变作春酒，垒曲便筑糟丘台。
千金骏马换小妾，笑坐雕鞍歌落梅。
车旁侧挂一壶酒，凤笙龙管行相催。
咸阳市中叹黄犬，何如月下倾金罍？
君不见晋朝羊公一片石，龟头剥落生莓苔。
泪亦不能为之堕，心亦不能为之哀。
清风朗月不用一钱买，玉山自倒非人推。
舒州杓，力士铛。李白与尔同死生。
襄王云雨今安在？江水东流猿夜声。

孟浩然连夸好诗，李白一面摇头，一面用手指着孟浩然，嘴里的舌头已经僵得不能打弯了，还在嘟囔道：不是我的诗好，而是你、你的菊花酒好！

李白的这首诗，一泄心中多日的郁闷，他愤懑的心情一下子爆发了。何以解忧，唯有杜康啊。酒使他思绪联翩，古往今来，多少功名事业，贵如秦朝的李斯，晋代的山简、羊祜等人，都已灰飞烟灭，他们的事迹都被人忘记了。唯有对酒高歌的饮者，如曹彰、嵇康，“车旁侧挂一壶酒”，喝得“玉山自倒”，这才叫风流，这才叫痛快！“清风朗月不用一钱买，玉山自倒非人推”，是诗中的名句。欧阳修说：“‘落日欲没岘山西，倒着接䍦花下迷。襄阳小儿齐拍手，拦街争唱白铜鞮’，此常语也。至于‘清风朗月不用一钱买，玉山自倒非人推’，然后见太白之横放，所以惊动千古者，固不在此乎？”（《苕溪渔隐丛话·前集》卷五）

从岘山下来，他们在襄阳城内外美美地玩了几天。二人一道登上了襄阳城墙，游览了城西北角的“夫人城”，传说是东晋襄阳守将朱序的母亲为防前秦苻丕入侵所筑。由城上观望，可见城内街市，鳞次栉比；北临汉水，碧波萦带；南望岘山，岗峦连绵；西南楚山如屏，群峰列峙。下了城墙，又到城外大堤和万山等处玩了个尽兴。襄阳的名胜和风物之美，给李白留下了深刻的印象。

听说韩朝宗已回幕府，孟浩然便引李白前去拜见。其时，韩朝宗正在山公楼上大宴宾客。山公楼在襄阳城北，北临汉江，南望岘山。楼上，韩朝宗正与众宾客听歌观舞，饮宴正欢。这时，一个执事来报：启禀大人，楼下有客人求见。此时韩朝宗正在兴头上，嗔着脸说：不见！执事走近韩朝宗，小声说道：来的人是孟浩然夫子和李白先生。韩朝宗马上转嗔为喜：快请他们上来！

孟浩然和李白一起上楼，韩朝宗很有礼貌地站起来迎接，见李白头戴高冠，腰佩长剑，向韩朝宗长揖不拜，韩朝宗微有不悦，但他仍笑着迎了上去，说：原来是大诗人太白先生驾到，有失远迎！他转身将李白和孟浩然让入上座，然后向众宾客介绍说：诸位都读过《大鹏赋》吗？这位李白先生，就是此赋的作者。李先生才思飘逸，可谓天下无双啊！登时众人一片赞美之声：久仰，久仰！

韩朝宗向李白问道：太白先生这次光临，不知有何见教？李白向大家拱手道：天下相传云：“生不愿封万户侯，但愿一识韩荆州。”今日一见，果然名不虚传。今日受韩大人一赞，便觉如登龙门，顿感身价十倍！

韩朝宗听李白此言，非常高兴，他喜欢李白的豪爽和直率，更欣赏李白的才华。

李白接着介绍自己，说他是“陇西布衣，流落楚汉。十五好剑术，遍干诸侯；三十成文章，历抵卿相。虽长不满七尺，而心雄万夫；王公大人，许与气义”。李白把自己高贵的陇西郡望、落户于巴蜀的生活经历、文武双全的才能、与显官大员的交往以及心雄万夫的气概，做了充分的展示。

李白又接着说：“君侯制作侔神明，德行动天地，笔参造化，学究天人。幸愿开张心颜，不以长揖见拒。必若接之以高宴，纵之以清谈，请日试万言，倚马可待。今天下以君侯为文章之司命，人物之权衡，一经品题，便作佳士。而君侯何惜阶前盈尺之地，不使白扬眉吐气、激昂青云耶？”这段话更是用激将法，盛夸韩朝宗的文章高明、德行动天、妙笔天成、学究天人，以及善于礼贤下士的高贵品德和“不以长揖见拒”的开阔胸襟，以求得韩荆州的欢心，然后奉韩荆州为“文章之司命，人物之权衡”一类的人物，凡是经过他品题的士人，都成了“佳士”，足见鉴人高明眼光。紧接着便请韩荆州品鉴提拔自己，使他也有“扬眉吐气、激昂青云”的机会。直说得韩朝宗眉开眼笑，得意地捋着胡子，像是吃了一颗顺心丸。在这段话里，也发出了李白对韩荆州“必若接之以高宴，纵之以清谈，请日试万言，倚马可待”的期望，话语间也表现出李白对自己才能的高度自负。

李白又为韩荆州提拔人才举了几个例子，如当朝的严协律、崔宗之、黎昕、许莹等人都因韩荆州的举荐做官或成名。因韩荆州对贤才纳于肺腑，赤诚推举，所以他李白才愿意“不归他人，而愿委身国士”。国士乃国之才德至高的伟器名士，把韩朝宗比作“国士”，更是让韩朝宗高兴地合不拢嘴。

李白后来将这些话，写成了一篇《与韩荆州书》，此书后来在社会上广泛流传，成了一篇名作。此文本是一纸求人举荐的书信，可是写得豪气纵横，虽有干谒之意，却宛如平交诸侯，以长揖相见。在抬高了对方的身份之外，也抬高了自己的身份和品位。求荐书写到辞彩飞扬，神气高昂，而不失大雅的地步，也只有李白才有如此气度。此文与《上安州李长史书》和《上安州裴长史书》两文的风格大不相同，可见所与之人和所遇之境不同，与其才情之表现，也是有关的。多年以后，李白写了一首《忆襄阳旧游赠马少府巨》诗，回忆他这次谒见韩朝宗的情况，说道：

昔为大堤客，曾上山公楼。
开窗碧嶂满，拂镜沧江流。
高冠佩雄剑，长揖韩荆州。
此地别夫子，今来思旧游。
朱颜君未老，白发我先秋。
壮志恐蹉跎，功名若云浮。
归心结远梦，落日悬春愁。
空思羊叔子，堕泪岘山头。

诗中“开窗碧嶂满，拂镜沧江流”二句，真是画龙点睛之笔，意境全出。“高冠佩雄剑，长揖韩荆州”二句，最为神气，写的是何等气派！这可能是李白当年谒见韩朝宗的真实写照。

李白和孟浩然在韩朝宗的府中住了几日，三日一小宴，五日一大宴，他们一道游岘山，登鹿门，赋汉江。一日，他们一起骑马前往城西三十里的隆中游宴。隆中原是当年卧龙诸葛先生的旧隐之处，这里三面环山，一面傍水，茂林修竹，环境幽雅。当年刘备就是在这里三顾茅庐，请孔明出山的。诸葛亮以一席著名的“隆中对”，使刘玄德建立霸业，一展雄图，揭开了魏、蜀、吴三国鼎立的序幕。

在卧龙山上诸葛亮抱膝长吟处，众人纵目远眺，但见万山如簇，汉江如带。李白触景生情：诸葛亮二十七岁就得遇明主，风云际会，成就了王霸大业。我李白已年过而立，却仍一事无成，实令人惭愧！

李白本对韩朝宗寄有很大希望，但是韩朝宗并没有举荐他。这使他大失所望。李白的居住之地在安陆，非襄阳所辖，李白非襄阳本州人才，向朝廷举荐异地人才，韩朝宗自有他的难处。韩朝宗只好透露给李白一个消息，就是如今皇帝已驾幸东都洛阳，朝廷的主要官员也都随驾洛阳。他劝说李白北上洛阳，去历抵卿相，直谒明主，这正是一个好机会。

孟浩然是一个讲朋友义气和睥睨功名权贵之人。有传说云，韩朝宗要到长安去，有意推荐孟浩然，约孟与他同去。可是孟浩然正与朋友喝酒，有人提醒孟浩然说："子与韩公预诺而怠之，无乃不可乎？"浩然叱曰："仆已饮矣，身行乐耳。遑恤其他！"遂毕席不赴，由是闲罢。既而浩然亦不之悔也。其好乐忘名如此。（王士源《孟浩然集序》）李白对孟浩然的为人十分钦佩，于是作了一首诗赠给他，以表示自己对孟浩然的仰慕之情。诗云：

吾爱孟夫子，风流天下闻。
红颜弃轩冕，白首卧松云。
醉月频中圣，迷花不事君。
高山安可仰，徒此揖清芬。

（《赠孟浩然》）

这当然是李白眼中的孟浩然。其实孟浩然也还是很热衷科举功名的，只是未被玄宗看中而已。他曾多次应试不中，却还留在长安不走。据说他曾在王维家中留宿，一次玄宗私访王维家，孟浩然躲闪不及，王维让他藏在床下，后被玄宗发现。玄宗令他咏一首自己的诗作，孟浩然吟了一首，其中有"不才明主弃，多病故人疏"之句，惹得皇上大发脾气："卿不求仕，而朕未尝弃卿，奈何诬我？"（《新唐书·文艺下》）将其放还。但孟浩然敢于在皇帝面前说皇帝不爱听的话，却也显示了自己的傲骨和风范。所以，李白夸他"红颜弃轩冕，白首卧松云"和"迷花不事君"是有道理的。再加上此次韩朝宗荐举孟浩然，要与他偕行至京，而他饮酒不赴，也表明了他并不贪恋富贵，因此得到了李白的衷心赞赏。

洛阳离襄阳只有四五百里的路程，且李白还没有去过洛阳，何不趁此机会到东都洛阳去开一开眼界，顺便找一找入仕的门路呢？于是，开元二十二年（734年）秋冬之际，李白告别了韩朝宗和孟浩然，回家收拾行囊，踏上了北赴洛阳之路。

洛阳献赋

洛阳是中国古都之一。在唐以前，东周、东汉、魏、西晋皆以洛阳为京城。隋炀帝大业二年（606年），在洛阳旧城西建新都城，遂迁徙洛阳，以洛阳为东京。

到了唐代，洛阳仍是仅次于西京长安的政治文化中心。唐高宗显庆二年（657年）置洛阳为东都，武则天光宅元年（684年）改为神都。神龙元年（705年）唐中宗复辟，又复洛阳为东都。天宝元年（742年），唐玄宗改东都为东京。直到至德元载（756年）唐肃宗即位时，又改洛阳为东都。唐太宗曾三次驾幸洛阳，唐高宗前后去过洛阳七次，每次短则数月，多则数年，最后死在了洛阳。武则天执政后，朝廷常年设在洛阳办公，天授元年（690年）武则天即位，改唐为周，尊洛阳为神都，可以说洛阳在武周时已由陪都变成了首都，她最后也死于洛阳。唐玄宗时，洛阳虽不再是首都，可其地位仍是十分重要的。唐玄宗生于洛阳，即位后曾五次驾幸洛阳，一住就是一两年，最长的一次是开元二十二年（734年）正月至二十四年（736年）十月，将近三年。他每次来洛阳，朝廷大臣都要随驾前往，许多重大的政治活动、国家的重大政令，都是在洛阳举行和发布的。如亲耕籍田、发布大赦令、下诏在洛阳举行科举和制举活动等。

开元二十三年（735年）初春之际，李白告别妻女，经襄阳、南阳、方城、汝州，翻山越岭，风尘仆仆地来到了洛阳。

首先迎接他的是龙门山奉先寺的卢舍那大佛。卢舍那大佛开凿于唐高宗咸亨三年（672年），历经四年凿成。大佛坐像高达六丈，修眉长目，面目端庄、慈祥。据说，武则天曾捐两万贯脂粉钱助造此像，因此这座佛像与武则天晚年的面目颇有几分相似。李白在佛像前参拜，愿佛祖保佑此行心想事成，马到成功。

穿过龙门石阙前路，李白与丹砂二人骑马上了洛阳道，约两个时辰便到了定鼎门。进了城门，只见洛阳城中街市繁华，行人熙熙攘攘，隐隐五凤楼，峨峨横三川。王公权贵们的豪华府第和公馆一座接着一座。秦楼楚馆、舞台歌榭鳞次栉比，其豪华壮丽、繁荣富庶的程度，绝不次于西京长安。

洛水像一条天河，从洛阳城中贯穿东西而过，因此，城正中的大桥就叫作天津桥。

洛水在桥下奔流，两岸桃红柳绿，春意盎然。魏王堤上，红男绿女，游人如云。桥南畔坐落着有名的董家酒楼，楼前的垂杨下系着豪门权贵们的雕鞍宝马，楼上传来吆五喝六的猜拳之声。

李白拿着许员外的书信，在洛阳城找到了许家。许家曾祖许绍与唐高祖同学，大业末年曾出任夷陵郡守，归顺大唐后，授硖州刺史、安陆郡公，平萧铣有功，武德四年（621年）死于军中。许绍有三个儿子：许善、许智仁、许圉师[①]。长子许善，曾任宣城主簿，早卒，以其嫡子许力士袭爵，为安陆郡公，官至洛州长史；次子许智仁，曾任温州刺史，以勋授封孝昌县公，后继其父为硖州刺史，历任太仆少卿、凉州都督，贞观年间卒；少子许圉师，在高宗龙朔时为左相，俄以其子许自然因猎射杀人，隐而不奏，为李义府所挤，上元中再迁户部尚书，仪凤四年（679年）卒。（《旧唐书》列传第九）许力士的子嗣中，三子许钦寂、许钦明、许钦谈，皆官至刺史、都督、光禄卿等，孙辈中的许辅乾、许辅德、许诫惑、许诫言等，也多官至鸿胪少卿、右卫大将军、刺史、光禄卿、节度使等。李白这次去洛阳，就住在许力士家。论辈分，李白是许力士堂侄女婿，因此李白想通过许家的推荐，能够与朝廷的卿相搭上关系，他们也都表示愿意帮忙。但是李白在洛阳等了许久，也不见他们的消息。在此期间，李白便在洛阳游览观光。

---

① 《新唐书·宰相世系表》中列许绍还有一子，为许伯裔。但新旧《唐书》许绍传中查并无此人，待考。

在洛水天津桥上，他见红男绿女在桥上往来不绝，便诗兴大发，写了一首《洛阳陌》：

白玉谁家郎，回车渡天津。
看花东陌上，惊动洛阳人。

这首诗写出了李白初到洛水天津桥的喜悦心情。白玉郎，用潘岳典故。《世说新语·容止》说："潘岳妙有姿容，好神情。少时挟弹出洛阳道，妇人遇者，莫不连手共萦之。"此诗即用其意，说潘岳面白如玉，深为妇人所喜，在天津桥被洛阳妇女所围观，即所谓"惊动洛阳人"也。其实这里也有李白以才貌自比潘岳之意，可见李白初到洛阳时，还是满怀信心的。

李白在游洛阳时，曾看到了玄宗在上阳宫办公时群臣上朝和下朝时的情景。他们一个个趾高气扬、踌躇满志，显露出只知生活享受、得意忘形，而不知收敛的嘴脸和傲慢之态。下面这两首《古风五十九首》中的诗，可能就写于此时。《古风五十九首》其十八：

天津三月时，千门桃与李。
朝为断肠花，暮逐东流水。
前水复后水，古今相续流。
新人非旧人，年年桥上游。
鸡鸣海色动，谒帝罗公侯。
月落西上阳，余辉半城楼。
衣冠照云日，朝下散皇州。
鞍马如飞龙，黄金络马头。
行人皆辟易，志气横嵩丘。
入门上高堂，列鼎错珍羞。
香风引赵舞，清管随齐讴。
七十紫鸳鸯，双双戏庭幽。

行乐争昼夜，自言度千秋。
功成身不退，自古多愆尤。
黄犬空叹息，绿珠成衅仇。
何如鸱夷子，散发棹扁舟？

《古风五十九首》其四十六：

一百四十年，国容何赫然！
隐隐五凤楼，峨峨横三川。
王侯象星月，宾客如云烟。
斗鸡金宫里，蹴鞠瑶台边。
举动摇白日，指挥回青天。
当涂何翕忽，失路长弃捐。
独有扬执戟，闭关草太玄。

此二诗是写李白在路过上阳宫、五凤楼前时，亲眼见散朝的朝臣们回家的情景。上首诗是写天津桥上人来人往，行人不断，年年如此，如桥下流水一般前浪接后浪，古今相续。而在上阳宫之前，他目睹了朝廷里的高官要员黎明上朝、傍晚下朝的情景："鸡鸣海色动，谒帝罗公侯。月落西上阳，余辉半城楼。衣冠照云日，朝下散皇州。鞍马如飞龙，黄金络马头。行人皆辟易，志气横嵩丘。"上阳宫在洛阳城的西南部，是玄宗二十二年（734年）正月后，驻跸东都洛阳上朝和办公的地方。这十句是实写。其后的"入门上高堂"八句却是虚写。是想象这些达官贵人回到家中恣意行乐的颓废行为。最后六句，说的却是这些人缺乏像范蠡那样有后顾之忧的智慧，终将逃不脱李斯和石崇那样贪图高位而被杀的命运。在下首诗中"一百四十年，国容何赫然！隐隐五凤楼，峨峨横三川"四句，写的是东都洛阳在开元盛世时繁荣昌盛、国容赫然的大好局面。这里的"一百四十年"，可能是"一百二十年"之误。从大唐开国武德元年（618年）到开元二十二年（734年），约有一百一十六年，可简称为一百二十年。而五凤楼指的是东都皇城的正南门——应天门的城楼。“三川”指的是洛阳的伊河、洛河与黄河，这都是唐代东都洛阳的标志。“王侯”二句，是说当时洛阳城中的王公权贵像星星和月亮一样多，他们的宾客也如云烟一样地来来往往。“斗鸡”四句是指皇帝爱好斗鸡和蹴鞠一类的游戏，而这些斗鸡徒和蹴鞠之人，他们仰仗着皇威，就可以指点江山、挥动日月，为所欲为了。“当涂”二句是说有权有势的人可以鼻息虹霓、势力冲天，而失路无权之人就被抛弃，被踩在脚下。最后两句感叹，像汉代的扬雄那样有名的学者，也只能做一个守门的执戟郎，下朝之后写写《太玄经》一类的文章。可见有学问和才识之士，是多么寂寞和不被重视啊。这就是大唐盛世的真实面目。李白若不到洛阳这样的都城，是看不到这些情况的。

使李白最难忘的是洛阳的明堂，这里是洛阳城的制高点，是一座高近三百尺、可与长安大明宫相媲美的壮伟宫殿。它屋顶上的二龙戏珠的大铜珠，在夕阳的映照下闪闪发光，百里之外都能望见，令他流连忘返。据《旧唐书·则天本纪》：“垂拱四年（688年）春二月，毁乾元殿，就其地造明堂。”《资治通鉴》卷二〇四记载：垂拱四年十二月“辛亥，明堂成，高二百九十四尺，方三百尺。凡三层：下层法四时，各随方色；中层法十二辰；上为圆盖，九龙捧之。上层法二十四气，亦为圆盖；上施铁凤，高一丈，饰以黄金。中有巨木十围，上下通贯，栭栌撑棍藉以为本。下施铁渠，为辟雍之象。号曰万象神宫。宴赐群臣，赦天下，纵民入观”。也就是说，它高达九十米，再加上顶部的金凤一丈，全高约九十三米。底层四方形，边长九十二米[①]。明堂凡三层，底层四面，法天有四时；中层十二面，法十二时辰；上层二十四面，法二十四节气。下层屋顶是正方宫顶，中层和上层有圆顶。屋顶皆是双层。顶层有圆顶攒尖，其上立有饰金的铁凤。室内为突破性的多层空间，中有巨型通心柱，直径有十人合抱之粗。上下贯通。这是唐代洛阳最高的建筑物，命名为万象神宫。它的高度可比长安最高的宫殿大明宫含元殿。但此明堂建成后，于天册万岁元年（695年）即毁于火灾。后又重建，规模略小于旧制，并改名为通天宫。原来的铁凤为大风所毁，改为铜火

① 按邱隆《中国历代度量衡单位量值表及说明》（《中国计量》2006年第10期），唐代1尺约为现在的30.6厘米。

珠，群龙捧之。玄宗登基后，嫌明堂有违旧制，在开元五年（717年）改名为乾元殿，开元十年（722年）又复为明堂。李白在开元二十三年（735年）所见的明堂，即是复建的明堂。

在明堂刚建成之际，就有当朝的刘允济写了一篇《明堂赋》，献给了武则天。想必是李白曾看过此赋，但心中不满意。又因明皇好赋，何不再写一篇《明堂赋》献给今上，岂不美哉？于是，李白回到住所便铺纸研墨，挥毫写下了一篇新的《明堂赋》。其序中写道：

> 昔在天皇，告成岱宗，改元乾封，经始明堂，年纪总章。时缔构之未集，痛威灵之遐迈。天后继作，中宗成之。因兆人之子来，崇万祀之丕业。盖天皇先天，中宗奉天。累圣纂就，鸿勋克宣。臣白美颂，恭惟述焉。

这段序言中，李白说明了写作《明堂赋》的由来。指出明堂早在唐高宗总章年间就提出了建设的计划。高宗去世后，天后武则天继承了唐高宗的遗志，到唐中宗时才建成。李白所作此赋的目的，就是要宣扬他们的功绩。这里，李白犯了一个大忌，就是这篇本来是要献给唐玄宗的赋，歌颂的却是武则天和唐中宗。武则天虽是唐玄宗的祖母，后自称帝改唐为周，虽然最后终将政权回归了李氏，但武氏一族差一点就毁了大唐。而且武则天的女儿太平公主，在睿宗朝擅权，并向时为太子的李隆基夺权，后为李隆基所灭。唐中宗是唐玄宗李隆基的伯父，与唐玄宗并没有直接的血缘关系。所以，李白所作的《明堂赋》与唐玄宗没有多大关系。况且，唐玄宗认为明堂不合旧制，在开元五年（717年）还一度废明堂而改为乾元殿，所以这篇赋是献错了对象。当然，这篇赋也不是与唐玄宗没有一点关系。李白在赋中说：

> 下明诏，班旧章，振穷乏，散敖仓。毁玉沉珠，卑宫颓墙。使山泽无间，往来相望。帝躬乎天田，后亲于郊桑。弃末反本，人和时康。建翠华兮萋萋，鸣玉銮之锳锳。游乎升平之圃，憩乎穆清之堂。天欣欣兮瑞穰穰，巡陵于鹑首之野，讲武于骊山之旁。封岱宗兮祀后土，掩栗陆而苞陶唐。遂游

乎崆峒之上，汾水之阳，吸沆瀣之精英，黜滋味之馨香。贵理国其若梦，几华胥之故乡。于是元元澹然，不知所在，若群云从龙，众水奔海，此真所谓我大君登明堂之政化也。

赋中所说的，皆是唐玄宗登基以后所做的事。据《资治通鉴·唐纪》《旧唐书·玄宗本纪》来看，其事迹历历可考。赋中所言是歌颂唐玄宗功绩的，在拍唐玄宗的马屁。

此外，此赋写得文辞雄伟、神采飞扬，很有气势。如写明堂之高，耸入天际，高如五岳，直插星斗："势拔五岳，形张四维。轧地轴以盘根，摩天倪而创规。楼台崛岉以奔附，城阙崟岑而蔽亏。珍树翠草，含华扬蕤。目瑶井之荧荧，拖玉绳之离离"；又写站在明堂之上观景，人们可目极八荒、尽收河洛地区的景物："夫其背泓黄河，垠濑清洛。太行却立，通谷前廓。远则标熊耳以作揭，豁龙门以开关。点翠彩于鸿荒，洞清阴乎群山""经通天而直上，俯长河而下低。玉女攀星于网户，金蛾纳月于璇题"；最后，写出了建立明堂的重大意义和作用，那就是显示国威、招揽人才："穹崇明堂倚天开兮，巃嵸鸿蒙构瑰材兮。偃蹇坱莽邈崔嵬兮，周流辟雍岌灵台兮。赫奕日，喷风雷。宗祀肸蚃，王化弘恢。镇八荒，通九垓。四门启兮万国来，考休征兮进贤才。"这些丽辞壮语，极大地增加了《明堂赋》的文学魅力。

赋是写好了，但要通过谁才能将此赋进献给皇帝呢？李白翻来覆去地想，最后想到了元丹丘。元丹丘隐居在嵩山附近的颍阳山居，嵩山离洛阳只有七十多里，是东都洛阳的后花园。武则天统治时，她长期住在洛阳，在天授元年（690年）改唐为周，称帝期间改东都为神都，以洛阳为首都。唐玄宗五次驾幸洛阳，共有十一年时间是在洛阳度过的。朝中的许多王公贵臣在嵩山地区建有自己的别馆。玉真公主在嵩山也建有别馆。李白先去颍阳山居找到元丹丘，由元丹丘将李白介绍给玉真公主。玉真公主以前在长安时，李白就住在她的别馆里，但是二人并未见面。这次见到李白，谈仙论道，一见如故。她便亲自到洛阳上阳宫，将李白的《明堂赋》呈给了唐玄宗。出了上阳宫之后，玉真公主对李白和元丹丘说：你们可在洛阳等候消息，皇兄对太白先生的赋很感兴趣呢，我还有事要到华山去一趟。告别二人后，玉真公主就去了华山。

再说玄宗，看了李白的《明堂赋》心中很是喜欢，便找驸马都尉张垍商量。张垍对玄宗说，此赋歌颂的是武后娘娘和中宗皇帝的建明堂之功，与圣上何关？而今圣上还曾一度废了明堂，这李白写此赋是什么意思？是赞陛下呢，还是讽刺陛下呢？玄宗犹豫不决，于是就将这篇《明堂赋》搁下了，不再提起。

李白在洛阳等待消息之时，与洛阳的一些朋友在洛阳天津桥头的董家酒楼饮酒。来的朋友中有礼部员外郎崔宗之、元丹丘的宗兄谯郡参军元演和东都御史台官员陆调等人，李白与崔宗之等人相谈甚欢。崔宗之很喜欢李白的口才和王霸大略。于是，他赠给了李白一首诗：

凉秋八九月，白露空园亭。
耿耿意不畅，梢梢风叶声。
思见雄俊士，共话今古情。
李侯忽来仪，把袂苦不早。
清论既抵掌，玄谈又绝倒。
分明楚汉事，历历王霸道。
担囊无俗物，访古千里余。
袖有匕首剑，怀中茂陵书。
双眸光照人，词赋凌子虚。
酌酒弦素琴，霜气正凝洁。
平生心事中，今日为君说。
我家有别业，寄在嵩之阳。
明月出高岑，清溪澄素光。
云散窗户静，风吹松桂香。
子若同斯游，千载不相忘。

（崔宗之《赠李十二》）

在此诗中，崔宗之说他与李白相见的季节是“凉秋八九月”，与李白和诗中“万里起秋色”的时节正相符合。“李侯忽来仪，把袂苦不早。清论既抵掌，玄谈又绝倒。分明楚汉事，历历王霸道”“袖有匕首剑，怀中茂陵书。双眸光照人，词赋凌子虚”十句，说二人初见时，他对李白才学和相貌的深刻印象。“我家有别业，寄在嵩之阳”，说明他们相见的地点是在嵩山附近，而不是在长安，这个地点应是洛阳。

李白当即和了他一首诗。诗云：

朔云横高天，万里起秋色。
壮士心飞扬，落日空叹息。
长啸出原野，凛然寒风生。
幸遭圣明时，功业犹未成。
奈何怀良图，郁悒独愁坐？
杖策寻英豪，立谈乃知我。
崔公生民秀，缅邈青云姿。
制作参造化，托讽含神祇。
海岳尚可倾，吐诺终不移。
是时霜飙寒，逸兴临华池。
起舞拂长剑，四座皆扬眉。
因得穷欢情，赠我以新诗。
又结汗漫期，九垓远相待。
举身憩蓬壶，濯足弄沧海。
从此凌倒景，一去无时还。
朝游明光宫，暮入阊阖关。
但得长把袂，何必嵩丘山？

（《酬崔五郎中》）

此诗的首六句，写出他在暮秋“大风起兮云飞扬”的壮志豪情，但也深感到自己“幸遭圣明时，功业犹未成”的苦恼。他觉得自己“胸怀良图”地来到洛阳，却独自一人无可奈何地“郁悒独愁坐”，感到十分孤独忧烦。正在这时，崔宗之却“杖策寻英豪”前来寻他，并且“立谈乃知我”。成了他的知音，怎能不令他感激呢？“崔公生民秀”以下六句，是赞扬崔宗之的话。“赠我以新诗”，是指崔宗之所作的《赠李十二》诗。“又结汗漫期”以下六句，说的是崔宗之邀他到崔的嵩山别业去隐居的事。但李白并不同意现在就同崔一道去隐居。他认为，他来洛阳此行的目的，是为了“朝游明光宫，暮入阊阖关”，即入朝做官。因此，他对崔宗之说：“但得长把袂，何必嵩丘山？”只要我们能在洛阳朝夕相处，何必一定要到嵩山去隐居呢？

李白在洛阳等了半年之久，却得不到皇上对他献赋的态度和消息，觉得长期住在洛阳也不是个办法。夜晚，李白望着天上的月亮出神，邻家传来了呜咽的玉笛声，催出了李白的思乡之泪。他挥笔写下了《春夜洛城闻笛》一诗：

谁家玉笛暗飞声？散入春风满洛城。
此夜曲中闻折柳，何人不起故园情？

李白闻笛思乡，决定要回家了。这时元丹丘、元演却向李白发出了邀请，约他一道去随州胡紫阳道长那里去祝寿。

随州访道

三人来到了随州，胡紫阳在苦竹院门口亲自迎接李白和元演两位客人。元丹丘拜见了师傅，众人进了餐霞楼。只见楼内张灯结彩，热闹异常。过了一会儿，随州刺史及各级官员，都拿着礼物，前来祝寿。李白与他们一一相见，互相寒暄。寿筵开始后，在奏乐声中，胡紫阳的三千弟子，一齐在楼前跪拜，为胡紫阳道长祝寿。之后，李白也为胡紫阳道长献上一首诗。由两个小道士侍候笔墨，李白挥笔题壁曰：

神农好长生，风俗久已成。
复闻紫阳客，早署丹台名。
喘息餐妙气，步虚吟真声。
道与古仙合，心将元化并。
楼疑出蓬海，鹤似飞玉京。
松雪窗外晓，池水阶下明。
忽耽笙歌乐，颇失轩冕情。
终愿惠金液，提携凌太清。
（《题随州紫阳先生壁》）

这是一首歌颂胡紫阳道长的诗。诗中写胡道长生活在神农之仙乡，是道界名流，他不食人间烟火，能辟谷餐霞，口吐神仙之言，其道来自古仙传授，其心将与元化俱存。他的餐霞楼当是来自蓬海仙山，其庭前之鹤也是从仙界玉京而来的。窗外的雪松、楼前的池水，装点着苦竹院的风景。在一片笙歌声中，仿佛飘飘欲仙，使人忘却了世俗的轩冕之乐，自己也愿意追随紫阳道长炼丹求仙，升天而去。其中“喘息餐妙气，步虚吟真声。道与古仙合，心将元化并”四句，乐得胡紫阳捻须微笑，颇中下怀。大家都频频向胡紫阳劝酒，李白也和随州刺史一起陪酒，大家摆脱拘束，畅怀痛饮。酒过半酣，趁着酒劲，大家都动了性情，紫阳真人邀李白和他一起吹起了玉笙。随州刺史也不顾自己的身份了，随着乐声扬袖起舞，跳了起来。舞过之后，接着又喝，直到大家都烂醉如泥。随州刺史醉倒在地，李白也醉卧在他的身旁，刺史大人见李白醉了，急忙将身上的锦袍披在李白身上，李白则枕在他的大腿上睡着了。后来李白在《忆旧游寄谯郡元参军》诗中将这段有趣的情节记述了下来：“银鞍金络到平地，汉东太守来相迎。紫阳之真人，邀我吹玉笙。餐霞楼上动仙乐，嘈然宛似鸾凤鸣。袖长管催欲轻举，汉东太守醉起舞。手持锦袍覆我身，我醉横眠枕其股。”

在苦竹院住了几日，元演和元丹丘要去仙城山游历，李白做了一篇《冬夜于随州紫阳先生餐霞楼送烟子元演隐仙城山序》文给他们送别。序曰：

> 吾与霞子元丹、烟子元演，气激道合，结神仙交。殊身同心，誓老云海，不可夺也。历行天下，周求名山，入神农之故乡，得胡公之精术。胡公身揭日月，心飞蓬莱。起餐霞之孤楼，炼吸景之精气。延我数子，高谈混元。金书玉诀，尽在此矣。白乃语及形胜，紫阳因大夸仙城。元侯闻之，乘兴将往。别酒寒酌，醉青田而少留；梦魂晓飞，度渌水以先去。吾不凝滞于物，与时推移。出则以平交王侯，遁则以俯视巢、许。朱绂狎我，绿萝未归。恨不得同栖烟林，对坐松月。有所款然，铭契潭石。乘春当来，且抱琴卧花，高枕相待。诗以宠别，赋而赠之。

送别了元氏兄弟后，李白便回到安陆的家中去了。

太原之行

开元二十四年（736年）四月，元演约与李白在洛阳见面，并邀其同游太原。他们从洛阳出发，渡过波涛汹涌的黄河，翻越过崎岖难行的太行山，来到了当时的北都太原。太原是龙兴之地，时称北都。太原府的府尹是元演的父亲元大人。他十分好客，热情地接待了李白。李白还结交了太原府的别将郭子仪，二人惺惺相惜，谈得十分投机，结为好友。在太原期间，李白还结交了阳曲县丞王公、县尉贾公、石艾县尉尹公和从兄太原主薄李舒等人，他们十分欣赏李白的诗赋文章。其年秋，王县丞、贾县尉、尹县尉要到东都洛阳去参加“清廉守节政术可称堪县令科”和“其才有王霸之略”的制举考试，李舒前去送行，请李白写一篇送行之序。李白当场挥笔为文，写了一篇《秋日于太原南栅饯阳曲王赞公贾少公石艾尹少公应举赴上都序》。在序中，李白对诸位参加制举的应试者热情地加以鼓励和支持，祝贺他们旗开得胜。其文辞之英秀和态度之诚恳，赢得了大家一片叫好之声，一致为李白举杯，以表敬佩之意。

李白与元演在太原参观了晋祠等名胜，对太原的历史文化有了深入的了解。另一方面，他也和郭子仪在太原周边看到了北方民族强悍的民风，看到了太原府尹元大人和别将郭子仪对边防军队操练的认真、严格、整肃的场面，深切感觉到边防的重要性。像郭子仪这样有才能和忠心为国的将才实在是太少了，而一些虚报军功，或轻启边衅以邀赏的现象时有发生，一丝忧虑在他心头闪过。若不是经过这次在太原的实地所见，他对边境的实际情况是不会有深刻了解的。

不觉之间就到了深秋，李白忽起思乡之念，便和元演一起向元府尹和郭子仪告别。送别筵上，元府尹带着一些太原士庶百姓前来相送，李白不禁泪流满面。他饱含激情地写了一首《太原早秋》诗，向太原官民告别：

岁落众芳歇，时当大火流。
霜威出塞早，云色渡河秋。
梦绕边城月，心飞故国楼。
思归若汾水，无日不悠悠。

李白回到洛阳，与众友人在洛水天津桥南桥头的董家酒楼又聚了一次。众人纷纷议论当今朝政变化。一是李林甫结党营私，势力渐盛，并说李林甫是一个口蜜腹剑之人，能言善辩，花言巧语，会揣摩人心，颇能讨得皇上欢心，并不断地向朝廷进谗言，处处排挤正直之人，争权揽政。二是中书令张九龄，直言敢谏，渐为玄宗所不喜。还有人听说，张垍又在玄宗面前说了李白的坏话，使李白所献的《明堂赋》没有了下文。李白听说又是张垍这个小人使坏，心中十分恼怒。他已有两次进仕的机会都坏在张垍的手里，真是行路难啊。他于是当场拔剑起舞，边舞边唱：

金樽清酒斗十千，玉盘珍羞直万钱。
停杯投箸不能食，拔剑四顾心茫然。
欲渡黄河冰塞川，将登太行雪满山。
闲来垂钓碧溪上，忽复乘舟梦日边。
行路难，行路难，多歧路，今安在？
长风破浪会有时，直挂云帆济沧海。

（《行路难三首》其一）

李白望着眼前的美酒珍馐就是吃不下去，只好拔剑起舞，四顾茫然。想渡过黄河，黄河却被冰凌塞满河道，想登上太行山的山路，却又被大雪封山，真是小人作梗，时运不顺啊。但是我是身在江湖却心怀魏阙呀。行路难，行路难啊，都说通向京城的道路有九百九十九，可我的路在哪里呀？但李白最后还是没有绝望，他认为：我直挂云帆济沧海的日子，总会到来的！

嵩山之会

在天津桥酒楼聚完之后，元演也回到了他在长安的家中。李白心中十分苦闷，便准备同元丹丘回到嵩山的颍阳山居。南阳的岑勋曾与李白在梁园见过面，后来他要回到在陆浑鸣皋山的隐所，李白曾写诗相送。当他听说李白在洛阳时，便前来洛阳相访，正好遇到了李白和元丹丘。

三人一起到了嵩山。嵩山分太室山和少室山两座大山。传说大禹娶了涂山氏的两个女儿，大女儿所住的地方叫太室，小女儿住的地方叫少室。从山形上来看，太室山如一个端坐的巨人，而少室山从少林寺的高处来看，山影恰似一个仰卧在山巅的美人。于是有人总结这两座山的特点说："太室如坐，少室如卧。"李白和元丹丘、岑勋三人一起登上了嵩山山顶，看到嵩山的三十六峰在白云间缭绕，有一种山高我为峰的感觉，经山风一吹，衣袂高举，飘然若仙。在嵩山顶上可以远眺北面的黄河，曲折婉转，从西北而来，迤逦而东去，如一条彩带在阳光下闪闪发光。李白对元丹丘说，美哉！壮哉！你真选择了一个好地方，在这里，你一定会得道成仙的。于是他随口吟道：

元丹丘，爱神仙。朝饮颍川之清流，
暮还嵩岑之紫烟，三十六峰长周旋。
长周旋，蹑星虹，身骑飞龙耳生风，

横河跨海与天通，我知尔游心无穷。

（《元丹丘歌》）

这首诗虽然是李白随口而吟的即兴之作，但确实表达了他此时的心情。仿佛他也和元丹丘一样，身骑飞龙，遨游周旋在嵩山的三十六峰之上，真有些成仙得道的感觉。

在嵩山下，他们一道拜见了嵩阳观的孙太冲道长。据说，孙道长正在为玄宗皇帝炼金丹呢。他们请教了孙道长一些关于道家的炼丹之术后，便在道观内参观浏览。在嵩阳观内有三棵大柏树，曾被汉武帝封为“大将军”“二将军”和“三将军”（除了“三将军”明末被焚，“大将军”和“二将军”至今仍在），皆是直耸云霄的参天大树。李白等人感叹了一番。此外，他们还去了永泰寺。永泰寺是北魏时所建，魏孝明帝之妹永泰公主曾在此寺出家为尼，便以其名为寺名。寺中最有名的是寺院内种的一棵从天竺国移植的三花树。传说这种树在嵩山仅有四棵，永泰寺中的三花树是其中的一棵。这种三花树，据考证就是生长在天竺国的菩提树。传说释迦牟尼曾在菩提树下思悟成佛，故此树又称为思惟树。菩提树开白花，花开时气味香甜，传说嵩山的菩提树每年开花三次，故称三花树。又佛经中有“三花攒顶”之说，故三花树被称为佛家圣花。李白在其诗中多次记载了这棵三花树：“去时应过嵩少间，相思为折三花树”（《鸣皋歌奉饯从翁清归五崖山居》）、“二室凌青天，三花含紫烟”（《赠嵩山焦炼师》），这说明嵩山的三花树给李白留下了非常深刻的印象。在嵩山少室山，李白还拜访了传说已经有几百岁的一位神奇的女道士，人们都称她为焦炼师。李白在《赠嵩山焦炼师》诗序中说：“嵩山有神人焦炼师者，不知何许妇人也。又云：生于齐、梁时，其年貌可称五六十。常胎息绝谷，居少室庐，游行若飞，倏忽万里。世或传其入东海，登蓬莱，竟莫能测其往也。余访道少室，尽登三十六峰，闻风有寄，洒翰遥赠。”其诗曰：

二室凌青天，三花含紫烟。

中有蓬海客，宛疑麻姑仙。

道在喧莫染，迹高想已绵。
时餐金鹅蕊，屡读青苔篇。
八极恣游憩，九垓长周旋。
下瓢酌颍水，舞鹤来伊川。
还归东山上，独拂秋霞眠。
萝月挂朝镜，松风鸣夜弦。
潜光隐嵩岳，炼魄栖云幄。
霓裳何飘飖，凤吹转绵邈。
愿同西王母，下顾东方朔。
紫书倘可传，铭骨誓相学。

这首诗与《元丹丘歌》表达的是同一意境。李白将这位女道士焦炼师比作女仙麻姑，她可以像神仙一样“八极恣游憩，九垓长周旋。下瓢酌颍水，舞鹤来伊川”，可以游行如飞，倏忽万里，还将她比作是西王母一类的女神仙，并希望能够学道修仙。李白此时又想到了玉真公主，希望能够在嵩山的玉真公主别馆中见到她，并一同与焦炼师相会：

玉真之仙人，时往太华峰。
清晨鸣天鼓，飙欻腾双龙。
弄电不辍手，行云本无踪。
几时入少室，王母应相逢。
（《玉真仙人词》）

说实话，李白是非常感谢玉真公主的。只有玉真公主，才是在关键时刻真心实意帮他的人。他是很想念她的，可是她此时却在华山修道，也是一个“行云本无踪”行踪不定的人物。

李白与元丹丘、岑勋一起来到了颍阳山居的隐居处。元丹丘的颍阳山居“北倚马岭，连峰嵩丘，南瞻鹿台”（《题元丹丘颍阳山居并序》），是一个风景十分优美的地方。元丹丘做东，请李白和岑勋在马岭山的一个山村酒肆中一起赋诗饮酒。在酒肆中，李白连连向元丹丘和岑勋劝酒，口中说：人生在世，不就是图个潇洒快活吗？大丈夫不能为国建功立业，也要养得一身浩然正气，不能服输。天生我才，岂能无用？千金散尽，必能复来。岑夫子，丹丘生，我们要喝上它三百杯，以解今日之忧呀！于是李白高声吟道：

君不见黄河之水天上来，奔流到海不复回！
君不见高堂明镜悲白发，朝如青丝暮成雪！
人生得意须尽欢，莫使金樽空对月。
天生我材必有用，千金散尽还复来。
烹羊宰牛且为乐，会须一饮三百杯。
岑夫子，丹丘生，将进酒，杯莫停。
与君歌一曲，请君为我倾耳听。
钟鼓馔玉不足贵，但愿长醉不用醒。
古来圣贤皆寂寞，惟有饮者留其名。
陈王昔时宴平乐，斗酒十千恣欢谑。
主人何为言少钱，径须沽取对君酌。
五花马，千金裘，呼儿将出换美酒，
与尔同销万古愁。

（《将进酒》）

诗的头两句发响惊听：“君不见黄河之水天上来，奔流到海不复回！”这是李白写黄河最有名的诗句。但在这首诗里，李白真不是专门在写黄河，而是以黄河入海一去不回来作比喻，是说光阴一逝，不能再回，时光是不能倒流的。因为“天上来”三字写得极有气势，把黄河的精气神写出来了，所以倒忘了它是在打比喻。次二句“君不见高堂明镜悲白发，朝如青丝暮成雪！”，是说光阴似箭，人生短促，早上还是一头青丝，到了晚上就愁得满头白发了。这四句诗，是李白在感慨，这一年他已经三十五岁了，两鬓间已开始有了白发，可至今仍然是功业无成。时光不等人啊，韶华一去不归，实在是令人感慨万分啊。古人说，何以解忧，唯有杜康。何不惜时而乐，痛饮美酒呢。“天生我材必有用，千金散尽还复来”二句，是此诗中的名句和亮点，大家都能感受到李白强烈的自信和恃才傲物。当然，李白的自信是有一点的，但是要强调的是，李白说这两句话时有两层意思。其一是，吾等是天生大才，天将降大任于斯人，虽目前有难，不得任用，将来一定有机会施展我等的才能。钱算个什么东西，我能花就能挣，可以说是视金钱如粪土。此层有强烈自信的意思，对前途并未失望。其二的意思，是有些反讽的意味。就是说，天生我之大才是应该有用的，如今却没有人用；千金散尽，本来以我之才是可以再挣回来的，可是，我如今却穷得连酒也喝不起，所以在结尾中说“五花马，千金裘，呼儿将出换美酒”，只好拿马与衣服来换酒喝。这其实是对当时社会的一种强烈的愤慨和抗议。当今皇上为人蒙蔽，他周围的小人排斥贤才，使有才之人不得任用。于是下面李白就向岑夫子和丹丘生劝酒，喝呀，喝呀，为什么不喝？一连喝它三百杯，喝他个一醉方休！他说如今的社会，圣贤算什么？还不如当个酒徒，还能在历史上留个恃酒放浪的名声，没有钱就把我的骏马、名裘当了，拿来换酒喝，管它是村酿浊酒或是千金名酒，就要喝它个坛底朝天，与尔等一消心中万古之愁！这明明是在发牢骚，泄愤懑，却以慷慨激昂的情绪发之，结果反成了一曲悲壮的劝酒歌。

李白在颍阳山居住了几天，送走了岑勋，二人又回到洛阳，与众朋友又喝了一次酒。李白看到再在洛阳待下去也没有意思，就准备回安陆了。

开元二十四年（736年）的冬天，他依旧是从龙门大道返回南方的。此时已是伊水结冰的寒冷天气，可李白的心情比伊河的冰水更冷。这次洛阳之行，他原来是抱有很大信心的，可如今却大败而归。回家怎样向许家和自己的妻女交代呢？他在龙门写了一首《冬夜醉宿龙门，觉起言志》，抒发了他此时的心情：

醉来脱宝剑，旅憩高堂眠。
中夜忽惊觉，起立明灯前。
开轩聊直望，晓雪河冰壮。
哀哀歌苦寒，郁郁独惆怅。

傅说版筑臣，李斯鹰犬人。
欻起匡社稷，宁复长艰辛。
而我胡为者？叹息龙门下。
富贵未可期，殷忧向谁写？
去去泪满襟，举声梁甫吟。
青云当自致，何必求知音！

诗中他以商朝的丞相傅说和秦国的丞相李斯自比。在他们未遇之时，傅说不过是一个操版筑的奴隶，而李斯也不过是上蔡东门一个驾鹰牵犬的猎人。他们很快就为明主所赏，都成了匡济社稷的栋梁之臣。哪像我这样的屡遭反复，被小人算计，不为所用。而我的前途在哪里呢，满腹的苦水向谁来倾诉？最后的二句“青云当自致，何必求知音”，是李白此诗的警醒之句。他终于明白了，要想入朝为官，建功立业，光靠他人是不行的，还得自己去努力争取，不必向朝中的那些权贵高官以及亲戚朋友低声下气地求助，把他们当作所谓的“知音”，是根本靠不住的。

告别安陆

李白回家之后，将在洛阳之行的具体情况向许员外一番述说，许员外也只是摇头叹息，大说人心不古，有些亲戚朋友太势利眼，眼看他们这一支许氏家族失势之后，被亲戚所冷落。

李白再次回到白兆山桃花岩的家中读书隐居，有时学学陶渊明，晨起理荒秽，戴月荷锄归，过起了所谓的耕读生活。他将家中所有的经史子集都读了一个遍。他觉得，由于近来忙于到处拜亲访友，寻找仕进的机会，把经史典籍都荒疏了。趁这个机会，好好地温习一下。现在有红袖添香夜读书，闲逗娇女膝下乐的生活，真是太好了。有时，亲友来访，在一起赋诗饮酒，如他的从弟李幼成、李令问来访，李白都热情招待。临行之时再赠一首诗：

一身自潇洒，万物何嚣喧。
拙薄谢明时，栖闲归故园。
二季过旧壑，四邻驰华轩。
衣剑照松宇，宾徒光石门。
山童荐珍果，野老开芳樽。
上陈樵渔事，下叙农圃言。
昨来荷花满，今见兰苕繁。
一笑复一歌，不知夕景昏。

醉罢同所乐，此情难具陈。

（《答从弟幼成过西园见赠》）

无事时便经常自斟自饮，如《春日独酌二首》：

其一

东风扇淑气，水木荣春晖。
白日照绿草，落花散且飞。
孤云还空山，众鸟各已归。
彼物皆有托，吾生独无依。
对此石上月，长醉歌芳菲。

其二

我有紫霞想，缅怀沧洲间。
且对一壶酒，澹然万事闲。
横琴倚高松，把酒望远山。
长空去鸟没，落日孤云还。
但恐光景晚，宿昔成秋颜。

不久，许氏夫人又生了一个男孩，把李白夫妇高兴得连嘴都合不上了。正当李白过着幸福美满的小日子的时候，许家忽然发生了大变故。许员外因重病卧床不起，医治无效去世。许员外的几个儿子争着分家抢家产，把李白一家当作外人，让他腾屋子走人。许氏夫人生孩子还没有满月，身子很虚弱，一听此事，气得晕了过去。以后就得了产后风，身子越来越差，李白又无钱给她治病，不久就一命呜呼了。李白无处可去，只好带着女儿和不满周岁的儿子，到山东任城投亲寻友去了。

移家东鲁

移居东鲁时期，李白凭着他任侠和隐逸的社交能力，在徂徕山与山东五名士结为“竹溪六逸”，也与“白发死章句”的迂腐儒生发生了冲突。同时，李白在鲁地的婚姻也产生了危机。他游梁园、上泰山，写出了《梁甫吟》《游泰山》等诗，抒发了他思想上的极度苦闷与急于解脱的愿望。

学剑山东

开元二十五年（737年）春，李白带着儿女来到了东鲁任城，投奔他担任任城县令的六叔。可是赶得不巧，正逢他六叔的任城县令任期已满，忙着卸任交代手续，要到长安述职铨选。叔侄二人匆匆见面，六叔将李白安排到贺兰氏家暂住。好在新来的县令很仰慕李白，相待如宾，对他格外照顾。平时招待上峰和朋友的宴会，也常请李白作陪，这使李白分外感激。李白作诗曰：

兰陵美酒郁金香，玉碗盛来琥珀光。
但使主人能醉客，不知何处是他乡。
（《客中作》）

李白对任城的县令和百姓充满了感激之情，任城百姓对他这位新来鲁地做客的外地人也非常热情好客，这使李白心中充满了温暖。

李白住在贺兰氏家后院，他的儿子原名叫明月奴，来到东鲁以后，便起了个正式的名字叫伯禽，以纪念移家鲁国之意。因伯禽年纪尚小，便雇了个姓鲁的姑娘做保姆，孩子们都叫她鲁姑。

在贺兰氏家，李白经常在书房读书，读累了便出屋走走，到院子里活动一下，打一套拳，练一会儿剑。在贺兰氏家东院里，住着一户姓刘的人家，其院子靠墙的地方有一棵大石榴树，石榴花盛开，像一团团火焰在燃烧，吸引着李白的目光。李白散步时走到这里，总要停住脚步欣赏一会儿石榴花。一次，他突然看到邻家的姑娘出现在石榴树下，也在观赏石榴花。那姑娘看到了李白，便莞尔一笑，扭头就跑开了。她笑的样子非常好看，让李白产生了喜爱之情。李白回到书房去读书，可是脑子里总是回想着那个姑娘的笑容，书也读不进去了。于是展纸挥笔，写了一首小诗：

鲁女东窗下，海榴世所稀。
珊瑚映绿水，未足比光辉。
清香随风发，落日好鸟归。
愿为东南枝，低举拂罗衣。
无由一攀折，引领望金扉。
（《咏邻女东窗海石榴》）

此事被刘家员外注意到了。他知道李白鳏居，还带着两个孩子。但他也颇知道李白的诗名，又是前任县令的亲戚，便有意将自己的女儿许配给李白。于是请李白做客，到他家坐坐，联络一下感情。李白此时在任城无亲无故，当然也同意这门婚事。在众人的撮合下，李白与刘家姑娘便结婚了，婚后住在刘家后院。

李白与刘氏结婚后，起初日子也过得不错。李白经常结交一帮朋友，到他家喝酒赋诗，常来的有孔巢父、韩准、陶沔、裴政、张叔明等人。后来他们还结成了“竹溪六逸”，经常到徂徕山一带活动。他们赋诗饮酒，议论国事，指点时政，是一批借隐逸为名意图求进的有为之士。

除了结识东鲁的名士、文友，李白还结交了一些武林豪侠之类的人物。如裴旻将军，便是李白所倾慕的武林高手。传说裴旻将军曾做过金吾将军，开元年间曾随信安王西征过吐蕃，北伐过奚胡，鞍马娴熟，剑术极精。他曾在一次打猎时，射杀过十几只老虎。还有一次在与奚奴作战时，敌人箭矢如雨，他立于马上，手舞长剑，快疾如风，箭矢纷纷被斩落地下。他的剑术曾被皇上所赏识，多次在宫廷中表演。据《太平广记》卷二一二载：“开元中，将军裴旻居母丧，诣（吴）道子，请于东都天宫寺画神鬼数壁，以资冥助。道子答曰：‘废画已久，若将军有意，为吾缠结，舞剑一曲，庶因猛励，获通幽冥。’旻于是脱去缞服，若常时装饰。走马如飞，左旋右抽，掷剑入云。高数十丈，若电光下射。旻引手执鞘承之，剑透室而入。观者数千百人，无不惊栗。道子于是援毫图壁，飒然风起，为天下之壮观。道子平生所画，得意无出于此。”他的剑舞与张旭的草书、吴道子的壁画曾被时人称为“三绝”。但他才高遭忌，年过五十仍位居人下，一气之下便告老还乡，回东鲁隐居。据晚唐人裴敬《翰林学士李公墓碑》中说，李白曾“心许剑舞。裴将军，予曾叔祖也。尝投书曰：‘如白愿出将军门下。’其文高，其气雄。世稀其本，惧失其传，故序传之”。这说明，李白拜裴旻将军为师学剑，是有根据的。

儒侠兼修

李白在东鲁各处漫游，对东鲁地区很多的文化古迹和英雄人物的历史传闻非常感兴趣。这里面既有儒家圣人，也有英雄侠士。清人龚自珍说："儒、仙、侠实三，不可以合，合之以为气，又自白始也。"（《最录李白集》）李白是一个儒、道、侠三者兼修之人，所以李白并不反孔，反而是一个亲孔之士。他游了曲阜孔庙的大成殿，瞻仰了孔子的画像。在李白的眼中，孔子不仅是儒家的圣人，而且还是一个鼓励后进的长者。李白曾在《上李邕》的诗中，说过"宣父犹能畏后生，丈夫未可轻年少"的话，宣父指的就是孔子。畏后生的典故，出自《论语·子罕》："子曰：'后生可畏也，焉知来者之不如今也？'"李白也曾在其他诗文中表示对孔子的尊崇。如："仲尼，大圣也，宰中都而四方取则。"（《武昌宰韩君去思颂碑序》）是说孔子当中都宰时，成了四方的榜样；"君看我才能，何似鲁仲尼？大圣犹不遇，小儒安足悲？"（《书怀赠南陵常赞府》）这里把孔子称为"大圣"，而自称"小儒"；"我志在删述，垂辉映千春。希圣如有立，绝笔于获麟。"（《古风五十九首》其一）这里更是把孔子作为学习的榜样，希望自己要像孔子一样，有删述之志，以整理诗书传之后世为志向。总之，在李白的眼中，孔子还是有至高无上的地位的，只是没有把他当作一个神来看待。有时还把他当作一个处境相近的失意文人，是一个同病相怜的人，如"荆人泣美玉，鲁叟悲匏瓜。功业若梦里，抚琴发长嗟。"（《早秋赠裴十七仲堪》）这样一下子就拉近了对孔子的亲近感。

此外，李白还是一个有英雄情结的人，对施恩不图报答的侠义之士特别尊崇。在齐鲁地区的聊城，他听闻聊城人鲁仲连当年凭三寸之舌和一封书信就退了秦兵和燕兵，十分感慨，写了一首诗表示仰慕：

齐有倜傥生，鲁连特高妙。
明月出海底，一朝开光曜。
却秦振英声，后世仰末照。
意轻千金赠，顾向平原笑。
吾亦澹荡人，拂衣可同调。

（《古风五十九首》其十）

谈笑三军却，交游七贵疏。
仍留一只箭，未射鲁连书。

（《奔亡道中五首》其三）

关于鲁仲连的事迹，《史记·鲁仲连列传》有载。一是鲁仲连应赵平原君之请，游说魏将辛垣衍，出兵攻秦，使秦军后退五十里；二是鲁仲连将一封给燕将的书信射进聊城，力劝燕将撤兵，后使燕兵撤出聊城。功成之后，赵国、齐国都回报以重金或官爵，但都被鲁仲连谢绝了。所谓功成不受报，是李白认为最有侠义的行为。鲁仲连是李白一生中最景仰的侠士和英雄。

在东鲁的泗州下邳，李白参观了汉代张良遇黄石公的圯桥，感叹张良在未发迹时向黄石公学习兵法之事：

子房未虎啸，破产不为家。
沧海得壮士，椎秦博浪沙。
报韩虽不成，天地皆振动。
潜匿游下邳，岂曰非智勇？
我来圯桥上，怀古钦英风。

唯见碧流水，曾无黄石公。

叹息此人去，萧条徐泗空。

（《经下邳圯桥怀张子房》）

李白在此诗中叙述了张良散尽家产为韩国报仇，招募刺客用大铁椎在博浪沙行刺秦始皇，后来逃到下邳，在圯桥拜黄石公为师，得授兵书，成为刘邦的得力谋士的故事。他也想像张良一样，希望有名师指点，有名人的举荐，立功报国。

李白还与鲁郡的官吏们多有交往。如他在中都游历时，中都小吏逄七郎慕李白的诗名，买了两尾大鱼相赠李白。李白于是和他一起到客栈喝酒，酒后写《酬中都小吏携斗酒双鱼于逆旅见赠》以记之：

鲁酒若琥珀，汶鱼紫锦鳞。

山东豪吏有俊气，手携此物赠远人。

意气相倾两相顾，斗酒双鱼表情素。

酒来我饮之，鲙作别离处。

双鳃呀呷鳍鬣张，跋剌银盘欲飞去。

呼儿拂机霜刃挥，红肥花落白雪霏。

为君下箸一餐饱，醉著金鞍上马归。

逄七郎是个豪爽之人，所以李白称他为山东豪吏，二人意气相投，一见面就很谈得来。李白因他斗酒和双鱼于逆旅相赠，并邀李白对酌，心中十分高兴，于是在酒后作诗为之感谢。诗中说，逄七郎鱼酒之赠，礼物虽平常，却让李白感到情切意真，并合他脾胃。诗中对宰杀双鱼时的细节描写得非常生动形象：“双鳃呀呷鳍鬣张，跋剌银盘欲飞去。呼儿拂机霜刃挥，红肥花落白雪霏。”其意在突出双鱼的珍贵，一顿普通的鱼宴被李白的生花妙笔给写活了，也表达了李白对中都小吏逄七郎豪爽之举的喜爱。

诗嘲鲁儒

李白在东鲁时，曾与当地的儒生有些交往。但他与儒生们在观点上有些相左。这些儒生对李白在鲁地不习儒经，不事科举，但与些浮浪文士及武林豪杰相交往颇为不齿。李白当然也对他们只会固守章句，死读经书，食古不化而不知变通瞧不上眼，因此与他们发生了一些冲突。李白对鲁儒们的嘲笑反唇相讥，他在《五月东鲁行答汶上翁》中云：

五月梅始黄，蚕凋桑柘空。
鲁人重织作，机杼鸣帘栊。
顾余不及仕，学剑来山东。
举鞭访前涂，获笑汶上翁。
下愚忽壮士，未足论穷通。
我以一箭书，能取聊城功。
终然不受赏，羞与时人同。
西归去直道，落日昏阴虹。
此去尔勿言，甘心如转蓬。

诗中说，这些汶上的儒生们，见我不事科举，来山东习武弄剑，在路上遇见我便进行嘲笑，这真是下愚之见。只重儒生而看不起壮士，与他们未足论穷通之道。我最佩服的是战国时期的齐人鲁仲连，能以一箭之书，就能劝退固守聊城的燕国之兵，功成而不受赏，其高风亮节不与时人相同。我欲西归而去，但见落日昏虹，天色已晚。请你们不必多嘴，我自甘愿像飞蓬一样飘荡，也不和你等同流。之后，李白又写了一首《嘲鲁儒》，更进一步地来嘲笑鲁儒们的迂腐和不知变通：

鲁叟谈五经，白发死章句。
问以经济策，茫如坠烟雾。
足着远游履，首戴方山巾。
缓步从直道，未行先起尘。
秦家丞相府，不重褒衣人。
君非叔孙通，与我本殊伦。
时事且未达，归耕汶水滨。

诗中说，鲁儒们只会死读书、读死书，死念经书而不切合实际。谈起治国经世之道，他们便如堕五里雾中。他们守古礼、穿古服，迈着八字方步，还未起步便荡起了尘土，连普通的走路也不会了。他们根本不懂得汉代叔孙通对儒术的变通之道，我与他们根本不是一路人。他们根本就不懂与时俱进的道理，还是回到汶水滨去种地吧。

李白的这些话可谓深深地得罪了鲁地的儒生，他们对李白群起而攻之。有的骂李白给自己的儿子起名为伯禽，污辱了鲁国的开国先祖，因为伯禽与鲁国的开国之君、周公的儿子伯禽同名；有的说李白不尊孔子，把孔子说成是“东家丘”（《送薛九被谗去鲁》）；有的还说李白自许“予为楚壮士，不是鲁诸生”（《淮阴书怀寄王宋城》），根本与他们儒生不是一路人；等等。他们要把李白从东鲁轰出去，一时关于李白的谣言遍地走，议论满天飞。任城的刘氏女听说了这些流言蜚语，又觉得李白只会找一些闲人喝酒，无所事事，与当今的县令又不是亲戚，还不想读书做官，刘家在他身上花了不少冤枉钱，于是就天天闹着要与李白离婚。后来李白经不起她闹，就与她离了婚，搬离刘家，到兖州的南陵去住了。

南陵是个大沙丘，在兖州城东的泗水旁。兖州又名瑕丘、沙丘城。尧祠就在离石门不远的泗水河畔，离南陵很近。李白在南陵居住时，有张谓来访。张谓是河内（今河南沁阳）人，少年时在嵩山读书，李白在游嵩山时与他见过面。他欲游河北，路过兖州，就到李白的住处南陵村拜访。因他和李白有遭遇相似的地方，二人甚为相得。见面之后，张谓要去游河北，李白便送他至尧祠并赋诗饯别。诗曰：

猛虎伏尺草，虽藏难蔽身。
有如张公子，肮脏[①]在风尘。
岂无横腰剑？屈彼淮阴人。
击筑向北燕，燕歌易水滨。
归来太山上，当与尔为邻。
（《鲁郡尧祠送张十四游河北》）

诗题中的张十四和诗中的张公子均指张谓。鲁郡，兖州的旧称。诗中将张谓比作是一只猛虎，虽然藏在山林中但也遮掩不住。因为他人格高洁正直，显露头角，就像当年韩信在淮阴时，也曾遇胯下之辱。他岂无腰间之宝剑，但英雄也有委屈之时，要能屈能伸。此去河北寻访当年击筑的高渐离、易水送别的荆轲的遗迹，以壮胸襟。我在泰山等着你归来，与君结为友邻。李白与张谓都是怀才不遇之人，所以惺惺相惜。

① 肮脏，音kǎng zǎng，亦作“抗脏”，高亢刚直貌。

思盼阳春

李白感到在东鲁他是没有出头之日的。他在诗中屡次表示："宋人不辨玉，鲁贱东家丘。我笑薛夫子，胡为两地游？黄金消众口，白璧竟难投。梧桐生蒺藜，绿竹乏佳实。凤凰宿谁家？遂与群鸡匹。"（《送薛九被谗去鲁》）"鲁国一杯水，难容横海鳞。仲尼且不敬，况乃寻常人。白玉换斗粟，黄金买尺薪。闭门木叶下，始觉秋非春。"（《送鲁郡刘长史迁弘农长史》）"尔从咸阳来，问我何劳苦。沐猴而冠不足言，身骑土牛滞东鲁。"（《单父东楼，秋夜送族弟沈之秦》）那么未来在何处呢？他郁闷之极，于是写下了《梁甫吟》一诗：

长啸梁甫吟，何时见阳春。
君不见朝歌屠叟辞棘津，八十西来钓渭滨。
宁羞白发照渌水，逢时壮气思经纶。
广张三千六百钩，风期暗与文王亲。
大贤虎变愚不测，当年颇似寻常人。
君不见高阳酒徒起草中，长揖山东隆准公。
入门不拜骋雄辩，两女辍洗来趋风。
东下齐城七十二，指挥楚汉如旋蓬。
狂客落魄尚如此，何况壮士当群雄！
我欲攀龙见明主，雷公砰訇震天鼓，

帝旁投壶多玉女，

三时大笑开电光，倏烁晦冥起风雨。

阊阖九门不可通，以额扣关阍者怒。

白日不照吾精诚，杞国无事忧天倾。

猰貐磨牙竞人肉，驺虞不折生草茎。

手接飞猱搏雕虎，侧足焦原未言苦。

智者可卷愚者豪，世人见我轻鸿毛。

力排南山三壮士，齐相杀之费二桃。

吴楚弄兵无剧孟，亚夫咍尔为徒劳。

梁甫吟，声正悲。

张公两龙剑，神物合有时。

风云感会起屠钓，大人岘屼当安之。

《梁甫吟》本是一首乐府诗，传为曾子所作。《琴操》曰：曾子耕泰山之下，天雨雪冻，旬月不得归。思其父母，作《梁山歌》。今存古辞乃题名为诸葛亮所作，其主题是伤齐相晏婴设计用二桃杀三士之事。李白此诗当为隐于徂徕山时游泰山下梁父山而作。此诗中所吟的人和事大多与齐鲁有关，如高阳酒徒郦食其，游说汉高祖，为汉高祖所用，他去游说齐王田广，不费一兵一卒而“东下齐城七十二”。又如诗中“侧足焦原未言苦”中的焦原，在古之莒国（今山东莒县南）。又如“力排南山三壮士，齐相杀之费二桃”之典，原出于诸葛亮《梁甫吟》：“力能排南山，文能绝地纪。一朝被谗言，二桃杀三士。谁能为此谋，相国齐晏子。”咏的也是齐地之事。这些都证明，此诗与泰山梁甫之地有关，是李白在东鲁隐居时所作。那么，为什么李白在这里要提《梁甫吟》中的“二桃杀三士”呢？因为他知道，当今的朝廷是李林甫为右相，正想尽一切办法将张九龄等贤士排挤出朝廷。当然，能“二桃杀三士”的人，也不仅是李林甫一人。朝中像张垍一类的小人，也都是害能嫉贤之辈。但李白毕竟是李白，还是相信自己才能的，他就像是西汉时的剧孟一样，如果没有剧孟的帮助，周亚夫虽然是个能干的将军，也不可能平定吴、楚之乱。诗中还说道，姜子牙隐居了十年，在渭水垂钓，想了许多办法引人注意，直等到八十岁才与文王风云际会。而张华所佩的青龙剑，与雷焕传于其子雷华的青龙剑，本是干将莫邪所铸的一对雌雄宝剑，张华死后，其剑不知踪影，直到雷华渡延平津时，他的宝剑跃入水中，与张华遗落的宝剑化作双龙，盘在一起，光彩照水，波浪惊沸。所谓“张公两龙剑，神物合有时”，以喻他是还有机会遇见明主的。说明他虽目前多难，但只是时机未到，李白对将来还是满怀着希望的。

李白在家闲不住。因元丹丘写信相邀，约他到颍阳山居，于是李白前往赴约。原来元丹丘应玉真公主之邀，要到长安去当长安大昭成观的威仪师，借机商议想要将李白通过玉真公主的关系推荐入朝的事情。李白便将自己以前所作的《大猎赋》及《大鹏遇希有鸟赋》做了精心的修改，并改名为《大鹏赋》，请元丹丘转交给玉真公主，请她转献给唐玄宗。李白送元丹丘至洛阳，作《凤笙篇》以送之。诗曰：

仙人十五爱吹笙，学得昆丘彩凤鸣。
始闻炼气餐金液，复道朝天赴玉京。
玉京迢迢几千里，凤笙去去无穷已。
欲叹离声发绛唇，更嗟别调流纤指。
此时惜别讵堪闻，此地相看未忍分。
重吟真曲和清吹，却奏仙歌响绿云。
绿云紫气向函关，访道应寻缑氏山。
莫学吹笙王子晋，一遇浮丘断不还。

此诗的大意是说，元丹丘十五岁时就爱吹笙，他练得一手好本领，吹得像昆仑山的凤凰鸣叫一样好听。又会练气、炼丹，如今被征召赴京去了。西京与这里几千里，他一去就可能不回来了。玉笙的音调充满了离别之情，他又吹别调加以咏叹。此种别离之曲令人难以承受，于是改吹仙乐，响彻青云。此次乘紫气去函谷关，可顺便去缑氏山访一访仙人王子晋。不过您若遇到浮丘公那样的神仙，不要因得道成仙就一去不还了。

这首诗借吹笙相送元丹丘去长安，暗喻希望他能打动玉真公主这位仙人，以完成替李白献赋给唐玄宗的愿望。

梁园待起

辞别了元丹丘后，李白乘坐着黄河上的帆船，一直来到荥阳（今河南荥阳市）的鸿沟[①]，登上了昔年刘邦与项羽对峙的楚河汉界，写下了《登广武古战场怀古》一诗。诗中，他对刘邦和项羽的评价是“楚灭无英图，汉兴有成功”两句话。就是说，楚霸王有勇无谋，汉高祖成功有方。诗末批评了阮籍所批评刘邦“时无英雄，遂使竖子成名”的话。李白说刘邦是拨乱反正的真正“豪圣”，而阮籍却是一个见解不太高明的“俗儒”。最后嘲笑阮籍说：“沉湎呼竖子，狂言非至公。抚掌黄河曲，嗤嗤阮嗣宗。”李白认为真正应该嘲笑的是阮籍，而不是刘邦。李白的评价是符合实际的。能够将秦国暴政进行拨乱反正，使人民安居乐业的人，才是顺应历史发展的真正英雄。

随后，李白又从广武山到黄河边通汴水的鸿沟坐船，向梁、宋而去。一路上观赏汴水两岸的名胜古迹，如汴州的信陵君，尉氏的阮籍，宋州的梁孝王、梁孝王的门客枚乘、司马相如等历史人物的踪迹，他们的形影像历史剧一样一幕幕地从他眼前掠过：

我浮黄河去京阙，挂席欲进波连山。

① 鸿沟，中国古代最早沟通黄河和淮河的人工运河。位于古代荥阳成皋一带（今河南郑州荥阳），楚汉相争时是两军对峙的临时分界线。

天长水阔厌远涉，访古始及平台间。
平台为客忧思多，对酒遂作梁园歌。
却忆蓬池阮公咏，因吟渌水扬洪波。
洪波浩荡迷旧国，路远西归安可得？
人生达命岂暇愁，且饮美酒登高楼。
平头奴子摇大扇，五月不热疑清秋。
玉盘杨梅为君设，吴盐如花皎白雪。
持盐把酒但饮之，莫学夷齐事高洁。
昔人豪贵信陵君，今人耕种信陵坟。
荒城虚照碧山月，古木尽入苍梧云。
梁王宫阙今安在？枚马先归不相待。
舞影歌声散渌池，空余汴水东流海。
沉吟此事泪满衣，黄金买醉未能归。
连呼五白行六博，分曹赌酒酣驰晖。
歌且谣，意方远，
东山高卧时起来，欲济苍生未应晚。

这首《梁园吟》，一名《梁园醉酒歌》，是李白很重要的一首诗。它到底是李白什么时候作的，它所说的梁园指的是哪里，都是有争议的。詹锳先生在《李白诗文系年》中认为，此诗作于天宝四载（745年）李白初出京师而访梁、宋时。郁贤浩在《李太白全集校注》中则认为，此诗是李白入长安后于开元二十一年（733年）东游梁、宋之作。而安旗《李白全集编年注释》认为，此诗作于开元十九年（731年）李白入长安后去长安东游梁、宋时所作。而笔者认为，此诗应作于李白在开元末年游洛阳后，辞别洛阳回东鲁路过梁、宋时所作。此诗的“我浮黄河去京阙”的“京阙”二字，不是指长安，而是指洛阳。因为长安是不能直接乘黄河之舟到达梁、宋的。从长安到洛阳，行人多是走陆路，很少走水路的。要走水路，必须经渭水、入黄河，必经三门峡，三门峡有人、神、鬼三门，是黄河极险之处。一般人是不会乘船经此水路的。而在洛阳北的河阴坐船，沿黄河到巩县鸿沟，再转汴水走梁、宋之东鲁，是最顺的水路。所以“京阙”二字应指的是洛阳。二是此诗所作之地的问题。应该是作于到达宋州的平台，即梁孝王所筑的梁园。但此诗所写之景之事，是由梁（开封）至宋（商丘）之间的动态描写，所写的范围不止是宋州的梁孝王的睢阳梁园，还包括大梁开封的梁苑。所以你再看这首诗，写的有开封的信陵君墓、阮籍所咏的尉氏县的蓬池和商丘梁园的平台等古迹和遗址等。所以，说《梁园吟》所写所咏仅仅是宋州梁园一地的风景和事情，是不全面的。它还应包含汴州大梁城的古梁苑才对。这也应了传说中梁园之大有三百余里，东至商丘，西至高阳之说。

此诗从内容上来说，是李白感慨关于梁苑和梁园历史古今的变迁和人物更迭的历史故事，表现出诗人的怀古之情以及时不我待的伤感。诗中的“旧国”二字指的是京城和朝廷，“西归”二字指李白西入长安和洛阳二地的经历。他的两次入京（西京和东京）求仕之行都失败了，感到已无路可走，而青春却像汴水入海一样逝去了。但李白此时毕竟还处于大唐盛世，他虽然感到仕途艰难、时运不好，但还是觉得所遇到的这些艰险和挫折阻挡不了他前进的步伐，希望还在前头。故末二句说：“东山高卧时起来，欲济苍生未应晚！”李白对未来还是充满信心的，他要待机而起，在此诗中以明己志。

在宋州的梁园，李白与老朋友岑勋相聚于清泠池上，还有他的一位名叫李清的叔祖。他们一起游赏了当地的梁园遗址，后来岑勋和李清都要回洛阳附近的陆浑县鸣皋山，李白给他们各赠《鸣皋歌送岑征君》和《鸣皋歌奉饯从翁清归五崖山居》诗以送别。之后，李白就回到了东鲁家中。

泰山仙游

天宝元年（742年）四月，李白约竹溪六逸的朋友们一起登泰山，他们从当年唐玄宗到泰山封禅的御道上山。其路线是，从岱宗坊出发开始登山，一路青石磴道，路过斗姆宫、经石峪、回马岭、中天门、云步桥、五大夫松、十八盘、升仙坊，到达南天门。从南天门向东走天街至碧霞祠，然后到玉皇顶。再由玉皇顶向东北走，到达日观峰。李白在登泰山途中，写了《游泰山》六首诗。

第一首云：

四月上泰山，石平御道开。
六龙过万壑，涧谷随萦回。
马迹绕碧峰，于今满青苔。
飞流洒绝巘，水急松声哀。
北眺崿嶂奇，倾崖向东摧。
洞门闭石扇，地底兴云雷。
登高望蓬瀛，想象金银台。
天门一长啸，万里清风来。
玉女四五人，飘飖下九垓。
含笑引素手，遗我流霞杯。
稽首再拜之，自愧非仙才。

旷然小宇宙，弃世何悠哉。

第一首主要写的是登山的过程。李白所看到的御道，就是开元十三年（725年）唐玄宗泰山封禅时所走的路。刚开始登山时还是很好走的，但是后来上山的石磴越来越陡，路上的山涧绕着山道，一会儿转向左，一会儿又转向右。山涧上搭着许多石桥，任凭涧水从下流过。有些地方还可以看到前人骑马上山时在石道上留下的马蹄印，现已长满了青苔。走过中天门后，石道的两旁都是青松夹道，瀑布飞洒，即“飞流洒绝巘，水急松声哀”。过了云步桥，登上了十八盘，爬得越来越高，直登南天门。在天门处向远处望去，“登高望蓬瀛，想象金银台。天门一长啸，万里清风来”。这风景，这气魄是何等的壮观豪迈！此时李白展开了想象，仿佛有四五个仙女从天而下，来迎接诗人的到来。

第二首云：

清晓骑白鹿，直上天门山。
山际逢羽人，方瞳好容颜。
扪萝欲就语，却掩青云关。
遗我鸟迹书，飘然落岩间。
其字乃上古，读之了不闲。
感此三叹息，从师方未还。

这首写的是遨游仙境。说他是骑着仙人的白鹿上到南天门的，在山上遇到了长相奇特的羽人，诗人想就前说话，可是忽然一阵云雾过来，他们就不见了。他们送给诗人“鸟迹”般的神仙书信，飘落在山岩间，这些像上古文一样的字他都不认识，为此诗人十分感叹。

第三首云：

平明登日观，举手开云关。
精神四飞扬，如出天地间。

黄河从西来，窈窕入远山。
凭崖览八极，目尽长空闲。
偶然值青童，绿发双云鬟。
笑我晚学仙，蹉跎凋朱颜。
踌躇忽不见，浩荡难追攀。

这一首写的是诗人在日观峰登高远望的情景。仿佛是手开天关，拨开了云雾，眼前的视野突然开阔起来，精神也为之一振。只见北面的黄河从西而来，逐渐在远山中消失了。李白在此处可以远眺八荒，目尽长空。这前八句诗人登高望远的诗句，把泰山上所见到的雄伟景象和诗人雄阔的精神境界都写了出来，是写泰山的名句，非常动人心魄。而后六句，诗人又进入幻想之中，看到了绿发双鬟的仙童来到面前，笑他学仙太晚了，岁月蹉跎，容貌已衰老。他正要上前与之答话，仙童突然就不见了。这种欲隐欲现的写法，愈发引起读者的想象，让人欲罢不能。

第四首云：

清斋三千日，裂素写道经。
吟诵有所得，众神卫我形。
云行信长风，飒若羽翼生。
攀崖上日观，伏槛窥东溟。
海色动远山，天鸡已先鸣。
银台出倒景，白浪翻长鲸。
安得不死药，高飞向蓬瀛。

这首诗写的是诗人想象自己在泰山修仙学道已有多日，仿佛学仙已有所成。因学道有得，故得众神的护卫，还觉得忽然身生羽翼，可以随长风而行了。在日观峰上他看见东方的大海，只见大海和远山在眼前涌动，仿佛听到了东海仙山上的天鸡在鸣叫，看到了神仙宫殿金银台的倒影在海水上晃动，以及驰海的长鲸在冲浪而行。诗人心想，要是能得到不死之药，飞到海中的蓬莱、瀛洲、方壶三仙岛去做神仙，那该有多好啊。此诗写诗人在泰山之上充满了仙神的幻想，而这种幻想增添了诗歌的浪漫情调。

第五首云：

日观东北倾，两崖夹双石。
海水落眼前，天光遥空碧。
千峰争攒聚，万壑绝凌历。
缅彼鹤上仙，去无云中迹。
长松入霄汉，远望不盈尺。
山花异人间，五月雪中白。
终当遇安期，于此炼玉液。

这首诗是写诗人站在日观峰遥望东海而产生的想象。远方是海水和天光，千峰和万壑罗列在眼前，天上的仙人骑着白鹤在云中飞逝而去。远山上的长松高耸入云，看上去却矮不盈尺。泰山顶上虽已是五月，但天气还冷，已有亮丽的山花在雪中开放。诗人很想在这里炼丹修仙，期盼着仙人安期公能够到来，于此给他传授炼丹之术，炼出长生不老的仙丹玉液。

第六首云：

朝饮王母池，暝投天门关。
独抱绿绮琴，夜行青山间。
山明月露白，夜静松风歇。
仙人游碧峰，处处笙歌发。
寂静娱清辉，玉真连翠微。
想象鸾凤舞，飘飖龙虎衣。
扪天摘匏瓜，恍惚不忆归。
举手弄清浅，误攀织女机。

明晨坐相失，但见五云飞。

这一首写的是李白夜游泰山，在山中遇仙的故事。他手携绿绮琴登山，一路上月明露白，夜色迷人。由仙人带路，在仙乐声中，山中的仙女飘然而舞，身着龙虎衣的仙人也簇拥着他一道登上了泰山的最高处。在恍惚之中，诗人仿佛在以手扪天，上摘星斗；又举手去掬弄天河之水，而不小心碰到了天河边织女的织机。这种升天得道的感觉实在是太美妙了。可是天明之后，一切都消失不见了，见到的却是五色彩云在天空飘飞。

这六首诗是一组游仙诗，从另一个角度上来看，也算作是李白在游泰山时的白日仙人梦。泰山在中国文化中就是一座道教圣山，后来全国各地都建有泰山庙，崇拜东岳大帝，由此可见泰山在道教中的神山地位。泰山上有王母池、斗姆宫、碧霞元君祠、泰岳庙，又有王母、碧霞元君、东岳大帝这些道教中传说的神仙。再加上唐玄宗在开元十三年（725年）来泰山封禅和朝拜泰山，开元末年又大力推行道教与道教文化。李白又是一个深受道家和道教影响的诗人，所以他游泰山时就用道教的仙人和仙女的想象，来营造泰山的仙境气氛，这是非常符合李白好道慕仙思想的。从文学手法上来讲，他的这些游仙诗充满了浪漫的想象和优美的神仙境界，这给他的诗增添了浪漫情趣，同时也寄托了他向往和追求自由美好生活的愿望。

长安风云

李白终于迎来了入长安的诏书，他仰天大笑，出门而去。紫极宫中，秘书监贺知章称其诗为惊天地、泣鬼神之作，并誉称李白为“谪仙人”。玄宗诏其为翰林供奉，但仅将李白当作御用文人看待。在沉香亭畔，为太真妃作《清平调词三首》时，太真侍酒、皇帝抚笛、李龟年歌唱，李白从此名扬天下。后为小人所谮，被玄宗“赐金放还”。翰林时期李白最大的收获，是在诗坛上赢得了盛名，也了解了官场的腐败与堕落。

奉诏入京

李白回到南陵家中以后，休息了一段时间。八月的一天，李白正在院子中喝着小酒，看着女儿平阳、儿子伯禽在面前嬉戏，几只黄鸡在慢悠悠地找食吃。这时，州里的几位官员和一位朝廷使者忽然来到李白家门前。为首的官员向李白道喜，说朝廷已下征诏，请李白应诏入京。李白接过诏书，高兴得手舞足蹈，向来使和众人谢过，并摆酒、烹鸡，设家宴招待众人。客人走后，李白就濡墨挥毫，写下了《南陵别儿童入京》一诗：

白酒新熟山中归，黄鸡啄黍秋正肥。
呼童烹鸡酌白酒，儿女嬉笑牵人衣。
高歌取醉欲自慰，起舞落日争光辉。
游说万乘苦不早，著鞭跨马涉远道。
会稽愚妇轻买臣，余亦辞家西入秦。
仰天大笑出门去，我辈岂是蓬蒿人。

真是天不枉李白之大才，终于等来了天子的征召。李白在以后的诗中，也提到了这次征召："白日在高天，回光烛微躬。恭承凤凰诏，欻起云萝中。"（《东武吟》）说明确实是朝廷向他下的诏书，而不只是得到了什么人给他的入京消息。开元二十九年（741年），唐玄宗已经开始大肆开展崇道活动，制两京诸州各置玄元皇帝庙，画玄元皇帝像，而以高祖、太宗、高宗、中宗、睿宗五像陪祀。并置崇玄学，置生徒令习《老子》《庄子》《文子》《庚桑子》；天宝元年（742年），追赠庄子为南华真人，文子为通玄真人，列子为冲虚真人，庚桑子为洞虚真人，四子之著作改为真经，崇玄学置博士、助教各一员，学生一百人。所以，这次征召可能与玄宗的崇道活动有关。再者，天宝元年正月，皇帝下诏："前资官及白身人有儒学博通、文辞秀逸及军谋武艺者，所在具以名荐。京文武官才堪为刺史者各令封状自举。"（《旧唐书·玄宗下》）李白的这次被征召，很可能就是玉真公主及贺知章等人向朝廷推荐的结果。

李白在这首诗中说："游说万乘苦不早，著鞭跨马涉远道。"为什么说他要向皇帝游说呢？这说明李白是应制诏举而去。制举和一般的科举不同，它是皇帝诏用特殊人才的非常规考试。如果应试制举得胜，皇帝可破格任用。这个应诏人可以是原来有官职的，也可以是"白身人"即平民百姓。李白没有考过科举，也没有当过官，所以他是以"白身人"的身份应诏的，当属于"文辞秀逸"科的一种。有了这资格，便可以直面天子，应天子之试。这比考科举要荣耀多了，中试的概率也高多了。

诗中还说："会稽愚妇轻买臣，余亦辞家西入秦。"这里的会稽愚妇，指的就是刘氏，她的行为就像是汉代的朱买臣之妻一样，因朱买臣好读书而家贫，其妻不能忍其贫穷离婚而去。后朱买臣做了官，回到家乡，其妻要求复婚。朱买臣让她在马前泼水，再让她将所泼之水收入盆中，若能满盆，就能复婚。但覆水难收，其前妻十分后悔。所以李白就称刘氏为"会稽愚妇"。李白这首诗中的最后二句"仰天大笑出门去，我辈岂是蓬蒿人"，是李白平生最快意的诗句，他终于可以从一个草根白衣之士，转身成为皇上的座上客了，岂能不为之高兴？但这也反映出了李白热衷功名、得意忘形的心态。

李白告别了南陵的儿女，将他们交给鲁姑来照顾，自己便扬鞭策马，西入长安去了。

名尊谪仙

李白沿着从东鲁通向洛阳和长安的大道快马驰骋，不到半个月即到了长安，被安排住在金马门。虽然是奉皇命以最快的速度来到京城，但是来到以后，皇帝并没有急着要召见他，好像是把他忘了似的，让李白在馆舍中坐冷板凳。李白于是打算去找元丹丘和玉真公主。在街上，他忽然遇到了乡人王炎。王炎也是到长安来寻出路的，但是在长安住了好几年也不得其门而入，于是打算回故乡成都。李白在长安的金光门外设宴送别，二人举酒纵饮。听了王炎在京城的遭遇，李白十分感慨。成都至长安有二千一百里，其中多是高山大川，道路崎岖难行，特别是剑门关外蜀道这一段路，尽是绝壁栈道，非常难走，稍不小心就会掉进万丈深渊。那剑门关更是一个险恶的去处，可以说是一夫当关，万夫莫开，历史上常被割据者把持，将蜀地与中原割裂开来，形成分裂、割据之势。对大唐的一统江山来说，那就更危险了。于是《蜀道难》的曲调，就开始在李白心中盘旋。于此之机，一下子喷发出来：

噫吁嚱，危乎高哉！
蜀道之难，难于上青天。
蚕丛及鱼凫，开国何茫然。
尔来四万八千岁，不与秦塞通人烟。
西当太白有鸟道，何以横绝峨眉巅。

地崩山摧壮士死，然后天梯石栈相钩连。
上有六龙回日之高标，下有冲波逆折之回川。
黄鹤之飞尚不得过，猿猱欲度愁攀援。
青泥何盘盘，百步九折萦岩峦。
扪参历井仰胁息，以手抚膺坐长叹。
问君西游何时还，畏途巉岩不可攀。
但见悲鸟号古木，雄飞雌从绕林间。
又闻子规啼夜月，愁空山。
蜀道之难，难于上青天，使人听此凋朱颜。
连峰去天不盈尺，枯松倒挂倚绝壁。
飞湍瀑流争喧豗，砯崖转石万壑雷。
其险也若此，嗟尔远道之人胡为乎来哉！
剑阁峥嵘而崔嵬，
一夫当关，万夫莫开。
所守或匪亲，化为狼与豺。
朝避猛虎，夕避长蛇。
磨牙吮血，杀人如麻。
锦城虽云乐，不如早还家。
蜀道之难，难于上青天，侧身西望长咨嗟。

从体裁上来看，它不像是一首诗，反倒像是一篇赋；从给人的印象来说，它不像诗也不像赋，而更像一曲节奏多变、音声铿锵的交响乐。总之，是一篇古来少有的乐府诗。怪不得唐人殷璠评价李白此诗说：“其为文章，率皆纵逸，至如《蜀道难》等篇，可谓奇之又奇。自骚人以还，鲜有此体调也。”（《河岳英灵集》卷上）

此诗本着南朝诗人阴铿的《蜀道难》“蜀道难如此，功名讵可要”之旨，运用历史故事、神话传说、诡奇想象，极写蜀道之艰险。

此诗的特点，正在一个奇字。其表现其一为喻义奇。本诗喻义，众说纷纭，多揣测之辞。此喻义共有六说：“刺严武”说、“刺章仇兼琼”说、“讽玄宗入蜀”说、“讽友人还家”说、“喻仕途艰险”说和“蜀人自为蜀咏”说等。而其前三说均无历史根据，或与事实不相符。后三说都有一定道理，但也不尽是。窃以为还可以加上“喻人生道路难行”说和忧虑蜀地容易割据分裂说。但这些都是后人读李白诗的个人见解，不一定都符合李白原意。诗无达诂，于此诗为甚。其二是结构奇。此诗以蜀道难的难字贯通全篇。诗中三呼“蜀道之难，难于上青天”，由自然及人事，以情感为主线层层推进，大气磅礴，一气贯通，意随情转，象由意生，沿着一个“难”字逐渐展开。这些难关有自然界的，也有人事的，如无路之难、山川之险、有路之后的行路之难，还有关隘之难，这些从自然到人事等之难，层层递进，一步步地将蜀道之难推向了高峰。其三是手法奇。此诗李白调动了多种艺术表现手法，如神话传说、历史典故、民间谣谚。既有静态的画面，也有动态的音乐，从视觉、听觉、触觉、心理描写等角度展开全面描绘，纵横交错，轮番使用。其四是造语奇。此诗中用了前所未有的比喻和夸张，如“所守或匪亲，化为狼与豺”“连峰去天不盈尺”等。在句式方面，有三言、四言、五言、七言、九言和十一言等，长短错落，节奏变化多端。其五是气势奇。此诗是一首乐府长篇，构思奇特，想象丰富，寄寓深刻，惝恍莫测，体制恢宏，诗思奇纵，音节错综，声调铿锵，确实是李诗七言乐府歌行的代表作。此诗一出，遂将李白之前的乐府歌行比得黯然失色。贺知章听了此诗，情不自禁地惊呼“此诗可以惊天地泣鬼神矣！”（《本事诗》）殷璠在《河岳英灵集》中也止不住盛赞此诗“自骚人以还，鲜有此体调也”。此非夸张之说，实是李白名至而实归。

与此同时，李白还写了送王炎的一首五律诗，名为《送友人入蜀》：

见说蚕丛路，崎岖不易行。
山从人面起，云傍马头生。
芳树笼秦栈，春流绕蜀城。
升沉应已定，不必问君平。

此诗前四句写蜀道之难，五六句写蜀中之美，尾联写仕路升沉已定，不必请成都严君平来算命了。看来，王炎这次回乡是因为落第之故，李白这是在安慰朋友，不要过于伤心。

李白从金光门送别王炎回城后，便向城中辅兴坊中玉真女冠观去拜访。但没有见着玉真公主，说她已经出京到济源的玉阳山别馆去了。李白又向长安大宁坊紫极宫走去，要参拜老子的真容。据说这幅老子像，是在终南山楼观台发现的。玄宗派人到楼观台取来，置放在紫极宫。这幅被尊为玄元皇帝的老子画像，与唐代流行的老子画像没有多少不同，只是银须飘洒、吴带当风，多了几分神仙飘逸之气，是画像中的上品。但好像是做旧了，像是从古代流传下来的。李白正在品味老子画像，后面忽有一位老者走上前来，问道：莫非是太白先生？李白回拜：在下正是。敢问先生……老者回答：老夫乃贺知章也！李白听了忙揖拜。二人同声道：我仰慕您好久了！贺知章拉着李白到西市的一家酒肆里喝酒，一叙相见恨晚之情。贺知章问李白有什么新作，李白将送别王炎去西蜀的《蜀道难》一诗给贺知章看。贺知章老眼昏花，贴着纸看了好几遍，还是看不大清楚。李白说还是给您吟诵一遍吧。于是用他的蜀腔蜀调，吟诵了一通。贺知章几次听到“蜀道之难，难于上青天”处时大声叫好，更情不自禁地惊呼“此诗可以惊天地泣鬼神矣！”（《本事诗》），还称李白乃“谪仙人”也。二人喝过酒后，都争着付钱，可是一摸腰包，二人都没有带钱，贺知章只好解下腰间佩饰小金龟，以抵押酒钱，即所谓“金龟换酒”典故是也。贺知章是位极三品的秘书监，秘书省的最高长官，经他这么评价后，李白“谪仙人”的美称很快就传遍了京城。

上朝时，贺知章将李白已奉诏来到长安、在金马门待诏的事奏给了玄宗，并将李白所作的《蜀道难》等诗卷，也一并呈上。玄宗看后大悦，立刻就宣李白上殿。小太监牵着一匹御马急步快走，来到金马门馆舍，宣李白进宫。李白上了御马，从丹凤门直入，连马都没有下，直接骑向大明宫。李白这是第一次进入大明宫内，巍峨的大明宫含元殿就在眼前。含元殿坐落在龙首原上，高达数十丈，两边还有东西两座配殿，东曰“翔鸾”，西曰“栖凤”，殿前的金水河架着两座汉白玉的石桥。过了桥还要经过九十九道台阶，才可到达含元殿。不过这一次李白并没有登上含元殿，因为含元殿只有在节庆日大朝时，皇帝和文武百官方才在此朝贺。小太监牵着李白的御马绕过含元殿，从其侧走上龙首原的高岗，向含元殿之后的麟德殿走去。来到麟德殿前才下了马，太监让李白在殿下等着。太监禀报之后，才大喊一声，宣李白进殿！李白这才走上殿来拜见皇上。只见玄宗已走出殿门，下了三台御阶，向李白走来。李白赶快上前走了几步，迎上前去，向玄宗参拜：草民李白参见陛下！玄宗忙搀起李白，说：爱卿免礼。随后，玄宗手挽李白衣袖说道："卿是布衣，名为朕知，非素蓄道义，何以至此。"皇上身边的大臣见圣上如此厚待李白，都纷纷跪拜，齐道："庆贺吾皇喜纳贤才，吾皇万岁！万万岁！"李白顿时也觉得浩气凌云，如列仙班。李白趁机向皇帝献上了《宣唐鸿猷》《大猎赋》及《大鹏赋》等赋文。玄宗大喜，便宣李白为翰林待诏，住翰林院听候御旨。

李白入翰林待诏的消息立即传遍了长安城，都说长安来了个"谪仙人"，被皇帝封了官，入了翰林院。于是李白的《大鹏赋》《鸿猷》文等作，连同李白的《蜀道难》等诗，便在长安传播开来，脍炙人口。唐人任华在《杂言寄李白》诗中说："《大鹏赋》、《鸿猷》文，嗤长卿，笑子云。"李白的《蜀道难》也成了当时长安城议论的焦点。

李白成了长安的名人，于是许多达官贵人争相与之交往，过去根本不认识的人也都成了李白的故人。李白马蹄得得，不是到东边的大人家喝酒，就是到西边的达官家赴宴，喧闹得不亦乐乎。

笑傲公卿

李白在任翰林待诏的前期，确实得到了唐玄宗的宠爱，皇家中有许多宴会都请李白参加。一次，玄宗在大明宫蓬莱池与杨太真举行宴会，请李白前去作诗。李白带着酒兴前去参加。当时的场面很大，有百官赴宴。先由杨太真率领三千歌女跳了场面盛大的《霓裳羽衣舞》，赢得了一片叫好声。玄宗也十分得意，让李白当场作诗一首，为宴会助兴。李白接过了御酒，一饮而尽，遂作《春日行》。诗曰：

深宫高楼入紫清，金作蛟龙盘绣楹。
佳人当窗弄白日，弦将手语弹鸣筝。
春风吹落君王耳，此曲乃是升天行。
因出天池泛蓬瀛，楼船蹙沓波浪惊。
三千双蛾献歌笑，挝钟考鼓宫殿倾，
万姓聚舞歌太平。
我无为，人自宁。
三十六帝欲相迎，仙人飘翩下云軿。
帝不去，留镐京。
安能为轩辕，独往入窅冥。
小臣拜献南山寿，陛下万古垂鸿名。

这首诗是一首颂圣的应制诗，李白将当时的热闹场面、华丽的歌舞写得非常生动活泼，诗后的祝福献寿之辞更中玄宗下怀，李白当场就受到了皇上的赏赐和太真娘娘的喜欢，李白当时也感到十分荣幸。

过了不久，玄宗游兴庆宫，李白侍从左右。兴庆宫是玄宗的龙兴之地，玄宗经常去。在游兴庆宫时，玄宗见龙池边的柳色青青，新莺鸣叫，觉得春光大好，便让李白赋诗，李白作《侍从宜春苑，奉诏赋龙池柳色初青、听新莺百啭歌》诗一首：

东风已绿瀛洲草，紫殿红楼觉春好。
池南柳色半青青，萦烟袅娜拂绮城。
垂丝百尺挂雕楹，上有好鸟相和鸣，
间关早得春风情。
春风卷入碧云去，千门万户皆春声。
是时君王在镐京，五云垂晖耀紫清。
仗出金宫随日转，天回玉辇绕花行。
始向蓬莱看舞鹤，还过茝若听新莺。
新莺飞绕上林苑，愿入箫韶杂凤笙。

又有一首《阳春歌》也是写于此时。

长安白日照春空，绿杨结烟桑袅风。
披香殿前花始红，流芳发色绣户中。
绣户中，相经过。
飞燕皇后轻身舞，紫宫夫人绝世歌。
圣君三万六千日，岁岁年年奈乐何。

在天宝初年，李白写了大量的歌功颂德、粉饰太平的颂美之辞。此外，李白还在宫中奉诏写了《宫中行乐词》八首：

其一

小小生金屋，盈盈在紫微。
山花插宝髻，石竹绣罗衣。
每出深宫里，常随步辇归。
只愁歌舞散，化作彩云飞。

其二

柳色黄金嫩，梨花白雪香。
玉楼巢翡翠，珠殿锁鸳鸯。
选妓随雕辇，征歌出洞房。
宫中谁第一？飞燕在昭阳。

其三

卢橘为秦树，蒲桃出汉宫。
烟花宜落日，丝管醉春风。
笛奏龙鸣水，箫吟凤下空。
君王多乐事，还与万方同。

其四

玉树春归日，金宫乐事多。
后庭朝未入，轻辇夜相过。
笑出花间语，娇来烛下歌。
莫教明月去，留着醉姮娥。

其五

绣户香风暖，纱窗曙色新。
宫花争笑日，池草暗生春。
绿树闻歌鸟，青楼见舞人。
昭阳桃李月，罗绮自相亲。

其六

今日明光里，还须结伴游。

春风开紫殿，天乐下珠楼。
艳舞全知巧，娇歌半欲羞。
更怜花月夜，宫女笑藏钩。

其七

寒雪梅中尽，春风柳上归。
宫莺娇欲醉，檐燕语还飞。
迟日明歌席，新花艳舞衣。
晚来移彩仗，行乐好光辉。

其八

水绿南薰殿，花红北阙楼。
莺歌闻太液，凤吹绕瀛洲。
素女鸣珠佩，天人弄彩球。
今朝风日好，宜入未央游。

这八首词，其实是八首五言律诗。都说李白不擅长写律诗，可这八首五律写得格律严谨、字正腔圆、锦绣成团。而且这些五律还是在酒醉中文不加点、一气呵成的。由此可见李白写五律的功力，不在杜甫、王维、孟浩然之下。唐人孟棨《本事诗·高逸》：“（玄宗）尝因宫人行乐，谓高力士曰：‘对此良辰美景，岂可独以声伎为娱？倘时得逸才词人吟咏之，可以夸耀于后。’遂命召白……上知其薄声律，谓非所长，命为《宫中行乐》五言律诗十首，白顿首曰：‘宁王赐臣酒，今已醉。倘陛下赐臣无畏，始可尽臣薄技。’上曰：‘可。’即遣二内臣腋扶之，命研墨濡笔以授之。又令二人张朱丝栏于其前，白取笔抒思，略不停缀，十篇立就，更无加点。笔迹遒利，凤跱龙拏。律度对属，无不精绝。”五代王定保《唐摭言》卷一三也记有此事：“开元（当是天宝之误）中，李翰林应诏草《白莲花开序》及宫词十首。时方大醉，中贵人以冷水沃之。稍醒，白于御前索笔一挥，文不加点。”所谓十首，今已佚二首，仅存八首。这八首诗不仅文采俊秀，清人纪昀曰：“丽语难于超妙，太白故是仙才。”（《瀛奎律髓汇评》卷五引），而且其诗中喻有讽谏之意。明人汪瑗《李诗五言辩律》序中说：“夫太白秉天纵之资，积渊泉之学，每欲以恢复大雅自任，故平生不喜作律诗，非不能律也。后人不谅，遂谓太白为偏才，长于古，不长于律。而选李诗者亦多草草此编，虽仅百余首，然对偶精妙，音韵铿锵，众体咸备，莫不合格。雄浑悲凉之句，互见递呈，其《宫中行乐词》八首，非特辞调可爱，寓意深婉，深得国风讽谏之体，尤非他人所能及者。孰谓《三百篇》之后，独杜少陵也欤哉？孰谓太白不闲于律为一偏之才也欤哉？”喻文鏊《考田诗话》说：“至《宫中行乐词》，一曰：‘君王多乐事，还与万方同’，一曰：‘宫中谁第一？飞燕在昭阳’，一曰：‘只愁歌舞散，化作彩云飞’。即规讽之，又深警之。徒以玉楼、金殿、翡翠为艳词，则失之矣。”这些评价，都是很有见解的。

李白还随皇帝在上林苑、宜春院、温泉宫、曲江池等流连，为玄宗写了不少颂诗，深为玄宗所喜。这一时期，他真成了皇帝的御用文人了。一开始他还有些沾沾自喜，颇以为荣，并以受皇帝恩宠，也以这种待诏翰林的生活自傲。李白后来回忆起这时的生活，说：“昔在长安醉花柳，五侯七贵同杯酒。气岸遥凌豪士前，风流肯落他人后”（《流夜郎赠辛判官》），“汉家天子驰驷马，赤车蜀道迎相如。天门九重谒圣人，龙颜一解四海春。彤庭左右呼万岁，拜贺明主收沉沦。翰林秉笔回英眄，麟阁峥嵘谁可见？承恩初入银台门，著书独在金銮殿。龙驹雕镫白玉鞍，象床绮席黄金盘。当时笑我微贱者，却来请谒为交欢”（《赠从弟南平太守之遥二首》其一）。但是日子久了，李白便觉得这与他致身卿相，辅佐明主，致君尧舜的政治理想相违背，也觉得这样的生活态度有辱于自己的本性和人格。于是，他经常酒隐闹市，常常借酒浇愁，喝得醉醺醺的，对以后奉诏为皇帝作诗及与王公大人的陪酒游戏不那么感兴趣了，有时甚至故作酒醉而不愿应诏，对权贵们的邀请也加以拒绝了。

李白作为翰林院供奉，平日只为皇帝写些诗文，但他有时也会做些正事。如李阳冰《草堂集序》中说李白“出入翰林中，问以国政，潜草诏诰，人无知者”。魏颢《李翰林集序》中说，李白还为玄宗草过《出师诏》，“不草而成”，出手快捷。据说唐玄宗对其还有任中书舍人的打算。“上皇豫游，召白，白时为贵门邀饮，比至，半醉，令制《出师诏》，不草而成。许中书舍人，以张垍谗逐”（出处见上），指明了进谗言的小人是张垍。此人是李白的老对头，他几次设计阻挡李白的入仕路，说李白的坏话。

此外，民间还流传有李白“草答蕃书”及让高力士脱靴、杨国忠磨墨的传说。这些传说虽然不怎么可靠，但颇能说明李白藐视权贵的性格。“草答蕃书”见唐人范传正《唐左拾遗翰林学士李公新墓碑》：“天宝初，召见于金銮殿，玄宗明皇帝降辇步迎，如见园、绮。论当世务，草答蕃书，辩如悬河，笔不停缀。玄宗嘉之，以宝床方丈赐食于前，御手和羹，德音褒美，褐衣恩遇，前无比俦。遂直翰林，专掌密命。”唐人刘全白《唐故翰林学士李君碣记》也说：“天宝初，玄宗辟翰林待诏，因为《和蕃书》，并上《宣唐鸿猷》一篇。”这说明李白“草答蕃书”还是有其事的。李白是懂得一些西域的语言和月氏文的，如李白有诗中写道：“鲁缟如玉霜，笔题月支（即月氏）书。寄书白鹦鹉，西海慰离居。行数虽不多，字字有委曲。天末如见之，开缄泪相续。”（《寄远十二首》其十）既然李白能“笔题月支书”远寄“西海”“天末”的朋友，说明他的确是懂得一些西域的语言文字的。“月支书”，是指西域的吐火罗文，“西海”是指中亚地区“伊塞克湖”或“咸海”的。李白懂得月氏语，得益于他出身于一个有西域背景的家庭，或是身世与西域有关。也就是说，李白能“草答蕃书”，并非空穴来风。至于使力士脱靴，是见于两《唐书》正史的。《旧唐书·李白传》：“尝沉醉殿上，引足令高力士脱靴。”《新唐书·李白传》上也说：“白尝侍帝，醉，使高力士脱靴。力士素贵，耻之，擿其诗以激杨贵妃，帝欲官白，妃辄沮止。”这说明李白曾恃玄宗之势，令高力士脱靴，也是可能发生的。

天宝二年（743年），王昌龄因公事到长安，与李白相会。王昌龄约大李白三四岁，开元十五年（727年）中进士，补秘书省校书郎。开元二十二年（734年）登博学宏词科，超绝群类，授汜水尉。开元二十七年（739年），贬岭南，其年冬出任江宁丞。他在早年曾到过西北边陲，其边塞诗多写于此时。最著名的有《从军行七首》《出塞二首》等，擅长写七言绝句。如：

《从军行七首》其四

青海长云暗雪山，孤城遥望玉门关。
黄沙百战穿金甲，不破楼兰终不还。

《从军行七首》其五

大漠风尘日色昏，红旗半卷出辕门。

前军夜战洮河北，已报生擒吐谷浑。

《出塞二首》其一

秦时明月汉时关，万里长征人未还。

但使龙城飞将在，不教胡马度阴山。

王昌龄这些边塞诗，可以说已起盛唐边塞诗之先声，比高适、岑参等人的边塞诗写作年代都要早些，影响也大些。时人称王昌龄为“诗家夫子王江宁”。李白与王昌龄大约在开元二十七年（739年）时，在巴陵见过面，王昌龄有《巴陵赠李十二》诗可证。此次在长安相见，实是故友重逢。他们谈起了西北边陲的形势。

唐玄宗在开元时期就十分重视边防问题，尤其对西北和东北的边陲地区十分关心。而吐蕃和吐谷浑对西北地区的侵扰和对丝绸之路的骚扰破坏，更被他当作心中的大患，并因此曾在西北多次用兵。据《资治通鉴》卷二一五记载，天宝元年（742年），唐朝直接管辖的州有331个，羁縻州有800个，置十节度、经略使以备边，有安西、北庭、河西、朔方、河东、范阳、平卢、陇右、剑南、岭南十道节度使。主要的防区有西北和东北地区，守备西北地区的安西、北庭、河西、朔方、陇右五个节度使府，共有兵力25万6700人；守备东北地区的河东、范阳、平卢三个节度使府，共有兵力18万3600人；西南地区的剑南节度使府，有3万900人；岭南节度使府有兵力1万5400人。全国的边境之兵约有49万人，而西北和东北两个地区的边防军约占边兵总量的90%。唐玄宗连年用兵于西北和东北，消耗极大，《通鉴》说“开元之前，每岁供边兵衣粮，费不过二百万。天宝之后，边将奏益兵浸多。每岁用衣千二十万匹，粮百九十万斛。公私劳费，民始困苦矣”。当然，边防用兵的问题是十分必要的，但若连年用兵，其开支也是十分巨大的，国力的负担十分沉重。所以，边塞诗歌总的基调是十分悲壮的。但在开元时期和天宝初期，诗人们大多歌颂守卫边疆士兵英勇战斗的报国之情，以及部分描写边塞风光的荒凉和边关生活的艰苦，其基本风格还是激昂的。王昌龄的边塞诗就是其中的代表。

王昌龄的边塞诗，对李白是有影响的。李白的诗集中，大约有四十多首与边塞有关的诗歌。王昌龄与李白的交游，就引起了李白写边塞诗的兴趣。况且，李白因其家世的原因，对西北边陲的西域文化生活非常关心。因此，他对丝绸之路沿线的文化交流或战争特别感兴趣。另外，他在长安的一年多以来，不断地听到从西域前线传来的唐王朝与吐蕃及其他一些地方政权一系列的边塞战争的胜利消息。如天宝元年（742年）十二月，陇右节度使皇甫惟明大破吐蕃大岭军和青海吐蕃军三万余众，河西节度使王倕大破吐蕃渔海及游弈等军；天宝二年（743年），皇甫惟明引军出西平，行军千余里，攻破吐蕃的洪济城；等等。这都使他心情振奋，热血沸腾。于是他写下了《塞下曲》《关山月》《子夜吴歌》《塞上曲》《白马篇》《思边》《春思》《秋思》等一系列与边塞有关的著名诗歌。现举几例，以窥一斑。如《塞下曲六首》：

其一

五月天山雪，无花只有寒。
笛中闻折柳，春色未曾看。
晓战随金鼓，宵眠抱玉鞍。
愿将腰下剑，直为斩楼兰。

其二

天兵下北荒，胡马欲南饮。
横戈从百战，直为衔恩甚。
握雪海上餐，拂沙陇头寝。
何当破月氏，然后方高枕。

其三

骏马似风飙，鸣鞭出渭桥。
弯弓辞汉月，插羽破天骄。
阵解星芒尽，营空海雾消。

功成画麟阁，独有霍嫖姚。

其四

白马黄金塞，云砂绕梦思。
那堪愁苦节，远忆边城儿。
萤飞秋窗满，月度霜闺迟。
摧残梧桐叶，萧飒沙棠枝。
无时独不见，泪流空自知。

其五

塞虏乘秋下，天兵出汉家。
将军分虎竹，战士卧龙沙。
边月随弓影，胡霜拂剑花。
玉关殊未入，少妇莫长嗟。

其六

烽火动沙漠，连照甘泉云。
汉皇按剑起，还召李将军。
兵气天上合，鼓声陇底闻。
横行负勇气，一战静妖氛。

这六首《塞下曲》描写的是陇右地区边塞之战的具体情景，集中展现了大唐守边将士热血报国的精神面貌。如诗中的“骏马似风飙，鸣鞭出渭桥。弯弓辞汉月，插羽破天骄”“兵气天上合，鼓声陇底闻。横行负勇气，一战静妖氛”，就表现了大唐军士英勇的战斗精神和高度自信心；“笛中闻《折柳》，春色未曾看”“晓战随金鼓，宵眠抱玉鞍”“握雪海上餐，拂沙陇头寝”“边月随弓影，胡霜拂剑花”等诗句，描写了战士们在边疆战场上艰苦卓绝的战地生活；“愿将腰下剑，直为斩楼兰”“何当破月氏，然后方高枕”等诗句，表现了将士们英勇破敌和早日胜利的衷心愿望；“功成画麟阁，独有霍嫖姚”二句，则揭露出军中“死是征人死，功是将军功”的不合理现象；“玉关殊未入，少妇莫长嗟”二句，则表现了战士的家属对征人的深厚相思之情；“那堪愁苦节，远忆边城儿”

二句，表现了诗人对边塞战士的无限的同情与思念；“汉皇按剑起，还召李将军”二句，显然是歌颂战斗中像李广一样的主将。这个主将，可能是指陇右节度使皇甫惟明，他是这次大破吐蕃的主将。总之，这是李白对边塞战场上将士英勇杀敌的爱国主义精神的由衷歌颂，对他们不畏苦寒的战斗意志表示钦佩，也对他们遭受到的不平等待遇表示深刻的同情。从诗歌体裁方面，我们来看，除了第四首是一首古风，其他五首都是五言律诗，可能第四首是后来窜入其中的。这五首五律的对仗写得十分精彩，如“弯弓辞汉月，插羽破天骄”“将军分虎竹，战士卧龙沙”“边月随弓影，胡霜拂剑花”“兵气天上合，鼓声陇底闻”等，都写得意象鲜明，用语奇特，精彩绝伦，可见李白写五律的功力之深。笔者认为，李白这组《塞下曲》（其四除外），是有意学王昌龄之意，而不学其形。王昌龄的《从军行七首》是七绝体，李白的《塞下曲》是五律体，李白有意在同一题材方面，袭其意而不袭其辞，其实既是学习王昌龄又是与其竞赛。这正是李白不同于他人的地方。

下面，我们再看李白所写的一首乐府旧体《关山月》：

明月出天山，苍茫云海间。
长风几万里，吹度玉门关。
汉下白登道，胡窥青海湾。
由来征战地，不见有人还。
戍客望边色，思归多苦颜。
高楼当此夜，叹息未应闲。

这首诗是李白边塞诗的代表作之一。“明月出天山”四句，高度概括地写出了西域风光的苍茫和神奇，气魄之雄伟，境界之宽广，无人可比。“汉下白登道”四句写出了历史上的边塞地区演出了一出又一出的历史悲喜剧，但总是以悲剧为终。“戍客望边色”四句，从征人、思妇两地相思之苦着手，揭示了战争导致家庭不得团聚、亲人生死离散的残酷现实，这是诗人对战争的谴责和叹息。这首诗的特点，是它既符合五言长律的平仄格律，却只有“汉下白登道，胡窥青海湾”一处对仗，可以说是首以古风入律的诗歌。

此外，李白还有以闺妇思念守边战士为主题的诗歌，《子夜吴歌四首》的秋歌和冬歌就是这样的诗，其实这也是边塞诗的一种。如《子夜吴歌·秋》：

长安一片月，万户捣衣声。
秋风吹不尽，总是玉关情。
何日平胡虏，良人罢远征。

诗人写到在长安的秋夜中，到处都可以听到妇女们趁着月光捣寒衣的杵声。这些寒衣都是征夫家人要寄给边塞前线征夫的。寒冷的秋风预示着冬天的到来，戍守边关的征夫们迫切地等待家中亲人寄冬衣过来。盛唐时还是府兵制，衣服都是军人家属自给的。玉关就是玉门关，是边塞的代名词。这些征人的家属都有一个强烈的希望和要求，就是何日才能平定胡虏，让征夫都不再到边塞去打仗了。后两句，是诗人说出了征夫、思妇的愿望和要求。这其实是另一种以思妇为主题的思边的边塞诗，是边塞诗的一种重要类型。

李白与边塞诗名家王昌龄和山水田园诗名家孟浩然等都有着深厚的友谊，并虚心地向他们学习。在李白的身上，集中表现了边塞诗的保家卫国的尚武精神与山水田园诗的追求和平美好生活的深切意愿。这使李白成为盛唐时期兼山水田园诗派和边塞诗派二者之长于一身的诗人。同时，王昌龄又是一个擅长写绝句的诗人，李白的七言绝句也受到王昌龄的很大影响。如李白的《从军行》：“百战沙场碎铁衣，城南已合数重围。突营射杀呼延将，独领残兵千骑归。”就是一首绝句体的七绝边塞诗。后来，李白能在唐人七绝中与王昌龄并称，也不是没有缘故的。

清平醉写

一次，玄宗与太真娘娘在兴庆宫沉香亭赏牡丹，忽然想起要李白为太真妃作诗以美之。此事唐人李濬《松窗杂录》记载甚详，今引于此：

> 开元中，禁中初重木芍药，即今牡丹也。得四本，红、紫、浅红、通白者。上因移植兴庆池东沉香亭前。会花方繁开，上乘月夜召太真妃以步辇从。诏特选梨园子弟中尤者，得乐十六色。李龟年以歌擅一时之名，手捧檀板，押众乐前欲歌之。上曰："赏名花，对妃子，焉用旧乐词为？"遂命龟年持金花笺宣赐翰林学士李白，进《清平调词》三章。白欣承诏旨，犹苦宿酲未解，因援笔赋之：……龟年遽以词进，上命梨园子弟，约略调抚丝竹，遂促龟年以歌。太真妃持玻璃七宝杯，酌西凉州葡萄酒，笑领意甚厚。上因调玉笛以倚曲，每曲遍将换，则迟其声以媚之。太真饮罢，饰绣巾重拜。上意龟年常话于五王，独忆以歌得自胜者，无出于此。抑亦一时之极致耳。上自是顾李翰林，尤异于他学士。会高力士终以脱乌皮六合靴为深耻。异日，太真妃重吟前词。力士戏曰："始谓妃子怨李白深入骨髓，何拳拳如是？"太真妃因惊曰："何翰林学士能辱人如斯？"力士曰："以飞燕指妃子，贱甚。"太真颇深然之。上尝欲命李白官，卒为宫中所捍而止。

李白所作的《清平调词三首》如下：

云想衣裳花想容，春风拂槛露华浓。
若非群玉山头见，会向瑶台月下逢。

一枝红艳露凝香，云雨巫山枉断肠。
借问汉宫谁得似？可怜飞燕倚新妆。

名花倾国两相欢，长得君王带笑看。
解释春风无限恨，沉香亭北倚阑干。

这三首《清平调词》是李白在酒醉的状态下所作，显示出其惊人的文学才华。其一是以花喻美人。首诗的首句“云想衣裳花想容”想象出奇，妙在两个“想”字。有人把“想”字解为“似”字，这样来解也可以，但是一下子化神奇为平凡，灵气就没有了。想字是个动词，云想成为贵妃的衣裳，花想成为贵妃的容貌，可以想见贵妃是何等之美。所以当春风吹拂着沉香亭栏杆旁的牡丹时，花朵上的露珠摇摇欲坠，这和“梨花一枝春带雨”来比喻美人，是一样的新鲜动人。后二句说这样美丽的牡丹花，若不是在群玉山头见到，就一定是在瑶池仙境中才能见得着。当然，后二句把太真妃比作群玉山和瑶台仙境中的仙女，总之，在人间是见不着的。也可以说这二句是人花合写，就是说，花是仙品，人是仙女。第二首“一枝红艳露凝香”句是写花，是以花起兴，或以花喻人。“云雨巫山枉断肠”是写人，说太真妃是比巫山神女还要漂亮的美人，神女比太真妃只有“枉断肠”的份儿了。后二句“借问汉宫谁得似？可怜飞燕倚新妆”，则把太真妃与汉成帝时的皇后赵飞燕相比，那么赵飞燕也不过是靠着一身美丽的新妆罢了，如果比起容姿，是根本比不上太真妃的。这里也是人花双写，是写人也是写花。第三首“名花倾国两相欢，长得君王带笑看”二句，是写唐玄宗，说名花牡丹和倾国倾城的杨太真二美相并，使皇上乐得笑口常开。“解释春风无限恨，沉香亭北倚阑干”二句，是写春风解恨，心情舒畅，明皇斜倚在沉香亭栏杆上观赏名花和妃子的得意之态。此诗描绘了一个经常泡在温柔乡中不理国事、只图享乐的太平天子，其形象跃然纸上。是颂扬呢，还是讽刺？诗人没有明说，也不必说，一任读者猜想。

关于这三首《清平调词》，在艺术成就上水平确实很高，但它的寓意则众见不同。有人说，李白此三首诗寓有讽刺杨太真之意，有人说没有讽刺之意。

李濬的《松窗杂录》中有记载，高力士欲报脱靴之耻，挑拨李白与杨太真的关系，说李白诗将太真妃和赵飞燕相比，是侮辱杨太真“贱甚”。为什么他要这样说呢？因赵飞燕曾私通宫中的宫奴燕赤凤，还陷害其他嫔妃、害死皇子等。其人虽美，能作掌上舞，却心肠狠毒，是个坏女人。李白将太真与其相比，是说太真妃“贱甚”。元人萧士赟在《分类补注李太白诗》中认为，“云雨巫山”句讽刺更甚：“《高唐赋》序谓神女常荐先王之枕席矣。后序又曰：襄王复梦遇焉。此云‘枉断肠’者，亦讥贵妃曾为寿王妃，使寿王未能忘情，是枉断肠矣。”清人王琦不同意上二人的说法，他在《李太白全集》中认为，神女、飞燕是唐人诗中常见典故，况李白是新进之士，奉诏而作《清平调》，岂敢以宫闱暧昧之事讽刺玄宗，以招杀身之祸？王琦之说，后人多不赞同。我们细观三诗，寓含讽刺之意确实很明显。飞燕、神女故事，若用之他人，或许无意。但李白用之于太真妃，确实是别有用心。李白在其诗中讽刺太真妃，并不限于这三首。如《宫中行乐词》说杨太真“宫中谁第一，飞燕在昭阳”，说玄宗“君王多乐事，还与万方同”。又如《古风五十九首》其五十八：“神女去已久，襄王安在哉？荒淫竟沦没，樵牧徒悲哀。”都对太真妃和玄宗有讽刺之意。至于说李白何以敢在玄宗和太真妃面前讥其隐私，原因也很简单。当李白作《清平调词》时，他还“宿醉未醒”，他是凭着醉中的胆量和灵感将此三首诗一气呵成的，且神女、飞燕又是唐人诗中常用之典故。若不细究，一般人是看不出有什么问题的。若一旦被识破，玄宗和太真妃就是衔恨于李白，也不好明言。范传正《李公新墓碑》序中说：“玄宗甚爱其才，或虑乘醉出入省中，不能不言温室树，恐掇后患，惜而遂之。”李白后来之被逐，固然有许多原因，但他敢于在《清平调词》中道出宫中李、杨的隐私，恐怕也是一个祸因。

因李白的三首《清平调词》是给唐玄宗的应制词，是写太真妃的，而且是李龟年歌唱，皇上又亲按玉笛而奏之，因此李白的这三首诗如插上了音乐的翅膀，传遍了长安城，又很快传誉天下，红极一时。这下子李白彻底红了，出了大名。这可能是李白根本想不到的。《清平调词》对于李白的福兮祸兮，均源于此矣。

由于李白不谙官场之道和宫中的规矩，又喜欢喝酒，常醉卧酒肆，又在醉中言宫中秘事和官场是非，因此，大家不是远远地避着他，就是经常私下说他的坏话。尤其是张垍，他和李白同在翰林院，表面上二人和和气气，其实他和高力士等人勾结一气，在皇帝耳边打李白的小报告。高力士则极力挑拨太真妃与李白的关系。因此，李白不但没有被玄宗提拔任用为中书舍人，反而渐渐地被疏远了。

此时的李白思想上非常苦闷，常常以酒解愁。他除了在家喝闷酒，还经常到社会上结交朋友，甚至与五陵少年一起走马斗鸡，或一起到酒肆饮酒。一次，他和一群长安少年骑马游春之后，又一起到胡姬酒家喝酒，曾作过《少年行二首》，其二写他们胡姬家喝酒的情景：

五陵年少金市东，银鞍白马度春风。
落花踏尽游何处，笑入胡姬酒肆中。

这首诗写尽了五陵少年的风流潇洒，也写出了胡姬的风采。在唐代与外来文化的交往史中，李白关于在长安和胡人、胡姬的接触与交往，是非常有代表性的。他与胡人交往的诗，给唐代丰富多彩的文化增添了不少光彩。

一次，一位名叫贾淳的朋友请李白到他家的庭院中喝酒。一直喝到夜半时分，此时正是二八月圆之时，仰望着天上的明月，贾淳提议道：先生不是喜爱月亮吗，何不学三闾大夫的《天问》写一首问月诗？李白果然来了兴趣，他连饮三杯美酒，站起身来，手持酒杯，兴致勃勃地吟道：

青天有月来几时？我今停杯一问之。
人攀明月不可得，月行却与人相随。
皎如飞镜临丹阙，绿烟灭尽清辉发。
但见宵从海上来，宁知晓向云间没。
白兔捣药秋复春，嫦娥孤栖与谁邻？

今人不见古时月，今月曾经照古人。
古人今人若流水，共看明月皆如此。
唯愿当歌对酒时，月光长照金樽里。
（《把酒问月》）

在这首诗里，李白突发浪漫之想，学屈原的《天问》，问起了月亮。虽曰问月，而月却不可能回答。然后李白对月升月落的自然现象，关于月中白兔捣药、月中嫦娥的神话故事，以及月与人生的关系等问题，展开了探索。

宋本注云："故人贾淳令予问之"。贾淳其人，事迹不详，想亦为一妙人，问月之事甚妙，自己不问而令太白问之，更妙，遂使太白有此千古妙诗。

此诗四句一转韵，自然形成四个段落。首二句解题，即把酒问月。屈原有《天问》，李白此处问月，显然是有自比屈子之意。"青天有月来几时？"这在当时显然是没有答案的。"我今停杯一问之"把酒而问，问得十分潇洒，有几分仙风道骨。"人攀"二句，是写人在月的面前只能仰视，想与月亮高攀是不可能的，但是月亮在高空却可与人相随相伴。月与人之间，显然有天人之隔，仙凡之别，这样就点出月亮的神秘性。下面四句是对月亮行踪诡秘之处展开描写和议论。月亮高照着人间的金殿凤阙，如在天上散发着清光的飞镜，这是何等的华美景象。而人们常见它夜晚从海上升起，却不知它早上却钻入云间消失不见了，不知落在了什么地方。这个疑问，古人好像一直没有认真地探索过。其实这里暗含着李白对月亮行踪的探索，莫非是它潜没在云海又偷偷地回到了东海，或是从大地的另一面又回到了东方？这是天才的猜问（或许李白已经知道了地球是圆的？）。之后四句，李白又从神话的角度，对月又发出新的疑问。那么月中真有一只白兔在捣药吗？孤栖的嫦娥又与谁在一起呢？这些古老的神话传说的真实性，在当时也是无人能回答的。今人是不可能见到古时月亮的原始状态的，但古月与今月却是一个明月，它却能见到古时之人。此是讲明月亘古如斯，而人类却已过去多少代了，二者的寿命长短是不能相比的。末尾四句以感慨结束全诗。古人和今人的更替都如流水般地过去了，见的都是这同一轮明月，这是无可奈何的事。既然一个人与明月不能永远同在，那我们还是对着酒杯中的明光，唱一曲

“对酒当歌，人生几何”吧。这首诗有深刻的哲理之思，说明李白并不是一个没有头脑的浪漫诗人。

自古有问天而无问月者，问月之诗当以此为先，后启东坡、幼安等人问月之诗词无数法门。诗中将月之恒久与人生之短暂形成鲜明的对比，有深邃的宇宙意识，有理趣而无理辞。寻味“皎如飞镜临丹阙”句，此诗作于长安待诏时期，约与《月下独酌》作时相近。

饮中八仙

李白在长安时除了流连酒肆，更多的时间是与贺知章及其交游的朋友之间的活动。一次，贺知章带他去参加汝阳王李琎的酒会。汝阳王是唐玄宗的侄子，玄宗之嫡兄宁王李宪的儿子。由于宁王有让位之功，故玄宗特别照顾他，当然也时常提防着他。汝阳王是宁王的长子，有人说他面相长得像唐太宗，故他常以饮酒作乐为事，表现出他是一个酒囊饭袋之类的花花公子，显示他没有野心，希望自己不被猜忌。因此他经常花天酒地，举行酒筵。常参加他酒筵的是秘书监贺知章、左相李适之、左司郎中崔宗之、吏部侍郎苏晋、金吾长史张旭、翰林供奉李白及处士焦遂，世称“饮中八仙”。后有杜甫将他们写入《饮中八仙歌》中。其诗曰：

知章骑马似乘船，眼花落井水底眠。
汝阳三斗始朝天，道逢曲车口流涎，
恨不移封向酒泉。
左相日兴费万钱，饮如长鲸吸百川，
衔杯乐圣称世贤。
宗之潇洒美少年，举觞白眼望青天，
皎如玉树临风前。
苏晋长斋绣佛前，醉中往往爱逃禅。

李白一斗诗百篇，长安市上酒家眠。
天子呼来不上船，自称臣是酒中仙。
张旭三杯草圣传，脱帽露顶王公前，
挥毫落纸如云烟。
焦遂五斗方卓然，高谈雄辩惊四筵。

这饮中八仙之中，因苏晋仅活到开元二十二年（734年）而不及天宝初年的八仙之会，因此传说的八仙中还有裴图南，但杜甫所听说的饮中八仙中却有苏晋。杜甫是天宝六载（747年）入长安的，此诗正是同年所作。这是为八位酒仙画像，有人两句，有人三句，独有为李白写了四句，可见这个饮中八仙之会是以李白为中心的。没有李白这位谪仙人，也成不了八仙之会。

此诗先写贺知章。在饮中八仙中，他的年龄最大，资格最老，李白与他的关系也最深，所以此诗开头写的就是贺知章。诗中把他写成一副老态龙钟的样子，走路摇摇晃晃，因为喝得醉醺醺的，又老花眼，掉到井中也不知道。汝阳王虽年轻，但他终日沉醉在酒中，喝三斗也不醉，见了酒就还想喝，恨不得被移封到酒泉，酒可以随便喝。左相李适之海量，喝起酒来就像是鲸鱼吸水，乐得当个酒圣人，避世称贤。崔宗之是个美少年，已经喝得白眼朝天了，一副玉树临风的样子，显得很潇洒。苏晋这个老头儿本来是信佛的，但是一闻到酒香就忘记了佛家戒酒的规矩，大杯大杯地喝开了。还是李白饮酒最有水平，喝一斗就能作诗百篇，经常在酒肆中醉卧不归。就连天子呼他上船他都不奉诏，还自称自己是什么酒中仙，不肯上船。张旭就是一个酒疯子，一旦喝醉了酒，就以头濡墨，以发作笔，在纸上写起了草书，看起来像一片云烟。而那位平常说话都口吃的焦遂处士，喝起了酒，马上就变得雄辩滔滔，成了演说家。杜甫将这八位饮者一一作了画像，他们的特点都是恃酒放纵，在酒中摆脱了束缚，放开了天性，有些笑傲天下的意思，故这首诗得到了人们的喜爱和传颂。

在长安大街上，李白看到一个个中贵人前呼后拥地从街上扬尘而过，还有那些斗鸡走狗之徒骑着高头大马，面孔朝天，出气如霓，横行霸道。于是嘲讽道：这都是些什么东西，在长安城如此嚣张！回到家里，李白气呼呼地写了几首诗：

大车扬飞尘，亭午暗阡陌。
中贵多黄金，连云开甲宅。
路逢斗鸡者，冠盖何辉赫。
鼻息干虹霓，行人皆怵惕。
世无洗耳翁，谁知尧与跖！

（《古风五十九首》其二十四）

诗中的“中贵”即宦官之流，他们是皇帝的贴身内侍，经常能得到皇帝和妃嫔的赏赐，所以手里有许多金银宝物，于是他们便在长安城内建造连云的甲第，宅子遍布京城。据《新唐书·宦者传上》载：“开元、天宝中，宫嫔大率至四万，宦官黄衣以上三千员，衣朱紫千余人。其称旨者辄拜三品将军，列戟于门。其在殿头供奉，委任华重，持节传命，光焰殷殷动四方。所至郡县奔走，献遗至万计。修功德，市禽鸟，一为之使，犹且数千缗。监军持权，节度返出其下。于是甲舍、名园、上腴之田为中人所名者半京畿矣。”

那些斗鸡者，如贾昌小儿，据唐人陈鸿《东城老父传》说：“（贾）昌生七岁，趫捷过人。能抟柱乘梁。善应对，解鸟语音。玄宗在藩邸时，乐民间清明节斗鸡戏。及即位，治鸡坊于两宫间。索长安雄鸡，金毫铁距，高冠昂尾千数，养于鸡坊。选六军小儿五百人，使驯扰教饲。上之好之，民风尤甚，诸王世家、外戚家、贵主家、侯家，倾帑破产市鸡，以偿鸡直。都中男女以弄鸡为事，贫者弄假鸡。帝出游见（贾）昌弄木鸡于云龙门道旁，召入为鸡坊小儿，衣食右龙武军。三尺童子入鸡群，如狎群小，壮者、弱者、勇者、怯者，水谷之时，疾病之候，悉能知之。举二鸡，鸡畏而驯，使令如人。护鸡坊中谒者王承恩言于玄宗，召试殿庭，皆中玄宗意。即日为五百小儿长，加之以忠厚谨密，天子甚爱幸之，金帛之赐，日至其家。开元十三年（725年），笼鸡三百从封东岳。父（贾）忠死太山下，得子礼奉尸归葬雍州。县官为葬器。丧车乘传洛阳道。十四年（726年）三月，衣斗鸡服，会玄宗于温泉。当时天下号为‘神鸡童’。时人为之语曰：‘生儿不用识文字，斗鸡走马胜读书。贾家小儿年十三，富贵荣华代不如。’”

这两段史书资料，可见玄宗优宠宦官及斗鸡徒之情状。李白于长安亲眼见之，可见都是实写。李白当然羞与之伍，在《行路难三首》其二中说：

大道如青天，我独不得出。
羞逐长安社中儿，赤鸡白狗赌梨栗。
弹剑作歌奏苦声，曳裾王门不称情。
淮阴市井笑韩信，汉朝公卿忌贾生。
君不见昔时燕家重郭隗，拥彗折节无嫌猜。
剧辛乐毅感恩分，输肝剖胆效英才。
昭王白骨萦蔓草，谁人更扫黄金台！
行路难，归去来。

这首诗也是对长安的斗鸡徒大加挞伐的。李白感到自己在长安的权贵面前，连个斗鸡小儿也比不上。他不愿也不能像战国时的毛遂一样去弹铗作歌，曳裾王门，这样的做法令他无法接受。韩信曾为淮阴市井的无赖小儿所嘲笑，贾谊也曾被汉朝的公卿所忌妒。当今虽说是盛世，但现实的情景依然如此，真正有本领有才华的人，在未遇时被人轻蔑嘲弄，已达时被人忌恨。从历史上来看，真正识人的明主还是战国时期的燕昭王，他所召到的贤才如郭隗、剧辛、乐毅等都受到了重用，所以这些英才对他非常感激，心甘情愿地为他效力。如今燕昭王早已成了白骨，还有谁能高筑黄金台去延揽天下的贤才呢？李白未入宫廷之前，他为奔走仕路而感到行路难。如今他虽然已召任翰林供奉，跨进了皇宫之门，但玄宗只是把他当作一个写诗作词而不能参与国政的俳优看待，同时他周围的人又都想方设法地排挤他，挑拨他与玄宗的关系，这使他感到在长安已无路可走，“安社稷、济苍生”的理想也离他越来越远，他为自己的理想不能实现而感到悲哀。

在《行路难三首》其三中说：

有耳莫洗颍川水，有口莫食首阳蕨。

含光混世贵无名，何用孤高比云月。
吾观自古贤达人，功成不退皆殒身。
子胥既弃吴江上，屈原终投湘水滨。
陆机雄才岂自保，李斯税驾苦不早。
华亭鹤唳讵可闻，上蔡苍鹰何足道。
君不见吴中张翰称达生，秋风忽忆江东行。
且乐生前一杯酒，何须身后千载名。

这首诗是李白对追求功名思想的反思。既然感到小人的排挤、诽谤和皇上的不信任，甚至会有杀身之祸的危险，实际自己已无法效力报国，在长安再待下去已无多大意义，于是李白产生了急流勇退的想法。他想起了古代的高贤许由洗耳和伯夷、叔齐不食周粟的故事，他们都不愿为高位和虚名伤身。“含光混世”的老庄以无名为贵、埋功藏名之道，是有道理的。李白对道家的“功成身退”思想，是一向作为立身之道的，可是历史上偏偏有些人不懂得这个道理。如吴国的伍子胥、楚国的屈原、西晋的陆机、秦朝的李斯等人，都是居功不退，其结果不是被杀戮就是被流放，只有一个西晋的张翰，见秋风起而思家乡吴中的莼羹、鲈鱼鲙而辞官归隐，终能勇退保身，他的“使我有身后名，不如即时一杯酒”的名言传世于今。李白已经看透长安官场的丑恶，决定离开这个是非之地，准备归隐山林了。

辞京还山

贺知章于天宝三载（744年）辞官归乡，时年已八十三岁。玄宗念他是三朝元老，于是赐鉴湖一曲为贺知章养老之地，并作诗送行。朝廷百官都到长乐坡送行，而李白未到。出发的时间已经到了，贺知章只好驾着两辆牛车离开了长安，一车自坐，一车载书。马车在路上慢慢地走着，到了阴盘驿这个地方，贺知章老眼昏花，看到前面的山坡上好像是李白站在马前。走近一看，果然是李白。李白快步上前，紧握着贺知章的手，口中说道：贺老，走得好，长安确实是待不得了。贺知章眼含热泪说：没有想到，朝中我们已经站不住脚了。我走了，你该怎么办哪？李白说：我也马上就要走了，故在这里送送你。说完，李白从怀中掏出一页诗笺，上面写着：

镜湖流水漾清波，狂客归舟逸兴多。
山阴道士如相见，应写黄庭换白鹅。
（《送贺宾客归越》）

贺知章接过读了，向李白说：好，我在镜湖边等你！

回寓所后，李白受了风寒，病了好几天。这一年的春天来得特别早，李白寓所花园中百花盛开。但这几天李白的心情十分沉重，老友贺知章已经离开长安，饮中八仙之会也因有人告发有借酒议论国政之嫌，已经散了。李白感到十分孤独。一天晚上，他闲坐花丛，在月光下饮酒独酌。他想，往日与众朋友一起喝酒吟诗，是何等的心意舒畅，而今环顾四周，只有地上的身影和天上的明月。他举杯邀月，对影成三，醉舞花丛。写下了《月下独酌四首》。

其一

花间一壶酒，独酌无相亲。
举杯邀明月，对影成三人。
月既不解饮，影徒随我身。
暂伴月将影，行乐须及春。
我歌月徘徊，我舞影零乱。
醒时同交欢，醉后各分散。
永结无情游，相期邈云汉。

其二

天若不爱酒，酒星不在天。
地若不爱酒，地应无酒泉。
天地既爱酒，爱酒不愧天。
已闻清比圣，复道浊如贤。
贤圣既已饮，何必求神仙？
三杯通大道，一斗合自然。
但得酒中趣，勿为醒者传。

其三

三月咸阳城，千花昼如锦。
谁能春独愁？对此径须饮。
穷通与修短，造化夙所禀。
一樽齐死生，万事固难审。
醉后失天地，兀然就孤枕。
不知有吾身，此乐最为甚。

其四

穷愁千万端，美酒三百杯。
愁多酒虽少，酒倾愁不来。
所以知酒圣，酒酣心自开。
辞粟卧首阳，屡空饥颜回。
当代不乐饮，虚名安用哉？
蟹螯即金液，糟丘是蓬莱。
且须饮美酒，乘月醉高台。

这四首《月下独酌》，尤其是第一首，是李白咏酒诗中的奇葩。第一首是写自己的孤独之感。花园中只有诗人一人，他却化作月、身、影三人，一起花间起舞。月不能饮，影也不能饮，实际上还是一人独酌。诗中虽写得热闹，其实十分冷清，越发显出其孤独之感。

第二首以天、地、圣、贤为饮酒立论。首四句说爱酒是天、地之本性。所以“天地既爱酒，爱酒不愧天”。爱喝酒是天地之道，为自己纵酒找理由。既然把清酒比作圣人，把浊酒比作贤人，那么圣贤都爱喝酒，我为什么不喝呢？这又是一条理由。“三杯通大道，一斗合自然”，喝了三杯就能与大道相通，喝了一斗就更符合自然之道了，这是酒的功用。说喝酒是悟道的最佳途径，这是第三个理由。这个秘密，是喝醉酒的人才能体会，清醒的人是体会不到的。这为酒徒们所总结的喝酒理论，已达到了历代酒徒无人可及的最高理论水平。

第三首可分为三段。首四句言京城春日千花如锦，谁能独对春愁，须痛饮方可解忧。中四句说人的穷通长短的命运都是造化所禀赋，个人无法掌握。人只能以一醉齐生死，万事万物的存亡之理都很难弄清楚。后四句说，芸芸众生的生灭的问题根本管不了，最好是喝个酩酊大醉，昏然就枕，倒头便睡。醉中不知此身是否为我所有，此种境界最为快活。此诗是说，唯有喝酒才能消除心中的痛苦，才能忘记现实的不平和不公。

第四首，此诗的前六句为第一段。是说愁有千端，而酒唯数杯，愁多酒少，但只有美酒可以消愁。为什么说清酒是圣人呢，因为只有酒才能浇开心结。中四句嘲笑饥卧首阳山的伯夷、叔齐和孔子的弟子颜回都不肯喝酒，坚守己节。当时不能饮酒为乐，虚留好名，又有何用。后四句说，手持蟹螯而饮酒，就是吃仙丹喝金液，酒糟堆积的小山，就是蓬莱山。饮美酒、醉高台，比成仙得道还美，还求什么神仙？诗人把饮酒解脱说成强似求仙得道，是极力劝酒之辞。这四首《月下独酌》，写尽了诗人在长安的压抑、苦闷和孤独，而只能饮酒解脱的郁闷心情。这是李白在长安美梦的觉醒，是到了辞京还山的时候了。

在此期间，李白不断地和一些山林之士交往，与他们大讲功成身退之道，大谈隐逸之乐。他写了《望终南山寄紫阁隐者》《赠卢征君昆弟》《秋夜独坐怀故山》《赠别王山人归布山》《送蔡山人》等。如在《翰林读书言怀，呈集贤诸学士》诗中，说他在翰林中“青蝇易相点，白雪难同调。本是疏散人，屡贻褊促诮”，是说同僚中有小人中伤他，与他观点相左。李白本是一个疏朗大度之士，反被说成是一个心胸狭小之人。因此他要学汉朝的严光和南朝刘宋时的谢灵运，要去归隐还乡或漫游山水，要“功成谢人间，从此一投钓”。这些把同僚比作青蝇的话，还要呈给他们看，实在是没有一点心机，更不用说胸有城府了。所以李白这种心灵像玻璃一样透明的人，除了离开这里“从此一投钓”，他已别无出路了。

再是他的《玉壶吟》：

烈士击玉壶，壮心惜暮年。
三杯拂剑舞秋月，忽然高咏涕泗涟。
凤凰初下紫泥诏，谒帝称觞登御筵。
揄扬九重万乘主，谑浪赤墀青琐贤。
朝天数换飞龙马，敕赐珊瑚白玉鞭。
世人不识东方朔，大隐金门是谪仙。
西施宜笑复宜颦，丑女效之徒累身。
君王虽爱蛾眉好，无奈宫中妒杀人。

这首诗集中地写出了李白在朝中生活的真实心情。他能被召入翰林院，本来是个幸事。他在翰林院任供奉时期，也确实有过很得意、荣耀的日子。但李白为什么突然哭了呢？是因为，他终于发现，越是才高品洁之人，越在朝中待不住。就像美人西施一样，她的美是别人学不来的。所以她越是为君王所喜爱，就越容易遭到宫中众女的忌妒。所以我们听他“屡称东山”，就可以理解了。

以上这些在朝中生活不得意，欲退隐山林之情的诗，在当时社会上也颇得众人同情，纷纷相酬和。李阳冰在《草堂集序》中说：“丑正同列，害能成谤，格言不入，帝用疏之。公乃浪迹纵酒，以自昏秽。咏歌之际，屡称东山。又与贺知章、崔宗之等自为八仙之游，谓公谪仙人，朝列赋谪仙之歌凡数百首，多言公之不得意。”

李白终向玄宗交了辞呈。玄宗对他的才华还有些不舍，正犹豫不决，无奈他身边的高力士、太真妃和张垍之流屡进谗言，玄宗终于以李白“非廊庙之器”为名，给李白“赐金还山”。从此，李白离开了长安，远离了大明宫，回到那绿水青山的天地之间，开始了新的生活。

天宝三载（744年）春末，李白收拾好行李，临出门时，他看见壁架上的鹦鹉，那是唐玄宗给他的御赐之物。鹦鹉叫道：“回家了！回家了！”李白爱怜地将它从壁架上取下来，解下其腿上的金环，对鹦鹉说：“别了，老伙计，我该回家了，你也回家去吧！”于是将鹦鹉向空中一抛，放飞了。鹦鹉在空中盘旋一周，便飞走了。李白挥笔在墙壁上题了一首《初出金门寻王侍御不遇，咏壁上鹦鹉》诗：

落羽辞金殿，孤鸣咤绣衣。
能言终见弃，还向陇西飞。

云台浩歌

出了长安的青绮门，李白便向东往灞桥走去。他此行走的是当年王粲南登之古道。他骑着马，路经蓝田，向商洛古道走去。李白有诗曰："角巾东出商山道，采秀行歌咏芝草。路逢园绮笑向人，两君解来一何好。"（《答杜秀才五松山见赠》）李白之所以要绕道商山，是因为他要特地去拜谒一下素所仰慕的西汉时期的商山四皓——东园公、夏黄公、绮里季和甪里先生。这四位都是秦始皇时的博士，后来隐居在商山。吕后要扶他的儿子太子刘盈当皇帝，便请出这四位秦博士出山辅佐。汉高祖见到这四位白须白发的八十多岁的老人，很是吃惊。原来这是他先前想请而未能请来的四位高人，如今却被请来做了太子刘盈的辅佐。于是他就对戚夫人说，太子羽翼成矣。后来高祖去世，刘盈就当了皇帝。之后，商山四皓功成身退，告老还乡。李白在商山对四皓墓祭奠了一番，写了几首纪念他们的诗。其中有一首《商山四皓》：

白发四老人，昂藏南山侧。
偃卧松云间，冥翳不可识。
云窗拂青霭，石壁横翠色。
龙虎方战争，于焉自休息。
秦人失金镜，汉祖升紫极。
阴虹浊太阳，前星遂沦匿。

一行佐明圣，欻起生羽翼。
功成身不居，舒卷在胸臆。
窅冥合元化，茫昧信难测。
飞声塞天衢，万古仰遗迹。

诗中对商山四皓充满了深切的敬意，对他们“一行佐明圣，欻起生羽翼。功成身不居，舒卷在胸臆”辅佐明圣、功成不居的人格，表示由衷的赞许，他们也成了诗人所学习的榜样。

拜祭了商山四皓后，李白又回头转道华州，登华山去寻找在那里修道的元丹丘。丹丘子自天宝元年（742年）起就一直在华山修道。找到元丹丘后，两人便结伴登山游览。他们攀上老君犁沟的千尺幢、仙人掌，直达北高峰——云台峰。在北高峰上向北眺望黄河，眼前豁然开朗：

西岳峥嵘何壮哉！黄河如丝天际来。
黄河万里触山动，盘涡毂转秦地雷。
荣光休气纷五彩，千年一清圣人在。
巨灵咆哮擘两山，洪波喷流射东海。
三峰却立如欲摧，翠崖丹谷高掌开。
白帝金精运元气，石作莲花云作台。
云台阁道连窈冥，中有不死丹丘生。
明星玉女备洒扫，麻姑搔背指爪轻。
我皇手把天地户，丹丘谈天与天语。
九重出入生光辉，东求蓬莱复西归。
玉浆倘惠故人饮，骑二茅龙上天飞。

（《西岳云台歌送丹丘子》）

此诗的前八句，主要是写站在北高峰上向北眺望黄河的情景。黄河在山陕的交界处由北向南，直冲着华山的方向而来。到了风陵渡这个地方，便由于华山的阻挡，转了一个弯，向东折去。此诗写了万里黄河从西北方天际流过来，到了华州时，在华山的阻挡之下，掀起了滔天的巨浪，发出了雷鸣般的怒吼，其浪花在日光的照耀下五彩缤纷。这是何等壮观的景象，被李白写得活灵活现。而巨灵神两手擘开吕梁和华山让河水从中流过的神话，更增加了黄河的神秘色彩。这里虽然说写的是黄河，其实，写黄河只是一种衬托手法，其意还主要是以宾托主，是在烘托华山三峰的高大和云台峰（即北高峰）的雄伟。中八句是写华山，这才转入本诗的正题。因为华山是唐玄宗的本命山，还是神仙出没的仙山，而元丹丘正是长期在此灵山之中学仙修道。后六句是写送元丹丘入朝。说元丹丘能出入九重，来往于蓬莱及华山的神仙世界和长安帝王家之间，是当代道士中的幸运儿。李白是多么想与元丹丘这位半仙之人一起，畅饮华山仙人所炼成的金丹玉液，同乘茅龙飞向天上的神仙世界啊。这里有李白对元丹丘西入长安身被恩荣的祝愿，也有李白被迫离开长安宫廷的遗憾。

第八章 李杜相会

李白和杜甫是唐代诗坛的日月双耀，他们一见如故，情如兄弟，相约梁、宋之游。他们在汴州与高适相会，登吹台，慷慨怀古，人莫测也。又在睢阳附近的孟渚泽一起骑马打猎，其乐也融融。在济南，李白加入道籍，以避奸人陷害。其后，李白与杜甫在东鲁交游隐逸，过了一段“醉眠秋共被，携手日同行”的日子，也为后人留下了一段“文人相敬”的诗坛佳话。

洛阳初会

离开了华山，李白骑马很快就到了东都洛阳。此时的洛水上天津桥南的董家酒楼，已改名为“谪仙楼”，等待着李白的到来。当李白出现在谪仙楼前时，东都留守及洛阳的各级官员和地方贤达，都涌上前去与李白打招呼。

杜甫在人群中站着。他很小时就仰慕李白，听说李白已到洛阳，洛阳各界名流要在谪仙楼为李白接风，所以很早就从仁风里赶到这里，要一睹李白的丰采。看见李白俊逸的风姿、夺目的神采，以及对老朋友的热情，他很想前去和李白打个招呼，但又恐怕自己年轻位卑，不被理睬，会自寻没趣。所以他试了几次，终未敢贸然上前。见李白等人上了楼，他便随众人一起涌了进去。

酒楼上，李白和东都留守居于上座，下面是河南府的郡丞、司马、主簿、参军、各县的县令等各级官员，以及洛阳城中的贤达名流。杜甫幸得叨陪末座。

留守大人起身祝酒道：“今日谪仙李学士光临洛阳，使我洛城顿生光辉。来让我们为李学士的到来举杯！”众人举杯饮尽。李白出宫后，外界都称他为翰林学士，或以李学士相称，以示尊敬。

这时洛阳县令李大人起身为李白敬酒：“当今天子都亲自为您御手调羹，太真妃为您亲斟葡萄美酒，以表宠敬，这是莫大的荣幸。”

河南府郑司马向大家建议：“太白先生的三首《清平调词》，真是妙绝天下之工呀，现在请李学士给我们吟诵一遍怎样？”众人一致叫好。

李白却说：“众人所好，正是李白之所轻。那些小词不过是雕虫小技罢了，正是扬子云所谓的壮夫不为的东西。这些东西上不能谏君，下不能经国。只能起点缀升平和附庸风雅的作用。说起来只能叫我李白感到汗颜。比起诸君的诗差远了。”说到这里，他举出一个例子来赞道：“譬如杜子美的‘会当凌绝顶，一览众山小’，那才是真正的天下绝唱呢！”

杜甫独坐一隅，正不知如何才能与李白答话，忽听李白在如此大庭广众之下称赞自己，于是感到心中一热，眼泪便夺眶而出。他忍不住心情的激动，喊了一声：“李学士！”

众人的眼光一起投向了杜甫。杜甫激动得满面通红。

李白望着这双放出炽热光芒的眼睛，心中一动，说道：“莫非你就是……”杜甫激动地站了起来，说：“洛阳杜二！”

李白大喜过望，大声喊道：“子美贤弟！”他从座位上站了起来，直接走到杜甫身旁，热情地紧握住杜甫的手说：“子美，我可见到你了！”

杜甫此时激动得不知说什么为好，他喃喃地说：“太白兄，你让我等得好苦啊，我终于见到你了！”

李白将杜甫拉到自己的座位跟前，俩人并肩坐在一起，互道仰慕之情。大家见李白如此高看杜甫，顿时对杜甫刮目相看。

杜甫今天十分高兴，他一改以往的腼腆，大胆上前说：为欢迎李学士，弟今日将太白先生在嵩山作的《将进酒》吟给大家听！说着，便大声吟咏起来。此诗吟得铿锵顿挫，荡气回肠，赢得了一片喝彩。

留守大人也是斯文中人，见此情景大喜：“今夕何夕，得此良人！今日诗坛文星在此聚会，实为我大唐盛事。来人，奏乐，上歌舞！以表庆贺！”

顿时管弦齐奏，一队歌儿舞女登场翩翩而舞，众人把盏齐饮，把欢迎宴会推向了高潮。

洛阳之会后，杜甫邀李白至陆浑（在今河南嵩县）山庄的家中做客。杜甫家本河南府巩县，有兄弟六人，排行第二，兄早卒。其父杜闲去世后，他先搬至首阳山下土娄庄为父守坟。土娄庄是杜氏祖先庐墓所在，他的十三世祖西晋镇南大将军、当阳侯杜预和他的祖父初唐大诗人杜审言都葬在这里。这里原有窑洞数间，本是看坟人所住，杜甫为父守墓三年之后，便搬至洛阳城南几十里处的陆浑庄。这是杜甫家的祖辈产业，有老屋十数间，久已无人住，有些荒芜。杜甫将几间茅屋略加修葺，在茅屋周围编篱打桩，插竹种花，遂成一处幽雅的别馆。杜甫住在这里读书作诗、耨花种菜，清贫自守，倒也过得逍遥自在。

杜甫头戴斗笠，骑着毛驴，李白身着锦袍，骑着马，二人一起来到陆浑庄。途中经过饭颗山，李白指着杜甫说："饭颗山头逢杜甫，头戴笠子日卓午。借问别来太瘦生……"杜甫笑着答道："总为从前作诗苦。"[①]说完后二人大笑。由此可见二人真是情如兄弟，非同一般。

二人在杜家的陆浑庄住了好几天，天南海北，无所不谈。杜甫多问李白宫中之事，李白给他讲了随驾汤泉宫、蓬池醉不奉诏、草答蕃书、醉写清平调词及饮中八仙会饮等事。杜甫听得一愣一愣的，听得入了迷。眼前这位谪仙人，果然不同凡响，不愧是大唐文坛的第一诗人。二人又谈了些关于诗歌文章写作之事，李白大谈他的文学观，有的杜甫点头称是，有的杜甫并不完全同意，二人时有争论，就是杜甫后来所说的"何时一杯酒，重与细论文"（《赠李白》）是也。

杜甫问李白，今后打算怎么办？李白说，他要从此还山入道，去过逍遥自在的隐逸生活。杜甫也说，他在大城市里也待腻了，想跟李白求仙学道，并拿出一首诗给李白看，上写道：

二年客东都，所历厌机巧。
野人对腥膻，蔬食常不饱。
岂无青精饭，使我颜色好。
苦乏大药资，山林迹如扫。
李侯金闺彦，脱身事幽讨。
亦有梁宋游，方期拾瑶草。

（杜甫《赠李白》）

---

① 《戏赠杜甫》。此诗宋本不载，载于唐人孟棨《本事诗・高逸》。前人多谓此诗是伪作，但郭沫若在《李白与杜甫》一书中，却肯定为李白之作。

杜甫小时候母亲就去世了，他从小被寄养在洛阳城内仁风里的二姑家长大。因二姑对他有扶养之恩，所以其二姑去世后，他给二姑写了一篇碑文，称其为“义姑”。近两年他一直住在二姑家，所以此诗中自称“二年客东都”。但此时他的二姑在前年已去世，二姑的家庭情况不是很好，故杜甫也不能老在二姑家蹭饭，因此饱一顿饥一顿的，很少沾腥膻，连蔬食也吃不饱。他也很想吃修道人所吃的“青精饭”，但自己没有钱，所以断了修仙学道的念想。现在李白要去梁、宋求仙学道，他也正好要到梁、宋去，不如跟李白一道去求道去吧。二人当即敲定，明日就一起到梁、宋一游。

梁宋之游

李白、杜甫在梁、宋之游的第一站，就是战国时期的魏国大梁城，唐时称汴州。他们在汴梁城的大相国寺游览，遇到了在此卖剑的高适。高适字达夫，渤海蓨（今河北景县）人，胸有大志，因家贫，久困梁、宋。他与杜甫认识，经杜甫介绍给李白，二人一见如故。他们三人一同游览了战国大侠朱亥的屠狗店、侯嬴看守过的东夷门及信陵君墓等。三人携酒同登城南古吹台，纵酒赋诗。据杜甫后来诗中记载："忆与高李辈，论交入酒垆。两公壮藻思，得我色敷腴。气酣登吹台，怀古视平芜。"（《遣怀》）又据《新唐书·文艺上》："（杜）尝从白及高适过汴州，酒酣登吹台，慷慨怀古，人莫测也。"吹台之上，三人真是酒酣气壮，慷慨怀古。李白所吟之诗为《侠客行》：

赵客缦胡缨，吴钩霜雪明。
银鞍照白马，飒沓如流星。
十步杀一人，千里不留行。
事了拂衣去，深藏身与名。
闲过信陵饮，脱剑膝前横。
将炙啖朱亥，持觞劝侯嬴。
三杯吐然诺，五岳倒为轻。
眼花耳热后，意气素霓生。

救赵挥金槌，邯郸先震惊。
千秋二壮士，烜赫大梁城。
纵死侠骨香，不惭世上英。
谁能书阁下，白首太玄经。

高适也赋诗一首，名《古大梁行》：

古城莽苍饶荆榛，驱马荒城愁杀人。
魏王宫观尽禾黍，信陵宾客随灰尘。
忆昨雄都旧朝市，轩车照耀歌钟起。
军容带甲三十万，国步连营一千里。
全盛须臾哪可论，高台曲池无复存。
遗墟但见狐狸迹，古地空余草木根。
暮天摇落伤怀抱，抚剑悲歌对秋草。
侠客犹传朱亥名，行人尚识夷门道。
白璧黄金万户侯，宝刀骏马填山丘。
年代凄凉不可问，往来唯见水东流。

此二首诗的主题都是怀古，所怀之人就是信陵君和朱亥、侯嬴二侠士。李白的《侠客行》主题非常明确，就是歌颂朱亥、侯嬴二侠士的英雄事迹，以及他们所表现出的“三杯吐然诺，五岳倒为轻”的侠士精神与“纵死侠骨香，不惭世上英”的万世英名。而高适所歌的主题是对大梁城的怀古伤今：“忆昨雄都旧朝市，轩车照耀歌钟起。军容带甲三十万，国步连营一千里。”昔日繁荣强大的国势，与今日的“魏王宫观尽禾黍，信陵宾客随灰尘”及“遗墟但见狐狸迹，古地空余草木根”的满目荒芜做了鲜明的对比。同时也对信陵君及朱亥、侯嬴二侠士救赵击秦的豪侠行为做了歌颂，这都符合“慷慨怀古”的主题。这次登吹台赋诗，杜甫的作品虽然没有流传下来，但他后来在夔州的回忆[①]，证实了这次汴梁吹台之游。

李、杜、高三人又从汴州骑马向宋州驰去。在宋州，有睢阳李太守大人接待他们。睢阳，就是商丘。著名的平台，就在商丘东。梁孝王所筑的梁园的主体建筑，也在睢阳。其实，开封的梁园应叫梁苑，是魏国宫廷的遗址；而商丘的梁园，才是真正的梁园。开封梁苑中的吹台与商丘梁园中的平台，也很容易混在一起，其实根本不在一个地方。这个问题，连古人也不大清楚。所谓梁宋，有时是指两处，即梁是大梁，宋是宋州（即商丘）。有时则指一处，即梁孝王的封国也叫梁宋。

睢阳李太守有梁孝王之风，是个诗歌的爱好者，对李白、杜甫、高适的到来觉得十分荣幸，除了热情招待，还和他们一道去孟渚泽打猎。李白本有任侠之风，所以在骑马射箭方面很得心应手，可以一箭双雕；高适本是一个长期在草莽闯荡的豪士，当然对打猎也不陌生。谁想杜甫这个看起来柔弱书生模样的人，骑马弯弓也不示弱。三人及随众在孟渚泽打了一天的猎，收获甚丰。到了晚上，才聚集到单县城，单县的崔县令急忙前来招待他们。在单县的东楼前，随从们架火烤起了狐、兔、雉等野味，大家一块儿饮酒吃肉，吆五喝六，喝了一个通宵，玩得不亦乐乎。李白、杜甫皆有诗记载其事。李诗《秋猎孟诸夜归，置酒单父东楼观妓》云：

倾晖速短炬，走海无停川。
冀餐圆丘草，欲以还颓年。
此事不可得，微生若浮烟。
骏发跨名驹，雕弓控鸣弦。
鹰豪鲁草白，狐兔多肥鲜。
邀遮相驰逐，遂出城东田。
一扫四野空，喧呼鞍马前。

① 杜甫在晚年回忆梁宋之游的诗，主要有《昔游》《遣怀》等诗。

归来献所获，炮炙宜霜天。
出舞两美人，飘飖若云仙。
留欢不知疲，清晓方来旋。

此诗写了此次游猎的全过程。诗中说，时光如箭，飞驰而过，但返老还童的仙药在哪里呢？还是现实些吧，人生短暂，轻如浮烟，不如骑马打猎，欢娱一番。他们驾鹰逐兔，到城东去田猎。他们一扫四野，猎获了许多狐、兔，回到县城里去烧烤。一边吃着烧烤，一边听歌观舞，高兴得不知疲倦，一直到天明时刻才回去。这是李白出宫以来最痛快的一次游乐活动。

杜甫在多年后回忆起这次孟渚泽打猎，印象还十分深刻。他在《昔游》中写道：

昔者与高李，晚登单父台。
寒芜际碣石，万里风云来。
桑柘叶如雨，飞藿去裴回。
清霜大泽冻，禽兽有余哀。
……

孟渚泽在单县之南，单父台即琴台。当年孔子的弟子宓子贱为单父宰，说杀鸡焉用牛刀！于是单父县弹琴而治。因此，后人建单父台来纪念他。单父台亦名琴台。李、杜、高三人来此打猎时，正是秋冬之际，所以说“清霜大泽冻，禽兽有余哀”。

梁园之游后，杜甫因家中有事，回到老家巩县。高适也因有事南下入楚。

济南聚会

李白与杜甫告别时，相约来年再一道游齐鲁。之后，李白赶往河北安陵，去找道士盖寰为他造真箓。真箓是一种道教的符箓，若能得到它，就可以役使鬼神，保人平安，有护身驱邪的法力。但这个符箓必须由道教的大法师授予，也只有道士才有资格拥有。李白通过他的族祖陈留采访大使李彦允写信介绍，到济南的紫极宫北海道教天师高如贵那里，请他亲授法箓，这样才能成为一个真正的道士。于是高天师亲自登坛施法，招来天罡地煞和四方神圣，为李白的真箓施功加力。经过七天七夜的入道仪式，才授给李白法箓，使李白有了道士的资格。李白入道后，在一首诗中写道：

抑予是何者？身在方士格。
才术信纵横，世途自轻掷。
吾求仙弃俗，君晓损胜益。
不向金阙游，思为玉皇客。
鸾车速风电，龙骑无鞭策。
一举上九天，相携同所适。

（《草创大还赠柳官迪》节选）

诗的意思是，我现在是什么人？我现在已经是一个身在道籍的道士。过去那些纵横之术，就不再说它了。我现在已经抛弃世俗，去求仙学道，信奉“损之又损”的老庄之道。我不再羡慕入朝为官的世俗之荣，而是向往去当一个玉皇大帝的宾客，能够乘鸾车，骑飞龙，同尔一同飞上九天去当神仙。其意是和“吾希风广成，荡漾浮世，素受宝诀，为三十六帝之外臣”（《金陵与诸贤送权十一序》）是一样的。这个“三十六帝之外臣”就是“玉皇客”的意思。三十六帝是道教中所说的天有三十六层，每一层都有一个天帝，故有三十六帝。外臣，方外之臣，不为人间帝王所管。值得注意的是，为什么李白一出宫便急着要加入道籍，做一个道士呢？这是因为，李白通过三年的供奉翰林，深知朝廷和官场的险恶。那些排斥和打击他的高力士、杨国忠、张垍之流，是决不会轻易放过他的。他们会以种种罪名来迫害他，甚至于除之而后快。他必须一隐到底，隐匿到道教中去，有一个真正的道士身份罩着他，才能证明自己是真的脱离人间、跳出世俗，不归人间帝王的王法所管了，这样你还能将我怎么样？再一个原因是，只有当了道士，才能落实他的“谪仙人”称号。我是谪仙人，是个道士，即使是对朝政有所批评，说些狂话，这也只是一个世外之人的意见，你也不好说什么。第三层的意思是说，李白真的是对求仙学道有兴趣，他从小就喜欢仙人自由自在的生活，很讨厌宫廷死板的规矩和世俗礼教的束缚，道教也能给李白提供一些思想方面的自由空间。况且，道教在唐玄宗天宝时期是国教，朝廷给各地的道教宫观和道士的待遇，还是很丰厚的，对李白以后的生活也能提供方便。由于以上原因，李白急于入道也就可以理解了。

李白回到兖州南陵家中，与子女团聚，十分高兴。他们一起在庭院中浇树种花，扎篱树桩。李白有时会闲坐树下，手执酒杯，看着平阳、伯禽姊弟游戏嬉闹，享受天伦之乐。

转眼间到了天宝四载（745年）秋天，杜甫前来赴约，造访李白。二人受济南郡李之芳之邀，一起去济南参加李之芳在大明湖畔所建新亭的落成典礼。到济南后，他们二人受到李之芳的热情招待。同时被邀的还有北海太守李邕和济南的众多名士乡贤。李邕见到李白，非常高兴。自从渝州见面以来，他们已经有二十多年没有见面了。当时李白还是一个年轻人，现在已经成了名闻天下的大诗人。他拉着李白的手说：“当年我真是有眼不识璞中玉，想不到您真是一只大鹏，一飞冲天。您当时那个狂劲，真有些像老夫年轻的时候啊。”李白问道：“您老还记得我临别时给您的那首诗吗？”李邕笑道：“当然记得。”他想了想，闭目吟道：“大鹏一日同风起，抟摇直上九万里。假令风歇时下来，犹能簸却沧溟水。世人见我恒殊调，闻余大言皆冷笑。宣父犹能畏后生，丈夫未可轻年少。”

吟完后，他问李白：“对吧？”李白说：“竟然一字不差。从祖您老真是好记性啊！”

“老喽，不行了。当年你真是年少气盛，胸怀凌云之志。今日果然不负当年所愿，成了名扬天下的大诗人喽！”

“当年在渝州，少不更事，多所得罪。”回想起当年之事，李白颇有歉意。李邕大笑，说：“老夫眼拙，当年真是看走眼了。你走后，我看了苏长史给我的书信，好生后悔，让下人去找你时，你已经走了。唉，往事如烟哪！”

李白说：“惭愧，惭愧，我那时真是不知天高地厚啊。”李邕笑道：“哪里，哪里。你能使力士脱靴，国忠捧砚，龙巾拭吐，贵妃侍酒，在长安出尽了风头，占尽了风光。其胆其识，哪个可比？从小看大嘛，此言真是不虚。”

二人一提起在渝州的那段往事，便说个没完，往日的不快都化成了今日愉快的回忆。

船靠历下亭停下，四人和随从下船入亭。亭上酒宴已经摆好，有济南名士八九人已在此等候，见到李白、杜甫和李邕等，纷纷起身前迎。

李邕指着李白和杜甫向众人介绍了一番，众人都一起拱手。李邕招呼众人入席：今日在此雅集，又有二位大诗人在场，面对如此佳景，何不吟它几首诗，以流芳后世？李邕对李白说：太白，吟首诗吧，好久没有听你吟诗了。李白说：我就给从祖再献上几首绝句吧。李白即兴挥笔，一挥而就。李之芳拿过诗稿念道：

初谓鹊山近，宁知湖水遥。
此行殊访戴，自可缓归桡。

湖阔数十里，湖光摇碧山。
湖西正有月，独送李膺还。

水入北湖去，舟从南浦回。

遥看鹊山转，却似送人来。

（《陪从祖济南太守泛鹊山湖三首》）

众人看后，一片称赞之声。李之芳将诗稿递给了李邕，李邕高兴极了，他对李白说：这是你第二次向我赠诗，我以后就更有向人炫耀的资本了！

李之芳将笔墨递给杜甫，请他也来一首。杜甫推辞不过，也写了一首。李之芳拿起诗稿念道：

东藩驻皂盖，北渚凌清河。

海右此亭古，济南名士多。

云山已发兴，玉佩仍当歌。

修竹不受暑，交流空涌波。

蕴真惬所遇，落日将如何！

贵贱俱物役，从公难重过。

（杜甫《陪李北海宴历下亭》）

众人听了之后都击掌称绝，其中“海右此亭古，济南名士多”二句，令众多济南人士感动不已。

李邕高兴地说：得你们二位的诗，真是太珍贵了。老夫的名字也要随你们的大作流传千古了！

石门送别

李白、杜甫二人在济南逗留了半个月左右之后，便回到了东鲁。在兖州的城北，他们一道去找隐居在此地的范十居士家。由于不熟悉道路，他们二人在城壕里迷了路，在荒坡野沟中骑着马乱走，李白从马上跌了下来，帽子上、身上的翠云裘上沾满了苍耳子。他们二人摘了半天，也摘不净，干脆不摘了。最后，他们好不容易才找到了范十的家。在柴门前，李白大呼："范十老兄，快开门。"书童开了柴门，见眼前来了两个衣冠不整的人，前面的一个更是头上、衣服上都沾着苍耳子，连忙跑回去报告范十，范十来到门前疑惑地看着二人。李白笑问道："认出来我们是谁了吗？"范十大声喊道："这不是太白兄和子美贤弟吗，怎么成了这个样子？"忙迎进门来，让小童为李白摘衣服上的苍耳子，并令家人准备了全素席的家宴，用自酿的村酒请客人畅怀痛饮。这农家乐式的酒菜让李白和杜甫觉得既味道鲜美，又清爽可口。酒后，他们又一起品尝了院中树上刚摘下来的秋梨、酸枣，以及自种的寒瓜，聊着各自最近的际遇。老朋友见面无话不谈，李白他们就这样无忧无虑地在这里玩了十多天，才与范居士告别。此事李白有诗记曰：

雁度秋色远，日静无云时。
客心不自得，浩漫将何之？
忽忆范野人，闲园养幽姿。

茫然起逸兴，但恐行来迟。
城壕失往路，马首迷荒陂。
不惜翠云裘，遂为苍耳欺。
入门且一笑，把臂君为谁。
酒客爱秋蔬，山盘荐霜梨。
他筵不下箸，此席忘朝饥。
酸枣垂北郭，寒瓜蔓东篱。
还倾四五酌，自咏猛虎词。
近作十日欢，远为千载期。
风流自簸荡，谑浪偏相宜。
酣来上马去，却笑高阳池。

（《寻鲁城北范居士，失道落苍耳中，见范置酒摘苍耳作》）

此事杜甫在《与李十二白同寻范十隐居》中也有记载：

李侯有佳句，往往似阴铿。
予亦东蒙客，怜君如弟兄。
醉眠秋共被，携手日同行。
更想幽期处，还寻北郭生。
入门高兴发，侍立小童清。
落景闻寒杵，屯云对古城。
何来吟橘颂？谁欲讨莼羹？
不愿论簪笏，悠悠沧海情。

杜甫此诗应是看过李白赠范居士诗以后所作，他们所写的是同一件事。首二句是对李白诗的夸赞。下四句是写李白、杜甫二人的友谊，“怜君如弟兄”，是杜甫的真切感情，“醉眠秋共被，携手日同行”二句，形象地刻画出二人如胶似漆的兄弟般的感情。“更想”以下六句，写二人同访范十隐居的具体情况。诗的最后四句，是写李白、杜甫与范十之间的朋友感情，不是为了吃吃喝喝，而是为了追求屈原《橘颂》般纯洁高尚的友谊。他们在一起所讨论的，不是如何仕进当官的话，而是远离世俗的隐逸之趣。杜甫这首诗是一首五言排律，但给人的感觉却像一首五言古诗，细读之下才知道，它是一首标准的五言排律。由此可见杜甫的功力有独到的地方，其诗才是不下于李白的。

李、杜二人回到兖州时，天气已到了晚秋，他们又游了东蒙山、石门山等地。此时，杜甫出门已有数月之久，渐有归家之念，于是，他们在兖州东鲁门的石门水闸前相别。临别时，杜甫仍有些依依不舍。在二人相交的过程中，他感到李白由于受到长安三年宫廷生活的影响，确实对朝政太失望了，出朝后又当了道士，出世的思想占了上风，生活作风更加旷达了。于是，杜甫以游戏的口吻，写给李白一首诗：

秋来相顾尚飘蓬，未就丹砂愧葛洪。
痛饮狂歌空度日，飞扬跋扈为谁雄？
（杜甫《赠李白》）

意思是，我们秋天相遇的时候就如同蓬草一样到处漫游，老兄你虽然入了道，却没有像葛洪一样炼丹成仙，你天天痛饮狂歌、虚度时日，你飞扬跋扈，到底是为什么呀？李白知道，这是杜甫对他的关爱和安慰，希望他不要沉迷于炼丹修道，不要过度以酒浇愁，以免损害身体健康。李白没有想到，去年在洛阳陆浑庄前口占嘲戏杜甫的绝句，杜甫却在这儿等着他呢。他笑着对杜甫说：老弟你还年轻，将来你会懂得我的。既是相别，我也送给你几句诗吧。诗曰：

醉别复几日，登临遍池台。
何时石门路，重有金樽开。
秋波落泗水，海色明徂徕。
飞蓬各自远，且尽手中杯。
（《鲁郡东石门送杜二甫》）

李白觉得杜甫此一去，不知何时才能再见面，心中不觉有些黯然。但还是告诉自己要看开些，人生悲欢离合是常有的事情。他指着眼前的泗水和远处的徂徕山，山清水秀，兖州东鲁门前的景色是美好的。但飞蓬相聚，总有散时。我们各尽杯中酒，各奔前程吧。李白这首诗看似平淡，其实蕴含的情感还是很深的。“何时石门路，重有金樽开”两句，是深有感慨的。人生相逢的机会并不是很多，说不定此一去便是永诀，命运犹如飘蓬，聚散都不由人，还是看开些吧。这其实是有道之言。李白的有些诗，是富有哲理的。

杜甫向李白长揖而别，从此二人就再也没能见面。杜甫走后，李白感到十分失落，难过了好几天。他一个人在南陵沙丘，沿着泗水河走来走去，感觉很孤独：他很难找到像杜甫这样的知己，能相互谈心了。于是他又写了一首怀念杜甫的诗：

我来竟何事？高卧沙丘城。
城边有古树，日夕连秋声。
鲁酒不可醉，齐歌空复情。
思君若汶水，浩荡寄南征。

（《沙丘城下寄杜甫》）

诗的前四句，写自己一个人在沙丘城外隐居的寂寞，后四句写了他一个人感到十分苦闷，整日借酒浇愁，鲁酒再美也醉不了诗人的心，齐歌再动听也消除不了对朋友的思念之情。诗人对友人的思念犹如汶水一样，浩浩荡荡地向杜甫所在的西南方流去。

再游吴越

离开长安后，李白既有“逐臣”之感，也有些“辞君还忆君”的恋阙之情。但长安接连不断出现的李林甫和杨国忠陷害忠良的大案使李白悲愤不已，他立誓不向权贵摧眉折腰，并骂他们为“苍蝇”“蹇驴”和“鸡狗”。他决心割裂过往，在民间隐居，但对国家前途的担忧也时刻挂在他的心头。

吴越情深

杜甫走后，李白在家大病了一场，将养了一个多月，才逐渐痊愈。时有县令窦薄华欲还西京，与李白告别。李白强扶病身，送他至尧祠和石门坝口道别。在送窦薄华的诗中，除了描写尧祠前石门坝的景色，李白还特别写道："酒中乐酣宵向分，举觞酹尧尧可闻。何不令皋繇拥彗横八极，直上青天扫浮云！"（《鲁郡尧祠送窦明府薄华还西京》）这几句诗的意思是，朝中有许多小人在执掌朝纲，尧帝为什么不派皋繇拿着横扫八极的大扫帚，把青天上的浮云都一扫而尽呢。这分明是李白还念念不忘朝中的国事，对那些围绕在皇帝身边的奸佞小人十分愤恨。诗的最后四句："尔向西秦我东越，暂向瀛洲访金阙。蓝田太白若可期，为余扫洒石上月。"是说你前去的是西秦的长安，而我却要暂往东越吴会去求仙学道了，你若在蓝田和太白山（实指长安）站稳了脚跟，不要忘了邀我李白前去月下喝酒啊。这最后一句，其言外之意就是，李白还是想回到长安，再入朝廷。这段时间里，李白的心情是十分矛盾的。一方面对朝廷十分想念："客自长安来，还归长安去。狂风吹我心，西挂咸阳树。此情不可道，此别何时遇？望望不见君，连山起烟雾。"（《金乡送韦八之西京》）又如："遥望长安日，不见长安人。长安宫阙九天上，此地曾经为近臣。一朝复一朝，发白心不改。屈平憔悴滞江潭，亭伯流离放辽海。"（《单父东楼，秋夜送族弟沈之秦》）从这两首诗中可以看到，李白自从离开长安之后，对长安、朝廷一直怀着思念之情。他还在诗中自比被流放在外的屈原和亭伯，真是身在江湖而心怀魏阙啊。

《长相思》一诗就充分地表达了李白离开长安，又对长安的思念之情：

长相思，在长安。
络纬秋啼金井阑，微霜凄凄簟色寒。
孤灯不明思欲绝，卷帷望月空长叹。
美人如花隔云端。
上有青冥之高天，下有渌水之波澜。
天长路远魂飞苦，梦魂不到关山难。
长相思，摧心肝。

这首诗约作于天宝年间李白被迫辞京还山以后。《长相思》属乐府《杂曲歌辞》，是以《长相思》为题的乐府诗，自刘宋以来有数十首，其中以李白这一首最为有名。

这首诗可分为前后两段。上半段是写一个单相思者的痛苦情状。“长相思，在长安”，开头二句，点明了诗人所相思的对象是在京城长安。“络纬”五句，写诗人所居之处和时间，是在一个寒秋的夜晚，蟋蟀悲鸣的井旁的屋子里，陪伴诗人的是凄凉的床席和昏暗的孤灯，他卷帘望着窗外的明月，发出悲叹。这是为什么呢？是因为他所思念的如花美人，像天上的月亮一样可望而不可即，可亲而不可近；即是说，在现实中，他所追求的心上人，与他如云泥相隔，是追求不到的。诗的下半段，是写既然现实上无法追到，那么就在梦中追求吧。“上有”四句，是写即使在梦中，也上有青冥高天之遥远，下有渌水波澜的阻隔，使他的梦魂处处受到“天长路远”的重重关山的阻隔，而到不了长安，其愿望在梦中也一样得不到实现。最后，诗人发出“长相思，摧心肝”这样令人撕心裂肺的绝望呼喊。

关于此诗的主题，有各种解说。或谓戍妇思夫之作，或谓自道相思之词，或谓贤者不遇之怨，或谓逐臣思君之词，各有胜解。王夫之云：“题中偏不欲显，象外偏令有余，一以为风度，一以为淋漓。呜呼，观止矣！”（《唐诗评选》卷一）道出了此诗的写作特点。但是大多数学者都认为，李白的这首诗不仅仅是一首情诗，而是一首像《楚辞》一样，以“香草美人”比喻君子贤人，以男女相思之情比喻李白君国之思和对理想的追求，有寄托和象征意义的诗。所以唐汝询所说的“此太白被放之后，心不忘君而作”（《唐诗解》卷十二），弘历所说的“贤者穷于不遇，而不敢忘君，斯忠厚之旨也。辞清意婉，妙于言情”（《唐宋诗醇》卷二）的观点，不一定全对，但还是有一定道理的。李白“凡所著述，言多讽兴”（李阳冰《草堂集序》），李白的这首诗就是如此。

李白不忘君国之余，另一方面，他也十分庆幸自己能够脱离长安和朝廷的压迫和排挤，回归自然和山林，去过不受约束的自由生活，做一个身心自主的自由人。最后，还是后一种思想占了上风。

天宝五载（746年）的春天，李白与东鲁诸友告别，准备南下吴越。临别时分，李白赠给他们一首诗，名叫《梦游天姥吟留别》：

海客谈瀛洲，烟涛微茫信难求。
越人语天姥，云霞明灭或可睹。
天姥连天向天横，势拔五岳掩赤城。
天台四万八千丈，对此欲倒东南倾。
我欲因之梦吴越，一夜飞度镜湖月。
湖月照我影，送我至剡溪。
谢公宿处今尚在，渌水荡漾清猿啼。
脚著谢公屐，身登青云梯。
半壁见海日，空中闻天鸡。
千岩万转路不定，迷花倚石忽已暝。
熊咆龙吟殷岩泉，栗深林兮惊层巅。
云青青兮欲雨，水澹澹兮生烟。
列缺霹雳，丘峦崩摧。
洞天石扇，訇然中开。
青冥浩荡不见底，日月照耀金银台。
霓为衣兮风为马，云之君兮纷纷而来下。

虎鼓瑟兮鸾回车，仙之人兮列如麻。
忽魂悸以魄动，恍惊起而长嗟。
惟觉时之枕席，失向来之烟霞。
世间行乐亦如此，古来万事东流水。
别君去兮何时还？
且放白鹿青崖间，须行即骑访名山。
安能摧眉折腰事权贵，使我不得开心颜。

此为告别东鲁诸友的诗篇，诗题下注曰：一作“别东鲁诸公”。天宝元年（742年），李白怀着许身报国的理想走进长安，起初还得到了唐明皇的一时宠遇，但很快就遭受到朝中权贵的谗言和排挤。他在长安不到三年就主动要求辞京还山，回到了东鲁。天宝四载（745年），他与杜甫在兖州分别，杜甫后来去了长安，而此时他却要到吴越去漫游了。

这是一首借梦游以抒怀的诗。诗人以梦游的形式，来表达他所追求的自由理想与黑暗现实的冲突，以及他对权贵集团的藐视和与之决裂的决心。这首诗可分为四个部分。明代朱谏说：“按此诗初叙天姥之胜概（计八句），次言梦中游历之事，及既觉之情（计二十句），又次言古今凡事皆如梦也，以总结上意（计二句），末言归山留别以著作诗之由（计五句），此天姥次序略节之大要也。”笔者基本上同意他的分析，但也略有不同。

此诗的首八句，是听了越人对剡中地区美丽风光的描述，心中起了游历剡中的念头。越人就是南朝刘宋时期的山水诗人谢灵运，谢诗中有“暝投剡中宿，明登天姥岑”的诗句。传说天姥山是道教中的第十洞天，其实只是越中一座高不及千米的普通山峰，可在李白的眼中，却成了“天台四万八千丈，对此欲倒东南倾”的大山。从“我欲因之梦吴越”起以下二十六句，是李白写梦游的主体部分。这一部分其实可一分为二，从开头到“丘峦崩摧”的十八句，是李白梦游天姥山的部分。他先是见到“半壁见海日，空中闻天鸡”的奇景，可是在此段的后半部分，所见到的却是“熊咆龙吟殷岩泉，栗深林兮惊层巅”的险恶情景。这段前面的景物描写，所隐喻的是李白在天宝初期入长安时，受到皇帝的宠遇、权贵们的吹捧的时运，而后面的惊险情景，所隐喻的是他失宠后在长安的险恶遭遇。接着，“洞天石扉”下面的八句，是李白梦游洞天仙境的情景。这一部分描写的是“日月照耀金银台”的神仙世界，其中的各路仙人乘风驾鸾到此神仙洞府聚会，好不热闹。这是隐喻李白所向往、追求的理想境界。第三段写梦醒而悟，原来是好梦一场。“世间行乐亦如此，古来万事东流水”，人间好如一梦，梦醒原是一场空而已。虽然李白此悟是受了道家思想的影响，见解并不高明，却也反映出对黑暗现实的否定，是有一定进步意义的。第四段写李白决心远游，不再与统治者合作，不愿与他们同流合污，“安能”两句石破天惊，说出了诗人的心声。篇终显其志，可谓是振聋发聩之言。梦中神游，山川飞度，探幽览胜，险象环生，诗境愈想愈奇。或说诗人是借梦境以托言：“回首蓬莱宫殿，有若梦游，故托天姥以寄意。”（陈沆《诗比兴笺》卷三）其说虽有些牵强，但诗末“安能摧眉折腰事权贵，使我不得开心颜”二句，确实表达了太白对朝中权贵和奸佞的藐视和厌恶，不啻是与统治者决裂的宣言书，表现出诗人追求独立的自由个性和不向权贵低头的伟岸人格。

这首诗显然是李白经过长时间的考虑和思想斗争，对自己的思想进行的一个总结。长安宫廷生活是不值得留恋的，摧眉折腰事权贵的日子是不能忍受的，自然山水和人间普通的自由生活才是他的归宿之处，才是他真正所追求的。

天宝五载（746年）的春天，李白坐着运河上的船，沿运河南下直达扬州。在扬州的瓜洲渡，李白为他的族叔中书舍人李贲所接待。他们一同游览了齐浣所开凿的新运河。据《旧唐书·齐浣传》记载，齐浣在开元二十五年（737年）“迁润州刺史，充江南东道采访处置使。润州北界隔吴江，至瓜步沙尾，纡汇六十里，船绕瓜步，多为风涛之所漂损。（齐）浣乃移其漕路，于京口塘下直渡江二十里，又开伊娄河二十五里，即达扬子县。自是免漂损之灾，岁减脚钱数十万。又立伊娄埭，官收其课，迄今利济焉”。李白因念齐公之功而作《题瓜洲新河饯族叔舍人贲》诗，对“齐公凿新河，万古流不绝。丰功利生人，天地同朽灭”作了歌颂，并对李贲的热情招待表示感谢。

李白在扬州住了几日，与当地的官员和朋友赋诗饮酒。临别时写了一首《广陵赠别》诗表示惜别：

玉瓶沽美酒，数里送君还。
系马垂杨下，衔杯大道间。
天边看绿水，海上见青山。
兴罢各分袂，何须醉别颜。

过了大江之后，江南岸便是镇江京口，李白在此游览了长江中的焦山。松寥山在焦山之东的长江中，又名海门山。由于是在江雾中，松寥山在江中若隐若现，有如仙境，故为李白所赞赏。他写了一首《焦山望松寥山》，对松寥山展开了浪漫的想象：

石壁望松寥，宛然在碧霄。
安得五彩虹，驾天作长桥。
仙人如爱我，举手来相招。

离开了镇江后，李白乘船路经润州丹阳县（丹阳本云阳旧地）。他看见一艘艘大船，拉着从南方收购来的太湖石，要通过运河运向长安。唐玄宗从开元末年就开始崇信道教，沉湎酒色，不理朝政，享乐腐化。统治集团中的皇亲国戚、王公权贵，甚至于宦官都开始大修楼堂馆所，扩展园圃苑囿，大建花园假山。这就需要大量的太湖石。他们从南方收罗石头，再用大船通过运河运到京城。这与北宋末年的花石纲差不多。李白曾对这种腐败风气写诗讽刺道："中贵多黄金，连云开甲宅！"（《古风五十九首》其二十四）李白看到，那些赤背光脚的船工在河畔吃力地拉纤，连干净的水都喝不上，碗中有一半泥浆。而天气正值夏日，赤日炎炎，热得他们汗流浃背。船工们想把一块大石拉到河边的船上，可是石头太大、太重，怎么也拉不上河滩。目睹于此，李白含泪写下了一首悲歌《丁都护歌》。歌曰：

云阳上征去，两岸饶商贾。

吴牛喘月时，拖船一何苦。
水浊不可饮，壶浆半成土。
一唱都护歌，心摧泪如雨。
万人凿盘石，无由达江浒。
君看石芒砀，掩泪悲千古。

《丁都护歌》是一首乐府诗中的曲调，原辞曲“其声哀切”，此用其辞调悲苦。李白这首拟乐府只用其声哀苦之意，与丁都护本事无关，当是船夫所唱的音乐曲调名。李白的旧题乐府，常常是只借用一个乐府诗的题目或部分意义，所写内容大多是现实内容，与乐府旧题内容无关。这是李白旧题乐府诗的特征之一。萧士赟说：“太白乐府，每篇必檃栝一事而作。”其说甚是。那么此诗檃括的是什么事呢？萧士赟在其注中引了两个事件，一个是秦始皇开凿金陵秦淮河，以断王气之事，又引唐史，说天宝年间韦坚开凿运河引淮水至长安广运潭之事。凿通运河本是好事，与李白此诗无关，有关的是朝廷通过开凿运河“江南征发甚繁”之事。唐天宝年间，唐玄宗高枕安卧、贪图享受，朝廷上下大兴建筑宫室园林之风。当是之时，李白在江南丹阳所见到的船夫运江南大石（奇石）之事，为之伤叹不已，而作此诗。

此诗写丹阳百姓拖船运石之苦，诗中表达了李白对劳动人民的关切和同情。云阳，天宝之后改名为丹阳。“云阳上征去”，上征即逆流而上，郭沫若说：“揣诗意，当是采取太湖石，由运河北运，故言‘云阳上征’。”（《李白与杜甫》）郭说近是。“饶商贾”是说，云阳是一个南北水陆交通的枢纽，商贾众多。在这里李白见到一群拖船的船夫，在夏日炎炎之时拉纤北上，口渴之时，喝的是泥浆一样浑浊的水，唱着《都护歌》音调谱成的凄苦悲哀的拉纤歌。李白见此状，不禁泪流如雨。李白好用比喻，如不说是炎炎夏日，而说是“吴牛喘月时”；不说唱的是拉纤的悲歌，而说是“都护歌”。不但形象生动，而且符合南方的风情，又有深厚的历史感，还紧扣乐府题意。但这些船夫拉的是什么东西呢？原来他们是要将一块巨石拉到江边的船上。因为这块石头太大、太重了，他们无法将石头由江岸拉到河滩边，再拉上船去。芒砀，并非是芒砀山，而是极言石头之大的形容词。面对着船夫如此悲惨之状，诗人遂发出“掩泪悲千古”之叹。

《唐宋诗醇》卷四说：“落笔沉痛，含意深远，此李诗之近杜者。”相对杜甫来说，李白关于人民疾苦的诗要少一些，因此这首诗就显得特别珍贵。

李白这次沿着运河南行，主要是去会稽见贺知章，他们在长安约定出京后在镜湖见面的。李白到达山阴的镜湖后，急忙下船，在一个小童的指引下，来到了贺府。贺府出来相迎的却不是贺知章，而是他的儿子贺僧子。贺僧子说，他的父亲回家一年后就病故了，享年八十六岁。他说他的父亲在临终时，还叫着李白的名字。李白十分愧疚地说：我来得太迟了。在会稽山下贺知章的墓碑前，李白烧祭了他给贺知章的两首诗，诗前有序言写道：“太子宾客贺公，于长安紫极宫一见余，呼余为‘谪仙人’，因解金龟，换酒为乐。怅然有怀，而作是诗。”诗云：

四明有狂客，风流贺季真。
长安一相见，呼我“谪仙人”。
昔好杯中物，今为松下尘。
金龟换酒处，却忆泪沾巾。

狂客归四明，山阴道士迎。
敕赐镜湖水，为君台沼荣。
人亡余故宅，空有荷花生。
念此杳如梦，凄然伤我情。

（《对酒忆贺监二首》）

贺知章是李白的伯乐，是他和玉真公主引荐李白入朝的。尤其是他给李白的“谪仙人”称誉，使李白的身价倍增。他们二人志同道合，本来想在朝廷中大干一番，可是却遭到许多王公权贵和奸佞小人的阻挠和迫害，最终二人都被迫离开了朝廷。他们原本约定共进共退，可是如今二人却是天人相隔了。李白将祭诗火化，并将酒浇在坟前，朝着墓碑拜了三拜，泪流满面，不能自已。

离开了会稽，李白乘着剡溪的小船南下，来到了沃洲湖、天姥山。剡溪、沃洲、天姥山地区是中国东南的风景秀丽之处，人称是美人的眉眼盈盈处，李白对这里的风景一直是十分向往的。早在当初出蜀时，他就说“霜落荆门江树空，布帆无恙挂秋风。此行不为鲈鱼鲙，自爱名山入剡中”（《秋下荆门》），之后李白诗中不断地夸剡中风光：“若教月下乘舟去，何啻风流到剡溪！”（《东鲁门泛舟二首》），“忽思剡溪去，水石远清妙。雪昼天地明，风开湖山貌”（《经乱后将避地剡中，留赠崔宣城》），“会稽风月好，却绕剡溪回。云山海上出，人物镜中来。”（《赠王判官，时余归隐居庐山屏风叠》）李白在剡溪乘舟至沃洲湖游览了那里的青山秀水之后，兴致勃勃地攀上了他向往已久的天姥山。南望“四万八千丈”的天台山，相比之下，天姥山只是一个小山丘而已，远不像以前在梦中所想象得那么高。他于是又想起了初到江东时就已造访过的天台山，那是一个东南的佛教和道教的名山，想起了大智和尚所在的国清寺和司马承祯曾经清修过的桐柏观。

在天台山上，他站在华顶峰上极目眺望，向着东海，畅怀高吟：

登高丘，望远海。
六鳌骨已霜，三山流安在?
扶桑半摧折，白日沉光彩。
银台金阙如梦中，秦皇汉武空相待。
精卫费木石，鼋鼍无所凭。
君不见骊山茂陵尽灰灭，牧羊之子来攀登。
盗贼劫宝玉，精灵竟何能。
穷兵黩武今如此，鼎湖飞龙安可乘。

（《登高丘而望远海》）

此诗是李白站在“谪仙人”的高度来远望大海、眺望人世的。穿越神话和历史，他向上天和世人叩问：神话中的三神仙在哪里？东海之上挂白日的扶桑树又在何处？方士们所说的仙界银台金阙又在哪里？昔日好神仙求长生的秦皇、汉武真是被骗的傻瓜，都是在做长生不死的美梦。精卫填海是白费木石，海中驮着三神山的六只神龟，根本就是方士们的胡说八道。始皇陵中的秦始皇和茂陵中的汉武帝，连骨头都成灰了，他们的陵墓连放羊娃都敢上去玩耍。盗墓贼偷盗宝物，守卫王陵的精灵在哪里呢？因为他们都是穷兵黩武的暴君，怎么可能乘龙成仙呢。从此诗中可以看到，李白根本就不信得道成仙的那一套，他是从历史上的例子，来批判唐玄宗崇道求仙误国的。他清楚地知道，所谓的长生之说，就是道士们骗人的谎言。他本人所谓的求仙学道，也只不过是一种精神寄托和自我保护而已。与此相仿，李白还有一首更厉害的诗《日出入行》：

日出东方隈，似从地底来。
历天又复入西海，六龙所舍安在哉！
其始与终古不息，人非元气，安得与之久徘徊。
草不谢荣于春风，木不怨落于秋天。
谁挥鞭策驱四运，万物兴歇皆自然。
羲和，羲和，汝奚汩没于荒淫之波？
鲁阳何德，驻景挥戈。
逆道违天，矫诬实多。
吾将囊括大块，浩然与溟涬同科。

这首诗可能与《登高丘而望远海》写于同一时期，也是一首表达李白哲理思想的诗。他对太阳运行的轨道有所思考，问道：太阳早晨从东方出来，好像是从地底下钻出来一样，从天上走过，又复入西海之中。那么驾日的六龙是在何处休息呢？太阳日复一日，东起西落，第二天又从东到西在天上走了一遍，那么它是怎样在夜间回到东方的？这个千百年来都没有人提出的问题，却由李白第一个提出。他很可能已经猜测到地球是圆形的，太阳在夜间是从地球的背面由西绕到东的。太阳的运行是千古不变的，而人却不像自然元气可以长久存在。人的生命很短暂，是不能与太阳相比的。李白说，草木开花并不用感谢春风，落叶纷飞也不能怨恨秋天。四季变化是自然现象，没有什么神仙能驱使它。传说中御日的羲和，她是怎样落入西方无边大海中去的？传说中的鲁阳可以挥动戈杖让太阳停下来，是逆道违天的，是不可信的。我是多么想将自然万物囊括起来，与自然元气混为一体，能够与天地同寿啊。但那是可能的吗？李白这种思想，其实一点也不迷信，还真有一些唯物主义的世界观与科学思想，这在一千多年前的唐代是很难得的。这与他具有“谪仙人”的批判意识是有关的。

李白离开了天台山，要回金陵去。路过杭州时，为其族弟杭州太守李良所邀请，一起去看了樟亭的钱塘潮，看到了“涛卷海门石，云横天际山。白马走素车，雷奔骇心颜”（《送王屋山人魏万还王屋》），感受到了钱塘江大潮的气魄和大自然的壮伟。随后又过苏州，参观了当年吴越争霸的战场和吴王为西施所筑的灵岩宫，念起了自己年轻时在此地所作的《乌栖曲》，“姑苏台上乌栖时，吴王宫里醉西施”，以及《苏台览古》中“只今惟有西江月，曾照吴王宫里人”的诗句，感慨当今的朝廷不吸取历史的教训，眼看着要踏上吴王沉湎酒色的误国之路，因而不胜唏嘘。在路过湖州时，李白受到当地人的热烈欢迎。湖州司马迦叶，是个佛教居士，见李白在席上谈佛说道，议论风生，就很奇怪地问李白说：“李学士身为谪仙人，却对佛家理论如此精通，又能一饮三百杯，素有酒仙翁之称。您到底是仙，是佛，还是酒仙翁？”李白听了哈哈大笑说：“我既是青莲居士，又是个谪仙人，也是一个酒仙翁。”他叫人呈上笔墨，挥笔写道：

青莲居士谪仙人，酒肆藏名三十春。
湖州司马何须问，金粟如来是后身。
（《答湖州迦叶司马问白是何人》）

一时间，李白亦仙、亦佛、亦酒仙的大名，传遍江南。

重访秦淮

天宝七载（748年）春，李白终于回到了他阔别多年的金陵，这个他朝思暮想的地方。这是他青年时代的安乐窝，也是他诗歌的发迹之地。

听说李白回到了金陵，他的一帮新朋旧友，都又齐集在李白周围。今日非同旧日，李白如今是一个身穿宫锦袍，头戴乌纱巾的，人称“谪仙人”和翰林学士的明星般的人物，身份是何等的荣耀，如同衣锦还乡一样。

一次，李白与朋友在城西孙楚楼饮酒，又遇到了当年的金陵子。金陵子当场为众人歌唱李白的新诗，众人玩得不亦乐乎。喝完了酒，李白要到石头城边的驿店中去拜访新从长安来到金陵的侍御史崔成甫。李白刚从孙楚楼出门，就被众人围观，大家听说是名满长安的“谪仙人”李翰林又回到了金陵，就拥着李白从孙楚酒楼出来，上了秦淮河的船。这时天色将晚，上有明月高照，下有明灯闪耀，河两岸的人越聚越多，都来观看从长安来的“谪仙人”李白。只见李白头戴乌纱巾，身披宫锦袍，站在船头向大家频频招手，玉树临风，宛如天人。他在《玩月金陵城西孙楚酒楼，达曙歌吹，日晚乘醉著紫绮裘乌纱巾，与酒客数人棹歌秦淮，往石头访崔四侍御》诗中记载了此夜的情景：

昨玩西城月，青天垂玉钩。
朝沽金陵酒，歌吹孙楚楼。
忽忆绣衣人，乘船往石头。

草裹乌纱巾，倒被紫绮裘。
两岸拍手笑，疑是王子猷。
酒客十数公，崩腾醉中流。
谑浪棹海客，喧呼傲阳侯。
半道逢吴姬，卷帘出揶揄。
我忆君到此，不知狂与羞。
月下一见君，三杯便回桡。
舍舟共连袂，行上南渡桥。
兴发歌渌水，秦客为之摇。
鸡鸣复相招，清宴逸云霄。
赠我数百字，百字凌风飙。
系之衣裘上，相忆每长谣。

到了石头城，他们舍舟登岸，在南渡桥遇见了崔成甫。于是李、崔二人携手而行，同众宾客一起到了崔成甫的寓所，张灯结彩，重开夜宴，一直喝个通宵。酒筵上无话不谈。崔成甫是李白在长安结交的一个老朋友，开元年间他初任陕县尉。天宝初年，陕郡太守、江淮租庸转运处置使、太子妃弟韦坚，开引浐水至禁苑东望春楼下之广运潭，大功告成。玄宗率百官前去观看，韦坚集中数百条大船，载各郡特产及珍宝，陈列船上。只见陕县尉崔成甫站立船头，身着锦衣袒露半臂，红罗抹额，领唱《得宝歌》，船上美女齐声唱和，很得玄宗赏识。后崔成甫升任为监察御史，后因韦坚得罪于皇上，他也被贬官江南。席上，崔成甫写了《赠李十二白》一诗，诗曰：

我是潇湘放逐臣，君辞明主汉江滨。
天外常求太白老，金陵捉得酒仙人。

李白也写了一首《酬崔侍御》作答：

严陵不从万乘游，归卧空山钓碧流。
自是客星辞帝坐，元非太白醉扬州。

崔成甫和在场的宾客齐声称赞：真谪仙人也！

崔成甫说，杜甫在天宝五载（746年）已到长安，次年参加了制举考试。但此场考试却无一人及第，李林甫上奏皇帝说："野无遗贤。"因此，杜甫现在长安生活较为潦倒。杜甫听人说，李白已经到了金陵，便托崔成甫转交给李白一封信，信中有杜甫写给李白的一首诗，《春日忆李白》：

白也诗无敌，飘然思不群。
清新庾开府，俊逸鲍参军。
渭北春天树，江东日暮云。
何时一樽酒，重与细论文。

诗中，杜甫对李白诗思之敏捷和诗歌水平之高，做了高度的评价。说李白之诗天下无敌，其飘逸之风超然出群。他在长安思念着远在江东的李白，就像渭北的春树和江东的暮云一样，远隔千里，两地相望。他很想再和李白举酒论诗，重温他们在梁、宋、齐鲁之游的快乐时光。看到这里，李白感动不已，深感此生得此一知己，足矣。

金陵是李白中晚年生活的主要之地。他对金陵这个六朝古都是深有感情的。他作有《金陵三首》《登金陵冶城西北谢安墩》《金陵白杨十字巷》《劳劳亭歌》《金陵歌送别范宣》《月夜金陵怀古》《登金陵凤凰台》等诗。其《金陵三首》曰：

其一

晋家南渡日，此地旧长安。
地即帝王宅，山为龙虎盘。
金陵空壮观，天堑净波澜。

醉客回桡去，吴歌且自欢。

其二

地拥金陵势，城回江水流。
当时百万户，夹道起朱楼。
亡国生春草，王宫没古丘。
空余后湖月，波上对瀛洲。

其三

六代兴亡国，三杯为尔歌。
苑方秦地少，山似洛阳多。
古殿吴花草，深宫晋绮罗。
并随人事灭，东逝与沧波。

这三首诗，描绘了金陵这个六朝古都由极度繁荣昌盛、虎踞龙盘之险，到如今的六朝相继而灭，只剩下了荒台古丘、残砖败瓦，由当时人口百万的煌煌帝都，变成了一座人烟不到十万人家的古城遗墟，只有钟山等还有些东都洛阳的影子，心中十分感慨。他写了这三首诗，还嫌不过瘾，于是在登凤凰台时又写了一首《登金陵凤凰台》：

凤凰台上凤凰游，凤去台空江自流。
吴宫花草埋幽径，晋代衣冠成古丘。
三山半落青天外，一水[1]中分白鹭洲。
总为浮云能蔽日，长安不见使人愁。

在这首诗中，李白前六句是写景与怀古，是感慨金陵的沦落，以及开阔苍茫的自然景致；最后两句写出了诗人对朝廷的思念和对时局的担心。此诗相比《金陵三首》更进一步，不仅对六朝古都金陵城的历史没落感到伤心，还有对当今大

① 一作“二水”。

唐命运的担忧。他身在江湖而心存魏阙，以浮云蔽日作喻，直刺当今朝廷为奸贼小人所蒙蔽，国家前途岌岌可危，表达了由衷的忧愁。

另外从写作方法上来讲，这首诗是李白有意和崔颢的《黄鹤楼》一诗暗中较劲。昔年太白游黄鹤楼时，见崔颢《黄鹤楼》诗，曾搁笔而叹："眼前有景道不得，崔颢题诗在上头！"及今登凤凰台而题此诗，要与崔颢一竞高低。此说信然，李诗确系模拟崔诗。后人对二诗高低互有甲乙，或曰崔甲于李，或云李优于崔，或说二人各有优劣，不分甲乙，竟成诗苑一大聚讼。二诗优劣不好枉谈，然二诗意境却是不同的。崔诗旨在怀乡，而李诗却旨在忧国；崔诗写于开元盛世，而李诗却作于天宝年间中期，其时玄宗昏庸，小人当政，大唐之危机日益显露。

此诗的首联"凤凰台上凤凰游，凤去台空江自流"二句，犹有崔诗《黄鹤楼》的影响，后面就不同了。颔联二句，由登览风景转为怀古。吴宫已为花草所埋，成为幽径；晋代衣冠已风流远去，变成古丘，是"悲江左无人"而叹南朝之兴亡也。颈联转入写景，三山半落、白鹭中分，惜江山寥落也。尾联以"总为浮云能蔽日，长安不见使人愁"为结，则是对眼前大唐时局的感慨，朝廷已被奸臣与小人所把持，大唐前途堪忧。可见此诗比崔诗的"乡愁"更深了一层，故前人云"爱君忧国之意，远过乡关之念，善占地步矣"（瞿佑《归田诗话》卷上）。对比崔颢、李白二诗，可以看到，二诗都是律诗拗体。《黄鹤楼》上半首是古风，下半首是律体，是一首古风体的七律。而《登金陵凤凰台》是一首中二联对仗、全是律句但却为失黏的七律。七律失黏在盛唐时多见，是七律在过渡时期出现的现象，不为大病。王维的七律也多有失黏现象，后代诗家未见多责。其实，李白从形式上模仿《黄鹤楼》的并非这一首，而是《鹦鹉洲》一诗。而《登金陵凤凰台》诗，则是从思想、意境和技巧等方面欲与《黄鹤楼》争衡、对垒的创新之作，不能全等同于模仿。

李白此时在金陵还写过《金陵城西楼月下吟》《秋夜板桥浦泛月独酌怀谢朓》等诗，是在月夜高楼上怀念齐代大诗人谢朓之作。现举前诗为例：

金陵夜寂凉风发，独上高楼望吴越。

白云映水摇空城，白露垂珠滴秋月。

月下沉吟久不归，古来相接眼中稀。
解道澄江净如练，令人长忆谢玄晖。

谢朓是南朝刘宋时谢灵运的宗族的裔孙，他继承了谢灵运写山水诗的传统。谢灵运是山水诗的开拓者，其诗若“芙蓉出水”，新鲜可爱，而谢朓之诗却“流走如弹丸”，清丽自然。《晚登三山还望京邑》等诗是他的代表作，其中“澄江静如练”是谢诗中的名句。李白对谢朓甚为倾倒，所以在此诗中他引了“澄江静如练”的全句，而仅改了一个字，将谢诗中的“静”字改为“净”字。在《秋夜板桥浦泛月独酌怀谢朓》诗中，也有“汉水旧如练，霜江夜清澄”的句子，诗中还夸赞了谢朓，说“玄晖难再得”等诗句，可见李白正如清人王士禛所说的，他是“一生低首谢宣城”（《论诗绝句》）啊。

王昌龄是李白开元年间在岳阳相识的好友。他少年时代隐居嵩山读书，开元十二年（724年）赴河陇，出玉门，大长见识。其优秀的边塞诗，也多是此时所作。后于开元十五年（727年）中进士，开元十九年（731年）以博学宏词登科，后出任汜水尉，天宝初年至长安，改调江宁丞，与李白相遇。李白在长安所写的《塞下曲六首》的边塞诗，很受其影响。王昌龄因边塞诗和宫怨诗在京城诗名大振，人称“诗家夫子王江宁”。他善写七绝，与李白齐名，二人惺惺相惜。在江宁任上，王昌龄因“不护细行”之名所累，沉沦下僚，久不得调，后于天宝七载（748年）初，被贬龙标尉。王昌龄由京城直赴贬所，因此李白在金陵没有见着他。当有人告诉李白，王昌龄已赴龙标贬所时，李白十分痛惜王昌龄的命运，于是写了《闻王昌龄左迁龙标，遥有此寄》，以表对老友的相思之情：

杨花落尽子规啼，闻道龙标过五溪。
我寄愁心与明月，随风直到夜郎西。

此诗首句“杨花落尽”宋本作“扬州花落”。从“扬州花落”则说明此诗作于扬州，若从“杨花落尽”则说明李白所说的是杨花落尽的晚春。杨花其实指的是柳花，俗称柳絮。杨即指柳，李时珍《本草纲目·木二·柳》：“杨枝硬而扬起，故谓之杨。柳枝弱而垂流，故谓之柳。盖一类二种也。”柳絮飘飞不定，比喻被贬谪的王昌龄。“子规啼”中，子规的叫声如“行不得也哥哥”，是悲离别的。因此首句是以杨花和子规起兴，有悲王昌龄漂泊远行之意。第二句“闻道龙标过五溪”，这是李白听说王昌龄被贬到龙标这个地方，“过五溪”是说龙标这个地方是个遥远的蛮荒之地。此为叙事。后二句是诗人所要表达的思念之情。他不用直白的语言来说自己对老友的思念之情，而将自己的愁思寄于明月，让明月捎给远方的朋友。寄心明月是化用了齐浣《长门怨》中“将心托明月，流影入君怀”的诗意，但说得更加明快，给人印象更深。夜郎，指唐代的夜郎县，在今贵州桐梓北，一说在今湖南芷江县的西南新晃侗族自治县境内，在龙标县的西北。“夜郎西”其实指的西方的夜郎，诗里是以夜郎西代指龙标，即远在夜郎国之西的意思。为什么要提夜郎呢，一因夜郎比龙标更有名，二因提起夜郎容易让读者联想到汉代那个“夜郎自大”的夜郎国，那是一个一般人认为极为荒远的地方。

此诗后二句寄心明月，随月而去，想象之奇特，寄意之情深，非太白不能为。桂长祥云：“太白绝句，篇篇只与人别，如《寄王昌龄》等作，体格无一分相似。奇节风格，万世一人。”（《李诗选》）

心怀国忧

天宝八载（749年），是李白对朝政极为愤怒的一年。从天宝六载（747年）起，李林甫在京城大兴冤狱，先后发生了几大冤案。

首先是韦坚一案。韦坚是太子妃韦氏之兄。天宝初年，韦坚任陕郡太守和开凿长安广运潭的水陆转运使，疏通渭河与黄河，并将浐河之水引进广运潭，潭上集周围郡县几百条进贡船，向玄宗献礼。其中有陕县尉崔成甫缠红抹额，戴锦半臂站在船头上领唱《得宝歌》，当时韦坚出尽风头，深受玄宗褒奖。韦坚后升散骑常侍，兼任江淮租庸转运处置使及御史中丞等职，引起右相李林甫的忌恨。李林甫为固己位，先是交结武惠妃和高力士，以预知上意，继而讨得玄宗喜欢。其后让武惠妃进谗言，害死太子瑛及鄂王李瑶、光王李琚，力推武惠妃子寿王李瑁为太子。不过他没有料到的是，玄宗却立了忠王李亨为太子。后武惠妃死，李林甫惧。他欲撼动李亨的太子位，便拿太子妃之兄韦坚说事，说韦坚交结外官欲拥立太子。玄宗怒，迫使太子李亨废韦妃，并赐韦坚及皇甫惟明死。此案一并牵连了左相李适之、裴宽、韩朝宗等人，李适之被罢相、贬官，在贬所自尽，而裴宽、韩朝宗皆被连坐斥逐。后太子妃杜良娣之父杜有邻，与其女婿柳勣不协，柳勣上书告杜有邻不法，引李邕为证，诏王鉷与杨国忠按问。王鉷与杨国忠附会李林甫之意而奏之，于是赐杜有邻自尽，出杜良娣为庶人，北海太守李邕、淄川太守裴敦复及其党数人并坐法。李邕和裴敦复都被杖杀于庭，其他所谓党人如崔成甫等，皆被远谪僻乡。陇右节度使皇甫惟明也因牵连于交结太子案，而被处死。

其二是王忠嗣案。王忠嗣九岁时以其父死王事，起复拜朝散大夫、尚辇奉御，赐名忠嗣，养于禁中多年。肃宗在忠王府邸时，与忠嗣游处。忠嗣长大之后，雄毅寡言，胸有武略。玄宗以其为兵家子，与之论兵，应对纵横，皆出意表。玄宗谓之曰："尔后必为良将。"因多年为边将抵御吐蕃与突厥，守边有功，开元二十九年（741年），玄宗授忠嗣为朔方节度使、左武卫大将军，摄御史大夫，天宝四载（745年）充河东节度采访使，进封清源县公。他与太子李亨自幼交好，而李林甫不佐太子李亨，视其为后患，故屡起大狱以危害太子，多赖太子谨慎无过，流言不入。于是李林甫令济阳别驾魏林诬告王忠嗣，说他欲拥兵以佐太子。玄宗闻之曰："我儿在内，何路与外人交通？此妄也。"但是对王忠嗣已有戒心，贬其为汉阳太守。起先，玄宗欲攻吐蕃所据石堡城，王忠嗣说石堡城易守难攻，唐军要攻取此堡将会伤亡惨重，他不愿以数万人的性命，来换取个人的功名。《旧唐书·王忠嗣传》中说，天宝六载（747年），当董延光献策请攻石堡城，玄宗诏命王忠嗣分兵接应。王忠嗣勉强而从，董延光不悦。河西兵马使李光弼觉得王忠嗣有危险，急忙前往相告说："大夫以数万众付之，而不悬重赏，则何以贾三军之勇乎？大夫财帛盈库，何惜数万段之赏以杜其谗口乎！彼如不捷，归罪于大夫矣。"王忠嗣说："李将军，忠嗣计已决矣。平生始望，岂及贵乎？今争一城，得之未制于敌，不得之未害于国，忠嗣岂以数万人之命易一官哉？假如明主见责，岂失一金吾羽林将军，归朝宿卫乎！其次，岂失一黔中上佐乎？此所甘心也。虽然，公实爱我。"李光弼谢曰："向者恐累大夫，敢以衷告。大夫能行古人之事，非光弼所及也。"遂趋而出。后来董延光攻打石堡城，过了期限仍攻不下来，他上疏说王忠嗣兵马迟迟未到，所以师出无功。李林甫又令济阳别驾魏林告王忠嗣，说他以前任朔州刺史时，王忠嗣为河东节度使，曾给他说过"早与忠王同养宫中，我欲尊奉太子"。玄宗听了大怒，便令王忠嗣入朝，让三司推讯其罪，几乎陷于极刑。后任哥舒翰代王忠嗣为陇右节度使，特承恩顾，奏王忠嗣是冤枉的，词甚恳切，请求以自己的官爵替他赎罪，玄宗之怒稍解。十一月，贬王忠嗣为汉阳太守。天宝七载（748年），转任其为汉东郡太守。天宝八载（749年），王忠嗣暴卒，终年四十五岁。

李林甫因王忠嗣位重权高，历任持节充西平郡太守，判武威郡事，充河西、陇右节度使，又权知朔方、河东节度使事，“佩四将印，控制万里，劲兵重镇，皆归掌握，自国初已来，未之有也。寻迁鸿胪卿，余如故，又加金紫光禄大夫……频战青海、积石，皆大克捷。寻又伐吐谷浑于墨离，虏其全国而归”（《旧唐书·王忠嗣传》），功高盖世，为李林甫忌，所以他才千方百计地想办法陷害他、除掉他。自此以后，“连岁大狱，追捕挤陷，诛夷者数百家，皆（杨）国忠发之。（李）林甫方深阻保位，国忠凡所奏劾，涉疑似于太子者，林甫虽不明言以指导之，皆林甫所使，国忠乘而为邪”（《旧唐书·李林甫传》），李林甫与杨国忠二人狼狈为奸，相互勾结、相互为用。

天宝八载（749年），哥舒翰领兵十万又去攻打石堡城，伤数万士卒，才将石堡城拿下，总共才伤擒吐蕃四百余人。正如王忠嗣所言，这是一场得不偿失的战争。

其三，李林甫除了千方百计打击和迫害他的政治对手如李适之、韦坚、皇甫惟明、王忠嗣、李邕、裴敦复、崔成甫等人，还在科举选士等方面采取压制手段。比如在天宝六载（747年）的一次制举中实行骗局，此次科举，考生全部落第，他竟然没有录取一人，还向皇帝报告说“野无逸贤”。此次制举落第中，就包括元结和杜甫。李林甫特别害怕有知识的文化人中举，将来会有人代替他。他与安禄山等不识字的胡人相互勾结，对其加以重用，认为这些胡人将来不会威胁到他的相权，于是安禄山等胡人将领都得到了重用。安禄山在天宝年间以来，先后为平卢节度使、范阳节度使，天宝六载加御史大夫，最后被封为东平郡王。这为以后安禄山尾大不掉以致拥兵叛逆，埋下了祸根。

因交结太子案，李林甫在长安连年兴起大狱，迫害忠良数百家，引起一片恐慌，使得天下人人自危。此消息传到金陵，友人王十二说给李白听，李白大惊。于是他写了《答王十二寒夜独酌有怀》一诗，对时局和朝政表示担心和忧虑，并怒斥朝中的奸佞和群丑：

昨夜吴中雪，子猷佳兴发。
万里浮云卷碧山，青天中道流孤月。
孤月沧浪河汉清，北斗错落长庚明。

怀余对酒夜霜白，玉床金井冰峥嵘。
人生飘忽百年内，且须酣畅万古情。
君不能狸膏金距学斗鸡，坐令鼻息吹虹霓。
君不能学哥舒，横行青海夜带刀，西屠石堡取紫袍。
吟诗作赋北窗里，万言不值一杯水。
世人闻此皆掉头，有如东风射马耳。
鱼目亦笑我，请与明月同。
骅骝拳跼不能食，蹇驴得志鸣春风。
折杨皇华合流俗，晋君听琴枉清角。
巴人谁肯和阳春，楚地由来贱奇璞。
黄金散尽交不成，白首为儒身被轻。
一谈一笑失颜色，苍蝇贝锦喧谤声。
曾参岂是杀人者？谗言三及慈母惊。
与君论心握君手，荣辱于余亦何有？
孔圣犹闻伤凤麟，董龙更是何鸡狗？
一生傲岸苦不谐，恩疏媒劳志多乖。
严陵高揖汉天子，何必长剑拄颐事玉阶。
达亦不足贵，穷亦不足悲。
韩信羞将绛、灌比，祢衡耻逐屠沽儿。
君不见李北海，英风豪气今何在？
君不见裴尚书，土坟三尺蒿棘居。
少年早欲五湖去，见此弥将钟鼎疏。

此诗作于天宝八载（749年）冬。诗中首先营造了一个凄凉的气氛，在这个寒冷的冬夜里，他的心情十分低落，唯有饮酒才能解其郁闷。显然是酒起了作用，把他心中的无限悲愤发泄出来。他把批判的矛头，指向那些为非作歹的掌权者，甚至于连皇帝也不放过。李白首先是批评了皇帝好斗鸡，斗鸡小儿受宠，志得意满，出气成霓。其次是批评玄宗好大喜功的扩边政策，指使陇右节度使哥舒翰西屠石堡城，为了攻取一个只有几百人把守的小小城堡，而不惜牺牲数万将士的生命。再次是批判朝廷不重视甚至迫害贤才，而让那些专事谗言的宵小和无能之辈占据高位、得意忘形。李白将朝中那些进谗言害人的小人比作是玷污贝锦的苍蝇和得意鸣春风的蹇驴，而将被朝廷迫害和遗弃的忠良贤才比作是骅骝和奇璞。这个世界真是已经弄颠倒了，鱼目可以混珠，真玉璞可以当成石头，喜唱下里巴人而不喜阳春白雪，喜欢流俗之曲，而对师旷所奏的《清角》之音，根本听不懂或听了会坏事儿。这里的“晋君听琴”的故事是这样的：春秋时晋平公要听师旷奏《清角》曲，师旷认为晋平公德薄，不足以听。晋平公坚持要听，于是师旷鼓奏了《清角》之曲。一奏之后，玄云从西北而来；二奏之后，大风至，大雨随之，裂帷幕、破俎豆，堕廊瓦，坐者散走，平公恐惧，伏于廊室之间。之后晋国大旱，赤地三年。晋平公也因此一病不起。诗中引用这个故事有讽刺玄宗无德之意，不足以听《清角》之曲，这说明李白是有意讽刺皇帝失德的。“曾参”二句，谓当今社会小人诬陷好人，即使如孔子之高徒、品德高尚的曾参之类的人物，被他人造的谣多了，也会弄假成真。这里，李白以曾参自比，在长安就遭到小人诬陷，最后只好辞京还山。“孔圣”二句是说孔子听说凤鸟不至，麒麟被获，感到自己是身逢乱世，此喻玄宗的开元盛世不再，大唐社稷已到危险的边缘。皇帝身边只剩下了像前秦董龙那样只会阿谀奉承的小人，李白视其为鸡狗一样的人物。李白宁肯做“一生傲岸苦不谐，恩疏媒劳志多乖”官场失意的隐逸之士，也不愿做服侍权贵的奴才。他最敬佩的是汉代的隐为钓徒和天子平等相见的严子陵，而不愿做的是服侍玉阶之下的达官显贵。这说明李白确实腰间有傲骨，有平视天子和睥睨权贵之意。“达亦不足贵，穷亦不足悲。”李白将穷达荣辱看得很开，他自比高傲的韩信，根本看不起像绛侯周勃和颍阴侯灌婴之辈，又自比祢衡，不会与屠夫和沽酒之辈同流合污。诗的最后，提到李北海和裴尚书这样的先辈为李林甫所陷害，李白为此感到十分悲痛。这是对李林甫这样的权奸愤怒的抗议。李白此时才发现，像李林甫这样“口蜜腹剑”的伪君子的真面目，他是一个口是心非、心狠手辣的刽子手，真是罪该万死！李白对昏君和奸佞不再抱有希望，要与他们彻底割裂，从此遁迹江湖。借对朋友的答诗，李白表达了他对社稷的忧心与对黑暗政治的强烈批判。

对于唐玄宗的扩边战争，李白写了一首《古风五十九首》其十四，来表达他对玄宗屡开边衅的批评态度：

胡关饶风沙，萧索竟终古。
木落秋草黄，登高望戎虏。
荒城空大漠，边邑无遗堵。
白骨横千霜，嵯峨蔽榛莽。
借问谁凌虐，天骄毒威武。
赫怒我圣皇，劳师事鼙鼓。
阳和变杀气，发卒骚中土。
三十六万人，哀哀泪如雨。
且悲就行役，安得营农圃。
不见征戍儿，岂知关山苦。
李牧今不在，边人饲豺虎。

李白的这首诗，显然针对的是玄宗所发动的与西域诸国及吐蕃的战争。其中的“匈奴”，显指西方胡族和吐蕃，是以汉代唐的称呼。所指的战争，也不止一两次，而是概指许多次。当然还是以高仙芝的西域之战和哥舒翰的石堡城之战为主要内容。以李白看来，这些战争是因为胡人先发动了不义之战，而唐方不得已进行的反击保卫战，但从征战的效果上来看，都是得不偿失的。那就是“且悲就行役，安得营农圃”，抽调了农村的壮劳力，影响了内地的农业生产。再一个是对征戍的几十万战士在边疆的守戍之苦及在战争中的牺牲表示同情。所以他呼吁，边塞缺少像战国时李牧那样有才能的将军，所以让许多守边的士卒，白白地牺牲掉了生命。李牧在这里是有所指的，可能就是指能征善战而又爱护士卒的王忠嗣，可惜他被迫害，并暴卒。暗中批判哥舒翰是一个只想夺取功名权势而不爱惜士卒生命的悍将莽夫。

李白写了这首诗后，觉得还不够尽兴。于是又作了一首《战城南》的乐府诗，以达其意：

去年战，桑乾源；今年战，葱河道。
洗兵条支海上波，放马天山雪中草。
万里长征战，三军尽衰老。
匈奴以杀戮为耕作，古来惟见白骨黄沙田。
秦家筑城备胡处，汉家还有烽火燃。
烽火燃不息，征战无已时。
野战格斗死，败马号鸣向天悲。
乌鸢啄人肠，衔飞上挂枯树枝。
士卒涂草莽，将军空尔为。
乃知兵者是凶器，圣人不得已而用之。

这是一首乐府诗，它是从汉乐府《战城南》发展出来的。汉乐府的原辞为："战城南，死郭北，野死不葬乌可食。为我谓乌：且为客豪！野死谅不葬，腐肉安能去子逃？水深激激，蒲苇冥冥；枭骑战斗死，驽马徘徊鸣。梁筑室，何以南？何以北？禾黍不获君何食？愿为忠臣安可得？思子良臣，良臣诚可思：朝行出攻，暮不夜归！"这是一首汉代的反战诗。其主题是彰显战争的残酷性，显示了士卒战死沙场的悲惨场面。李白的这首乐府诗，继承了汉乐府的主要精神，但所写的主题思想更加深刻。元人萧士赟说："开元、天宝中，上好边功，征战无时，此诗盖以讽也。"（王琦注《李太白全集》卷三引）其说甚是。首二句，去年、今年，是用乐府手法，并非实数，言常年如此之意。桑乾源，指今河北和山西北部一带，首句是泛指北方地区发生战事。葱河道，在今帕米尔高原，属唐时安西都护府管辖，二句是泛指西北方面的战事。这两个地方，都是唐时比较紧张的战区，从唐开元以来经常发生战事。三四两句，写西方战事，条支，是指在安西都护府下辖的条支都督府，府治在今阿富汗的加兹尼，天山泛指西域，此指西域极远的地方。天宝六载（747年），安西副都护、都知兵马使兼安西四镇节度副使高仙芝，受玄宗之命攻打西域的小勃律和大勃律，此二国皆在葱岭以西的帕米尔高原。高仙芝率领万余人马用了三个多月的时间，克服了重重困难，越过了高达五六千米的重重雪山和冰川，一下子拿下了降服于吐蕃的大、小勃律，并押解其国王和王后返回长安。后来在与吐蕃的战斗中，唐朝军队也付出了巨大的代价。从历史大局势的眼光来看，此战对丝绸之路的开通和保护是有积极意义的。但从劳民伤财、耗费国力、影响农业生产及众多士卒牺牲的角度上来看，无疑这些战争是残酷的，也是有负面作用的。长期的远途征战，也使兵士师老兵疲。高仙芝出征西域与哥舒翰攻打吐蕃，以数万士兵的性命来换取石堡城，在有些人看来，都是唐玄宗的扩边之举，如李白、杜甫等人，都有反战的情绪。但对于战争的根源和态度问题上，李白的观点与杜甫的看法是有一定区别的。李白虽然也反战，但也不反对正义的自卫之战。他认为“匈奴以杀戮为耕作，古来憔见白骨黄沙田”，就是说，李白能从生产方式方面来看胡、汉战争的原因。西北地区的游牧民族，他们的生产方式是游牧和打猎。由于生产方式方面的单一，生活资料的不足，他们时常会对汉民族地区的人民进行掠夺。其掠夺和杀戮，在他们看来就相当于汉民族的农业耕作一样的正常生产活动，就如同打猎一样合理。他们的劫掠行为是他们的生产方式所决定的，所以“秦家筑城避胡处，汉家还有烽火燃”。从秦到汉，一直是如此，因为生产方式决定了他们的思想和制度，他们侵略的本性是不会改变的。故从秦至汉，战争不已，“烽火燃不息，征战无已时”的情况无法改变。这种看法就比较深入和高明。所以，既然战争无法避免，就不能彻底反战，既要有反侵略之战的准备，也不要轻起边衅，牺牲将士的生命，加重人民的负担。但战争必有残酷的一面，就是“野战格斗死，败马号鸣向天悲。乌鸢啄人肠，衔飞上挂枯树枝。士卒涂草莽”，令人惨不忍睹。所以他最后呼吁：“乃知兵者是凶器，圣人不得已而用之！”就是说，李白并不一味地反对战争，但是要慎战，这种看法显然是辩证的。

关于战争方面，除了《战城南》提及的北方战事，还有唐朝对南诏的战争。据《旧唐书》的《南诏传》和《杨国忠传》载，天宝七载（748年），南诏阁罗凤袭任云南王。起初，南诏助唐抗吐蕃，不久，鲜于仲通为剑南节度使，张虔陀为云南太守。鲜于仲通褊急寡谋，张虔陀狡诈，待阁罗凤不以礼。阁罗凤与其妻子谒见张虔陀，阁罗凤妻子为张虔陀所私通。阁罗凤怒，凡有所征求，阁罗凤多不应，张虔陀遣人辱骂之，并向朝廷密奏其罪恶。阁罗凤对张虔陀十分气愤、怨恨。天宝九载（750年），南诏发兵反攻，围攻张虔陀，并将其杀死。天宝十载（751年），鲜于仲通率兵出戎、嶲州攻南诏。阁罗凤遣使谢罪，与云南录事参军姜如芝俱来，请还其所掳掠，说："吐蕃大兵压境，若不许，当归命吐蕃，云南之地，非唐所有也。"鲜于仲通不许，囚其使，进兵逼大和城，为南诏所败。从此后阁罗凤北臣吐蕃。玄宗大怒，杨国忠荐鲜于仲通为益州长史，令率精兵八万讨南诏，与阁罗凤战于泸南，结果唐军全军陷没。杨国忠掩其败状，仍叙其战功。同一年，杨国忠权知蜀郡都督府长史，充剑南节度副大使，知节度事，仍荐仲通代己为京兆尹。国忠又使司马李宓率师七万再讨南蛮。李宓渡泸水，为蛮所诱，至太和城，不战而败，李宓死于阵。国忠又隐其败，以捷书上闻。自仲通、李宓再举讨蛮之军，其征发皆中国利兵，然于土风不便，沮洳之所陷，瘴疫之所伤，馈饷之所乏，死亡者十之八九。凡举二十万众，弃之死地，只轮不还，人衔冤毒，无敢言者。云南王阁罗凤本来是效忠唐王朝的，却被云南太守张虔陀欺压和益州长史鲜于仲通所逼反，而杨国忠屡败屡伐，是属于不义者。当时多有诗人歌颂这次讨伐南诏的战争，如王维、高适、岑参等皆有诗歌颂之。唯有李白对此次战争给予谴责，《古风五十九首》其三十四云：

羽檄如流星，虎符合专城。
喧呼救边急，群鸟皆夜鸣。
白日曜紫微，三公运权衡。
天地皆得一，澹然四海清。
借问此何为，答言楚征兵。
渡泸及五月，将赴云南征。
怯卒非战士，炎方难远行。
长号别严亲，日月惨光晶。
泣尽继以血，心摧两无声。
困兽当猛虎，穷鱼饵奔鲸。
千去不一回，投躯岂全生。
如何舞干戚，一使有苗平？

太白此诗约作于天宝十载（751年）在金陵时。天宝九载（750年）南诏王阁罗凤反叛唐王朝，降于吐蕃。鲜于仲通被打得大败，杨国忠于天宝十载在全国到处征兵，重征云南。此云“楚征兵”者，是说在南方吴楚一带，也在征兵。“渡泸及五月，将赴云南征”，因五月时南方瘴气正浓，泸水难渡。而此时若赴云南，恐难于取胜。所以当时被征者不愿前往，知道去征云南者必死。李白对于这些战士抱着深深的同情之心，他认为要让南诏回归大唐，只需用怀远人的政策，不必打仗。后来的事实证明，阁罗凤其实是想归顺唐朝的，可是杨国忠和鲜于仲通就是不同意。最后，阁罗凤被逼无奈，只好投吐蕃，与唐朝军队死战到底，鲜于仲通率兵讨伐，结果大败。李白想用和平的手段来解决南诏问题的想法，最终未能实现，这都是杨国忠等自大好战、穷兵黩武的结果，李白对其提出了尖锐的批评。

元氏二友

天宝十载（751年），李白欲回东鲁兖州南陵家中，与家中儿女团圆。途中经过谯郡时，拜访了谯郡的参军元演。元演见到分别多年的老朋友，十分高兴，热情地接待了李白。说起元氏兄弟，与李白可谓兄弟情深。李白视他们的感情为“异姓天伦”。二人回忆起当年在洛阳会面、在天津桥饮酒的热闹场面，一起与元丹丘到随州苦竹院为胡紫阳拜寿时的情景，以及二人一起奔赴太原游晋祠、观歌舞的时刻，还谈到了李白应诏长安和辞京还山之事，聊得非常尽兴。最后，二人在鄼台分别，元演回到长安家中去，李白则回到东鲁沙丘的家中。回到家后，李白就写了《忆旧游寄谯郡元参军》一诗，寄给元演：

忆昔洛阳董糟丘，为余天津桥南造酒楼。
黄金白璧买歌笑，一醉累月轻王侯。
海内贤豪青云客，就中与君心莫逆。
回山转海不作难，倾情倒意无所惜。
我向淮南攀桂枝，君留洛北愁梦思。
不忍别，还相随。
相随迢迢访仙城，三十六曲水回萦。
一溪初入千花明，万壑度尽松风声。
银鞍金络到平地，汉东太守来相迎。

紫阳之真人，邀我吹玉笙。
餐霞楼上动仙乐，嘈然宛似鸾凤鸣。
袖长管催欲轻举，汉东太守醉起舞。
手持锦袍覆我身，我醉横眠枕其股。
当筵意气凌九霄，星离雨散不终朝。
分飞楚关山水遥，余既还山寻故巢，
君亦归家渡渭桥。
君家严君勇貔虎，作尹并州遏戎虏。
五月相呼渡太行，摧轮不道羊肠苦。
行来北凉岁月深，感君贵义轻黄金。
琼杯绮食青玉案，使我醉饱无归心。
时时出向城西曲，晋祠流水如碧玉。
浮舟弄水箫鼓鸣，微波龙鳞莎草绿。
兴来携妓恣经过，其若杨花似雪何。
红妆欲醉宜斜日，百尺清潭写翠娥。
翠娥婵娟初月辉，美人更唱舞罗衣。
清风吹歌入空去，歌曲自绕行云飞。
此时行乐难再遇，西游因献长杨赋。
北阙青云不可期，东山白首还归去。
渭桥南头一遇君，酂台之北又离群。
问余别恨今多少？落花春暮争纷纷。
言亦不可尽，情亦不可极。
呼儿长跪缄此辞，寄君千里遥相忆。

此诗是首纪事诗，它写了李白与元演于洛阳、随州、太原及谯郡四地相聚与分别的情形。这是一首长篇的七古，《唐宋诗醇》中弘历评此诗说：“白诗天才纵逸，至于七言长古，往往风雨争飞，鱼龙百变；又如大江无风，波浪自涌；白云从空，随风变灭，可谓怪伟奇绝者矣。此篇最有纪律可循。历数旧游，纯用叙事之法，以离合为经纬，以转折为节奏，结构极严而神气自畅。至于奇情胜致，使览者应接不暇，又其才之独擅者耳。”弘历是说，李白这首七言古诗与李白其他的七言古诗相比，写法有些不同。李白大多数的七言古诗写得是随心所欲，想怎么写就怎么写，其章法和思路是无例可循的。此诗却是个例外。它是一首叙事诗，首尾叙述，有章可循，次序俨然，很有规矩。但是也不呆板，于叙事之中情融于景，将叙事和抒情巧妙地结合起来，这是李白的绝招。就是这首诗，使李白在开元二十三、二十四年（735年、736年）的洛阳之行和天宝元年（742年）应诏西赴长安及辞京还山的若干行踪，有了确切的依据。这是此诗在史学层面的可贵之处。

李白在家与儿女相聚，过了月余的快乐日子。后来他听说，元丹丘在河南叶县城北高凤石门营建幽居以隐居。李白与这位几十年交情的老朋友有很长一段时间没有见面了，便打算前去一游。李白准备先给元丹丘去封信，以表达自己也想与老友一起隐遁的意愿，于是就提笔写了一首五言长诗寄给元丹丘，以探其口风。其诗《闻丹丘子于城北山营石门幽居，中有高凤遗迹，仆离群远怀，亦有栖遁之志，因叙旧以寄之》云：

春华沧江月，秋色碧海云。
离居盈寒暑，对此长思君。
思君楚水南，望君淮山北。
梦魂虽飞来，会面不可得。
畴昔在嵩阳，同衾卧羲皇。
绿萝笑簪绂，丹壑贱岩廊。
晚途各分析，乘兴任所适。
仆在雁门关，君为峨眉客。
心悬万里外，影滞两乡隔。
长剑复归来，相逢洛阳陌。
陌上何喧喧，都令心意烦。
迷津觉路失，托势随风翻。

以兹谢朝列，长啸归故园。
故园恣闲逸，求古散缥帙。
久欲入名山，婚娶殊未毕。
人生信多故，世事岂惟一。
念此忧如焚，怅然若有失。
闻君卧石门，宿昔契弥敦。
方从桂树隐，不羡桃花源。
高风起遐旷，幽人迹复存。
松风清瑶瑟，溪月湛芳樽。
安居偶佳赏，丹心期此论。

诗中述说了二人自长安离别之后多年的两地远隔，尤其是李白这几年在江南漫游，一个是在楚水之南，一个是在淮水之北，两地长久思念，虽梦魂长向往来，但却不能会面。李白回忆当年二人曾在嵩山隐居，一同求仙学道，远离功名世俗。后来二人各自有事就分开了，李白随着元演来到了太原和雁门关的边塞地区游历，而元丹丘却到蜀中的峨眉山去了。再后来，二人又回到洛阳见面，洛阳陌上红尘喧嚣令人心烦。起先心迷仕途，求飞黄腾达，后来才迷途知返，谢别公卿，回归故园。故园的寻幽探古的生活虽然很好，但想要入名山修道，还考虑到儿女已长大成人，对他们的婚嫁之事牵肠挂肚，不能免俗。人生多故，世事繁多，忧心如焚，怅然若失，实在是无法超脱。你如今幽居石门，和桃花源一般，其地有汉高凤隐循的遗迹，有高士之遗风雅怀，又有松风溪月为伴，弹琴饮酒，何其快哉！若与你在此隐居为伴，是很契合我心的。李白对元丹丘的这一次表白，表达了他对当前朝廷的彻底失望，希望能够给自己找一个心灵安身的地方，他要远离尘世，养心栖身。无疑，老友在高凤石门的幽居，就是李白要去的地方。

很快，李白就得到了元丹丘肯定的回信，于是他决定到叶县城北高凤石门的元丹丘幽居一观。这里的风景果然不负所望，他在《寻高凤石门山中元丹丘》诗中写道：

寻幽无前期，乘兴不觉远。
苍崖渺难涉，白日忽欲晚。
未穷三四山，已历千万转。
寂寂闻猿愁，行行见云收。
高松来好月，空谷宜清秋。
溪深古雪在，石断寒泉流。
峰峦秀中天，登眺不可尽。
丹丘遥相呼，顾我忽而哂。
遂造穷谷间，始知静者闲。
留欢达永夜，清晓方言还。

这首诗写的是李白到达叶县高凤石门后，与元丹丘一起游玩西唐山的经历。他们从白天玩到晚上，又从晚上游到第二日的清晨。他们不知疲倦地在山中绕来转去，欣赏白天和月下的美丽景色，欢喜不尽。

北探幽州

天宝十一载（752年），李白听崔度说安禄山有不臣之心后，决心到安禄山的大本营幽州一探虎穴。他看到的是安禄山在雄武城秣马厉兵，并屡挑边衅，以邀边功。“君王弃北海，扫地借长鲸。呼吸走百川，燕然可摧倾。心知不得语，却欲栖蓬瀛。弯弧惧天狼，挟矢不敢张。揽涕黄金台，呼天哭昭王”是李白探穴幽州时的真实感受。他写了《远别离》一诗，表达出对“君失臣兮龙为鱼，权归臣兮鼠变虎”的奸臣篡权、君主大权旁落、大唐江山将危的忧虑。

喜结梁苑

李白在西唐山中住了十多天，忽有宗璟前来相邀，要请李白到他在梁苑的家中住些日子。李白与元丹丘暂别，一起到了汴州。

宗璟是唐高宗和武则天时期的大臣宗楚客的孙子。宗楚客在武则天和中宗时三为宰相，后为韦后之党，景龙四年（710年）唐中宗被韦后所害，李隆基灭了韦后集团，宗楚客为韦后所牵连，也同时被诛，宗氏由是沦落，但在汴梁城内仍属大户。现在宗家是宗璟与其姊二人相依为命，强撑着这个家。其姊有三十多岁，早已过了婚嫁的最佳年龄。她在家念佛修道，雅好诗歌，特别对谪仙人李白的诗歌感兴趣。宗璟父母早亡，由其姊抚养长大，也雅好诗文。宗璟把李白邀请到家后，感到十分荣幸，对李白唯恐招待不周。他时常向李白请教诗文，还经常请大梁名士为李白设宴陪酒，赋诗吟咏。宗氏小姐虽不便经常露面，也时不时向李白请教诗赋及佛道方面的问题。宗小姐温柔可人、面目清秀，深得李白好感。宗璟有意促成其姊与李白的婚事，征得双方的意见后，便请人为媒出面撮合，一说便成。于是李白与宗氏便结秦晋之好，婚后鸾凤和鸣，相敬如宾，过起了美满的日子。

正当李白安心于幸福美满的新婚生活之时，李白的好友崔国辅之子崔度，从幽州回家，路过汴城，拜访了李白。谈话中崔度透露了幽州安禄山大营中的一些情况，说安禄山近来正忙着屯集大量的武器和粮草，在幽州城北建立了一座雄武城，整日在城内操练兵马，扩充军队，把汉将大部分都换成了番将，看来颇有不臣之心。

送崔度走后，李白心情十分沉重。他想起了一个人，这个人就是幽州范阳节度使幕府的判官何昌浩。前不久何判官在金陵见过李白，曾有邀李白入其幕府的打算，说安大帅极其仰慕太白先生。李白当时沉思了一下，为了稳住何昌浩这个人，他赠予了《赠何七判官昌浩》一诗。诗中说："有时忽惆怅，匡坐至夜分。平明空啸咤，思欲解世纷。心随长风去，吹散万里云。羞作济南生，九十诵古文。不然拂剑起，沙漠收奇勋。老死阡陌间，何因扬清芬。夫子今管、乐，英才冠三军。终与同出处，岂将沮、溺群？"诗中说，自己也有像何昌浩那样从军沙场、建功立业的愿望，并着实夸了何昌浩几句。但李白当时并未答应他去与不去，其实是虚与委蛇。如今听了崔度的话，他突然明白，原来安禄山是在招兵买马，已经算计到自己头上来了。李白感到此事非同小可，这是关系到了大唐社稷江山的大事，因听说安禄山已被玄宗封了东平郡王、御史大夫和平卢、河东、范阳三个节度使的头衔，并兼闲厩使和群牧使，调走了马场中最好的战马。此时，安禄山手中掌握了大唐二十多万的兵力，唐军总共四十多万兵力他占到了一半。一旦造反，国家前途堪忧。但是空口无凭，安禄山又为玄宗信任有加，不去观察，焉能知其真相？因此，他与夫人多次商谈此事，想要去幽州一探。但宗氏夫人死活不许，弄得李白忧愁终日，吃不好饭、睡不好觉，眼看身体消瘦起来。最后，宗氏夫人只好同意他的幽州之行。

虎穴探险

天宝十载（751年）冬日，汴州城的名士于逖和裴十三及宗氏姊弟顶着凛冽的寒风，一起送李白渡河北上。李白向众人拱手而别，在白马（今河南滑县）渡口踏着河冰，冒雪过河而去。当时李白曾作一首诗详记了此行：

太公渭川水，李斯上蔡门。
钓周猎秦安黎元，小鱼䲸兔何足言。
天张云卷有时节，吾徒莫叹羝触藩。
于公白首大梁野，使人怅望何可论。
既知朱亥为壮士，且愿束心秋毫里。
秦赵虎争血中原，当去抱关救公子。
裴生览千古，龙鸾炳天章。
悲吟雨雪动林木，放书辍剑思高堂。
劝尔一杯酒，拂尔裘上霜。
尔为我楚舞，吾为尔楚歌。
且探虎穴向沙漠，鸣鞭走马凌黄河。
耻作易水别，临岐泪滂沱。
（《留别于十一兄逖裴十三游塞垣》）

此诗分明是一曲易水送别的英雄壮行曲。李白此行是探虎穴，而不是去幽州寻找做官的机会或一般文人的赴边游历。他是带有报国使命的，这就是到安禄山的老巢之中，一探虚实。这是“钓周猎秦安黎元”有关社稷安危的大事，而不是“小鱼鵕兔”一类的小事。所以李白冒着极大的风险，踏着黄河上的冰凌渡河，他心知此行如“羝触藩”一样，羊角套在篱笆上，很可能就一去不回了。但他还是坚决要去，可见他的忧国之心的强烈和决心之大。他在诗中，借夸于逖如壮士朱亥和侯嬴，以喻此行如当年魏国公子信陵君借兵符以调军救赵击秦一样，是一件有关国家命运的大事，是一种舍身救国的英雄行为。所以，李白在诗的后两句说“耻作易水别，临岐泪滂沱”，如同荆轲刺秦一样英勇悲壮。

李白在白马渡渡河之后，向贵乡、清漳、邯郸、临洺等地而去，最终的目的地是幽州。途中作有《发白马》《魏郡别苏明府，因北游》《赠清漳明府侄聿》《自广平乘醉走马六十里，至邯郸登城楼，览古书怀》《登邯郸洪波台置酒观发兵》《赠临洺县令皓弟》《出自蓟北门行》《幽州胡马客歌》《北风行》等诗。在这些诗中，李白只写了当地的一些风光和民风民情，或歌颂了一些地方官的政绩及应酬诗。因此次幽州之行另有秘密的访查任务，故有些事情在诗中不好明显表现。不过这些诗中也偶尔露出了一些蛛丝马迹，如“将军发白马，旌节渡黄河。箫鼓聒川岳，沧溟涌涛波。武安有震瓦，易水无寒歌。铁骑若雪山，饮流涸滹沱。扬兵猎月窟，转战略朝那。倚剑登燕然，边烽列嵯峨”（《发白马》）。诗中虽写的是一次将军的行军过程，但其气势和氛围，却很像是一场战斗，其战争气氛十分浓厚。又如《登邯郸洪波台置酒观发兵》一诗，诗中写道：“我把两赤羽，来游燕赵间。天狼正可射，感激无时闲。观兵洪波台，倚剑望玉关。请缨不系越，且向燕然山。”诗中，李白正是抱着射“天狼”的目的，前来幽燕的。再如《幽州胡马客歌》：

幽州胡马客，绿眼虎皮冠。
笑拂两只箭，万人不可干。
弯弓若转月，白雁落云端。
双双掉鞭行，游猎向楼兰。

出门不顾后，报国死何难。
天骄五单于，狼戾好凶残。
牛马散北海，割鲜若虎餐。
虽居燕支山，不道朔雪寒。
妇女马上笑，颜如赪玉盘。
翻飞射鸟兽，花月醉雕鞍。
旄头四光芒，争战若蜂攒。
白刃洒赤血，流沙为之丹。
名将古谁是？疲兵良可叹。
何时天狼灭，父子得安闲。

《幽州胡马客歌》是一首乐府诗。诗中写一个胡族的战士身怀绝技，到边疆从军报国。他遇到的对手是凶残狠戾的匈奴人，匈奴人的风俗是好战成风，就连其女子也个个是善于骑射的好手。两方一旦打起仗来，就是刀枪拼搏，血染黄沙，许多战士牺牲在战场。因战争经常发生，边塞士卒师老兵疲，令人叹息，他们十分渴望战胜敌人，早些结束战争。可这个御敌的良将在哪里呢？此诗的结尾和杜甫的《后出塞》诗同一机杼，意在指责安禄山频频与奚奴等打仗，以邀边功。

李白还有一首诗是直斥安禄山的《北风行》：

烛龙栖寒门，光耀犹旦开。
日月照之何不及此，惟有北风号怒天上来。
燕山雪花大如席，片片吹落轩辕台。
幽州思妇十二月，停歌罢笑双蛾摧。
倚门望行人，念君长城苦寒良可哀。
别时提剑救边去，遗此虎纹金鞞靫。
中有一双白羽箭，蜘蛛结网生尘埃。
箭空在，人今战死不复回。

不忍见此物，焚之已成灰。

黄河捧土尚可塞，北风雨雪恨难裁。

此诗的首二句，是喻写安禄山在幽州的权势之大，犹如传说中的烛龙，张目即是白天，闭目就是黑夜，统治着北方的黑暗世界。三四两句则指朝廷的日月之光，是照不到这里来的，整日只有北风怒号。五六两句“燕山雪花大如席，片片吹落轩辕台”是诗中的名句，是说幽州地区寒冷至极，比喻安禄山的高压之势，如狂暴之风雪。接着诗中描写了一个幽州军中的战士，由于在对外的战斗中英勇牺牲了，家中的妻子见到他遗留下的弓箭袋依然挂在墙上，十分悲伤，不忍见之，便将其焚烧掉了。诗的最后两句说，如果黄河捧土可以塞断的话，那么像幽州思妇这样对安禄山穷兵黩武的怨恨，是不可能消除的，它比塞断黄河还要难啊。这首诗揭露了安禄山是在故意挑动幽州地区胡、汉民族间的矛盾和冲突，发动战争，以邀边功，然后再借机扩充人马，增强自己的割据势力。

李白此次的幽州之行，其目的并未在诗中表露多少，对安禄山的反迹也未形之于诗。但他到幽州确实是考察和见到了安禄山的可疑之迹，感到了安禄山统治下的幽燕地区充满着扩张军事的高压气氛。正如杜甫所说的：“边人不敢议，议者死路衢。”（《后出塞五首》其四》）所以有些话，他不敢在诗中明说，因为说了就可能有杀身之祸。但在安史之乱后，他给曾是贵乡县令，后来任江夏太守的韦良宰的一首诗中写道：“十月到幽州，戈铤若罗星。君王弃北海，扫地借长鲸。呼吸走百川，燕然可摧倾。心知不得语，却欲栖蓬瀛。弯弧惧天狼，挟矢不敢张。揽涕黄金台，呼天哭昭王。无人贵骏骨，绿耳空腾骧。乐毅倘再生，于今亦奔亡。蹉跎不得意，驱马过贵乡。逢君听弦歌，肃穆坐华堂。”（《经乱离后，天恩流夜郎，忆旧游书怀赠江夏韦太守良宰》）直到安史之乱后，李白才敢说出他当时所见到的真实情况和忧虑的心情，可见李白当时的压力有多大。安禄山的反迹，早就有人向朝廷报告。但玄宗就是不信，反而将这些告状者押送给安禄山处理。从此，再无人敢对安禄山的反状说什么了。《资治通鉴·唐纪》上说：天宝十三载（754年）以后“有言禄山反者，（皇）上皆缚送，由是人皆知其将反，无敢言者”。

远别之恨

天宝十一载（752年）的冬天，李白回到了汴梁的家中，对宗氏夫人讲起了此次幽州之行所见到的安禄山欲反的真相。但他的确是“弯弧惧天狼，挟矢不敢张”，忧心忡忡而又不能明说，在心中又憋得难受。想及朝中自天宝后，李林甫与杨国忠既相互勾结，又相互争权，将玄宗供之高阁，好由他们窃弄国权。天子危矣，社稷危矣，叫李白怎能不忧患于心呢。明言之，不可；上奏之，更不可。怎么办呢？只好曲笔写之。于是他写下了一首《远别离》，来曲折影射大唐面临危亡的境地，来警示当局者：

远别离，古有皇英之二女，
乃在洞庭之南，潇湘之浦。
海水直下万里深，谁人不言此离苦。
日惨惨兮云冥冥，猩猩啼烟兮鬼啸雨。
我纵言之将何补。皇穹窃恐不照余之忠诚。
雷凭凭兮欲吼怒，尧舜当之亦禅禹。
君失臣兮龙为鱼，权归臣兮鼠变虎。
或云尧幽囚，舜野死，
九疑联绵皆相似，重瞳孤坟竟何是。
帝子泣兮绿云间，随风波兮去无还。
恸哭兮远望，见苍梧之深山。

苍梧山崩湘水绝，竹上之泪乃可灭。

天宝年间后期，唐玄宗荒于朝政，李林甫、杨国忠等擅权，安禄山于外坐大，李白忧之，故借乐府旧题以喻讽时弊，意在明人君失权之戒。此篇是太白学骚体诗的名作，其词断而复续，乱而实整，看似逻辑混乱，语言错综迷离，实则主题明确，言无虚设。“君失臣兮龙为鱼，权归臣兮鼠变虎”是一篇的主旨，“尧幽囚，舜野死”是一篇警策。诗中以皇、英二女寻虞舜于洞庭起兴，又以二女望苍梧而痛哭不已结束，均与人君失权丧身有关。此诗之所以写得迷离惝恍，大概与主旨不好明说有关，因此只好神龙藏身于云雾之中，偶见只爪，任人猜度了。

这首《远别离》属乐府旧题，李白的乐府诗多借古乐府之名来抒写或指斥时事，这样可以留有余地。虽然历代学者对此诗主旨有不同的理解，但讽喻唐玄宗不要大权旁落、为权臣所制的意见是一致的。元人萧士赟说：“此诗大意谓无借人国柄，借人国柄则失其权，失其权则虽圣哲不能保其社稷、妻子，其祸有必至之势。诗之作，其在天宝之末乎？按唐史《高力士传》曰：天宝中，帝尝曰：‘朕春秋高，朝廷细务问宰相，蕃夷不龚付诸将，宁不暇耶？’又尝斋大同殿，力士侍，帝曰：‘海内无事，朕将吐纳导引，以天下事付林甫，若何？’……自是国权卒归于林甫、国忠，兵权卒归于禄山、舒翰。太白熟观时事，欲言则惧祸及己，不得已而形之诗，聊以致其爱君忧国之志。所谓皇、英之事，特借之以引喻耳。曰日，曰皇穹，比其君也。曰云，比其臣也。‘日惨惨兮云冥冥’，喻君昏于上，而权臣彰蔽其下也。‘猩猩啼烟兮鬼啸雨’，极小人之形容，而政乱之甚也。‘尧舜当之亦禅禹’而下，乃太白所欲言之事，权归臣下，祸必致此。诗意切直著明，流出胸臆，非识时忧世之士，存怀君忠国之心者，其孰能与于此哉！”萧氏此番议论，确实直指李白之意蕴。李白知道自己的爱君忠国之心直说无益，只好拐弯抹角地曲折表达了。他也要从此远离尘世是非之地，去江南山水间远遁世间，寻找另外的天地了。此之谓“远别离”之义乎。

第十一章 退隐江东

国事既不可收，李白只好隐居江东。他登山临水，遍游九华山和黄山、秋浦、桃花潭，隐居敬亭山。在民间，他既感受到了三教九流友谊的温暖，也感受到了没有人理解他的旷世孤独。日本友人晁衡渡海失事，他作诗哀悼，汪伦踏歌送别，使他感到友人情深于潭水。《秋浦歌十七首》弥漫着李白的忧国愁思，他心情很压抑，好像已经预感到一场大灾难就要到来。

隐居宣城

天宝十二载（753年），李白又南下江东，这一次他径直向宣城而去。宣城长史李昭是李白的族弟，写信邀他到宣城去住些日子。李白和宗氏夫人商量，先让李白前去宣城看看，若那里居住方便，夫人也随后到宣城去住。

李白这次由和州历阳县的江西岸横江浦渡口过江，江对面即是当涂县牛渚山的采石矶。是日大江风浪大起，使李白领略了风浪渡江的乐趣。他即兴写了六首《横江词》：

其一

人道横江好，侬道横江恶。
一风三日吹倒山，白浪高于瓦官阁。

其二

海潮南去过寻阳，牛渚由来险马当。
横江欲渡风波恶，一水牵愁万里长。

其三

横江西望阻西秦，汉水东连扬子津。
白浪如山那可渡，狂风愁杀峭帆人。

其四

海神来过恶风回，浪打天门石壁开。

浙江八月何如此，涛似连山喷雪来。

其五

横江馆前津吏迎，向余东指海云生。

郎今欲渡缘何事，如此风波不可行。

其六

月晕天风雾不开，海鲸东蹙百川回。

惊波一起三山动，公无渡河归去来。

这六首《横江词》写出了长江之上的风浪险恶，因此横江馆的津吏劝李白不要渡江。津吏称李白为郎，有学者认为这是李白在开元十四年（726年）年轻时写的诗。但郎字也是对官人的一种尊称，如郎官之类。其实，这六首诗正是写李白当时的心情。他此时心潮澎湃，如长江上的风浪，不得平静。幽州安禄山存有不臣之心、长安权贵奸佞弄权危国之事，都像江潮一样，一浪高过一浪，使他心绪不宁。“公无渡河归去来”，诗人借眼前之景发之。既然不可渡，不如归去。归哪里去？李白要归隐逸漫游山水之路，远离朝廷，以诗设喻，以抒发此时心情。

到了宣城，李白受到其族弟李昭的热情招待。李白曾写《赠从弟宣州长史昭》《宣城长史弟昭赠余琴溪中双舞鹤，诗以见志》等诗以表达感谢。李白在宣城时，常与宣州宇文太守、宣州司户崔文兄弟、宣城县令崔钦、宣城窦主簿等人相往来。这时，崔成甫得知李白到了宣城，也前来相见。他们时常到敬亭山饮酒赋诗，有时也会到宣城的纪氏酒家聚饮，日子过得非常快活。这一时期，李白心情愉快，写了不少心情愉悦的山水风情诗。如《秋登宣城谢朓北楼》：

江城如画里，山晚望晴空。

两水夹明镜，双桥落彩虹。

人烟寒橘柚，秋色老梧桐。

谁念北楼上，临风怀谢公。

这首诗总括了宣城的大致风光。宣城是个江城，它位于水阳江畔，所谓“两水夹明镜”，是指宛溪和句溪这两条水阳江的支流绕城而过，“双桥落彩虹”，是指宛溪上的凤凰、济川二桥，弯如彩虹。李白在宣城时正值秋天，恰是橘柚已黄、梧桐已老之时，他坐在宣城谢朓北楼之上，不禁想起了二百多年前的谢朓在楼上把酒赋诗的情景。

李白对宣城十分喜爱，觉得宣城风景无处不美。李白另外还有几首诗从各个方面、不同的角度来描写宣城之美。如《过崔八丈水亭》：

高阁横秀气，清幽并在君。
檐飞宛溪水，窗落敬亭云。
猿啸风中断，渔歌月里闻。
闲随白鸥去，沙上自为群。

这首诗是从溪边水亭上的角度来看宣城清幽之景的。首二句，写与朋友在一起观亭前风景，秀色可餐。“檐飞”二句，是写眼中所见，在水亭上可观宛溪之水，敬亭之云。“猿啸”二句，是写耳中所听，有风中的猿啸和月下的渔歌，断续可闻。后二句，是通过沙上白鸥，来写诗人闲适的心情。

又如《题宛溪馆》一诗，也是写宛溪之美的：

吾怜宛溪好，百尺照心明。
何谢新安水，千寻见底清。
白沙留月色，绿竹助秋声。
却笑严湍上，于今独擅名。

此诗写宛溪之清澈犹如新安江一般，一清见底，又写了沙头的月色之明亮，以及岸上的绿竹在秋风中发出的萧瑟之声。诗人觉得此处之美，远胜于严子陵垂钓的富春江。

宣城这个地方山青水碧，人文昌盛，东南面有盛名天下的九华山和黄山高耸云外，北面有清澈见底的青弋江穿境而过。宛溪绕其东，水阳江绕其南。特别是城北的敬亭山，山虽不高，但风光宜人，水虽不深，但清可照影。林壑幽深，满目青翠，是个难得的隐居的好地方。南齐时的大诗人谢朓。曾做过宣城太守，敬亭山是他的常游之地，宣城北还建有谢朓楼。李白是谢朓的崇拜者，来宣城后就住在敬亭山下，经常在山上盘桓流连，坐看云起云落，高鸟盘旋。李白在宣城最为人传颂的诗是《独坐敬亭山》：

众鸟高飞尽，孤云独去闲。
相看两不厌，只有敬亭山。

自天宝三载（744年）出京之后，李白已经浪游了十年。他像一个逐臣一样被皇帝抛弃了，自从在东鲁与杜甫分别后，一个人在江南游山玩水，没有人能真正理解他，情感上感到十分孤独。如今在宣城这个地方，有他一生最仰慕的南齐诗人谢朓，也有他最喜欢的宣城北十里的敬亭山。但谢朓死去有二百多年了，世无知己，使他感到十分苦闷。前不见古人，后不见来者，这首诗就表达了他的孤独感。

诗的首二句中，诗人将“众鸟”喻为追逐名利之徒，都离他“高飞”而去了。“孤云”指那些所谓孤高的隐士们，他们与李白并非志同道合，也各自“独去闲”了。该走的都走了，眼前只剩下敬亭山，还在默默地陪伴着自己。诗的后二句“相看两不厌，只有敬亭山”，写他与敬亭山默然相对，好像唯有敬亭山对自己不离不弃，相看如友，而自己也对敬亭山越看越喜欢了。正如宋代的大词人辛弃疾所说的：“我见青山多妩媚，料青山见我应如是。”（《贺新郎》）“相看”二句，好像是说李白很超脱，想与敬亭山做“无情游”，其实正衬托出世人的无情，而无情的山反而有情了。正如俞陛云所说：于此所见“乃太白愤世之深”了。

鸟飞云去，喻众人各有所趋，避我而去；唯敬亭山不舍我去，无情者反最有情乎？山中独坐，与物俱化，写出心中的大孤独感。

抽刀断愁

正当李白心忧国事，而无人可与相谈、备感寂寞之时，他的族叔李华从长安被贬至江东，来到宣城，李白筵席相迎。李华在天宝十一载（752年）拜监察御史，后贬为杭州司户参军，累转侍御史，天宝十三载（754年）秋任侍御史之后，路过宣城之时，与李白相见。

酒筵设在谢朓楼上。李白打听如今京城的情况，李华对他说，自李林甫死后，这几年杨国忠大权独揽，玄宗却更加昏聩，整日与贵妃姊妹搅在一起，沉湎于温柔之乡，不问国事。杨国忠将唐军在云南大败于南诏之事加以隐瞒，反而给他的亲信都虚报军功，加官晋爵。杨国忠与安禄山不合，说安禄山必反，而安禄山却到长安向玄宗面告杨国忠的状，说杨国忠要陷害他，并当着皇帝的面要剖腹取心，以表忠诚。玄宗却觉得安禄山忠诚可爱，还加封安禄山为东平郡王。天宝十三载夏，长安连续下了六十天的雨，百姓粮食颗粒无收，杨国忠却将一把好的麦穗拿给玄宗看，说下雨不妨碍庄稼成长，害得关中大闹饥荒。二人愈谈愈激动，李白不觉手之舞之，足之蹈之，于是拔剑起舞，放声高唱：

弃我去者，昨日之日不可留；
乱我心者，今日之日多烦忧。
长风万里送秋雁，对此可以酣高楼。
蓬莱文章建安骨，中间小谢又清发。
俱怀逸兴壮思飞，欲上青天览明月。

抽刀断水水更流，举杯消愁愁更愁。
人生在世不称意，明朝散发弄扁舟。

（《陪侍御叔华登楼歌》）

此诗宋本原题作《宣州谢朓楼饯别校书叔云》，题下注云“一作《陪侍御叔华登楼歌》”，据詹锳先生考证，此诗计划题名应是赠给李华的，故题名应以“一作”为是。

诗的开端破空而出，如雷霆骤至。王夫之说“兴起超忽”、吴闿生说“起二句破空而来”皆是此意。这两句没头没脑的话，却是李白长期闷在心里的话，不吐不快。其原因，当然是他对天宝年间以来唐玄宗日渐昏聩、贪图享乐、大权旁落以及奸佞当权的时局愤懑有关，也与他被排挤出宫廷，形同逐臣的遭遇有关。昨日之日即不可留，今日之日也多烦忧，于是便脱口而出。正因为满怀烦忧而难以排解，所以下面便在“长风万里送秋雁”之时，与族叔李华一起“酣高楼”，以酒解愁了。下面“蓬莱文章建安骨，中间小谢又清发”二句，上句是在谈话中对族叔李华的夸赞，因李华是盛唐一位著名的文学家，所以夸他的文章是“蓬莱文章”，汉代的蓬莱阁是朝廷的藏书阁，此以代汉代文章；“建安骨”是指曹魏时代的建安风骨，是指汉魏诗歌的，也是夸李华不但文章写得好，诗也写得好。“中间小谢又清发”则是指自己的诗如南齐诗人谢朓那般清新秀发。李白“一生低首谢宣城”，何况现在所登的正是宣城的谢朓楼，故自比谢朓，又与谢朓楼十分切题。下面“俱怀”二句，是说二人越谈越投机，兴致很高，故写出了“俱怀逸兴壮思飞，欲上青天览明月”这样壮怀逸思的诗句，来形容他们的豪情逸致。但是二人的话题又转到当今的时局上来，忧患之情油然而起，故以“抽刀断水水更流，举杯消愁愁更愁”为喻，来写二人的难解之愁，可谓悲愤之极。诗的最后二句，李白发出了“人生在世不称意，明朝散发弄扁舟”的呼喊，表示将要出世隐逸的打算，远离尘世之凡嚣，追求自由理想的生活。

此诗发端突兀，中间又几经跳跃变幻，愈出愈奇，至青天览月、抽刀断水之句，真是神来之笔矣。此诗虽写盛世已去之忧心、时不我待之苦闷，但却被壮思云飞、抽刀断流的豪情壮举冲淡了，取代了，形成李白特有的雄奇旷达的风格。

诗悼晁衡

天宝十三载（754年）秋，李白离开宣城到了扬州，在扬州大明寺住下。寺中主持告诉他，大明寺原来的主持鉴真和尚已于天宝十二载（753年）十一月十五日，随日本的遣唐大使藤原清河等登上日本使船，经过四十天的海上颠簸，成功地到达日本奈良，从此开始了他在日本的传经和中日文化的交流生涯。而同时东渡的还有晁衡（日名阿倍仲麻吕），当时同发四船，晁衡与藤原清河同坐一条船，在海上遇到了风暴，晁衡之船据说遇难。晁衡，也作朝衡，据日本学者考证晁衡的事迹，日人长勋《阿倍仲麻吕及其时代》、杉直次郎《安南与朝衡》等文可知，晁衡于日本灵龟二年（716年）选为遣唐学生，时年十九，开元五年（717年）随遣唐使五百十七人，乘船四艘来到中国，此为日本遣唐使之第九次赴大唐。晁衡入京师，学于太学，与公卿贵游子弟比席受业。后留中国考上进士，先后授官司经局校书、左拾遗、左补阙、仪王友。天宝十二载任秘书监，兼卫尉卿。是年日本遣唐使藤原清河，副大使大伴古麻吕、吉备真备等复抵长安，玄宗召见晁衡、藤原清河，礼遇甚优。晁衡请同返日本，玄宗因命为使。时晁衡年五十六，自长安南过扬州，十月十五日访名僧鉴真于延光寺，邀同东渡。四船同发苏州，晁衡与大使藤原同一船，十二月六日至琉球，遇风与他舟相失。漂至安南欢州沿岸，遇盗，同舟死百七十余人，独晁衡与藤原辗转归长安，时为天宝十四载（755年）六月。此后经安史之乱，晁衡亦从玄宗肃宗避难。至上元中，受任为左散骑常侍、镇南都护。大历初罢归长安，五年正月卒，年七十三。李白在长安时即与晁衡相识。天宝十二载（753年）晁衡与长安相知告别回国，时有王维、赵骅、储光羲均作有诗相送。天宝十三载（754年）李白到扬州时，初闻晁衡已死于海上，十分伤心，故作《哭晁卿衡》诗以吊之：

日本晁卿辞帝都，征帆一片绕蓬壶。
明月不归沉碧海，白云愁色满苍梧。

此诗特意点明“日本晁卿”，以指明晁衡是日本友人。卿是对晁衡的尊称，他本来是从日本来中国学习中华文化的，而且他学得相当好，后来不但担任秘书监，即管理国家图书要籍的长官这样的文化要职，而且还会写一手像模像样的汉诗。如《衔命还国作》：“衔命将辞国，非才忝侍臣。天中恋明主，海外忆慈亲。伏奏违金阙，骓骖去玉津。蓬莱乡路远，若木故园林。西望怀恩日，东归感义辰。平生一宝剑，留赠结交人。”

李白这首绝句，前二句写其船东归日本。“蓬壶”本指海上仙山，此指日本。第三句“明月”二字，是指海中出产的大珠，曰明月珠，此喻指晁衡如明月之珠，“沉碧海”，指其沉入碧海，不幸溺海而亡。末句是化用了一个典故，苍梧是指东海中一仙山。王琦说：“《水经注》：东北海中有大洲，谓之郁州。《山海经》所谓‘郁山在海中’者也。言是山自苍梧徙此，云山上犹有南方草木。”此句是以白云愁色笼罩大海，来抒发李白对传闻晁衡溺死于海的悲痛心情。日人近藤元粹说：“是闻安倍仲麻吕覆没讹传时之诗也，而诗词绝调，惨然之情，溢于楮表。”（《李太白诗醇》卷五）至于晁衡与藤原清河回到长安，是天宝十四载（755年）以后的事，李白在遥远的江东，可能还不知道他们还能活着回长安之事。

李白在扬州之时，有一个在济源县王屋山学道的书生魏万，慕名来访李白。他先至梁园和东鲁兖州的李白家，都未见到李白。听说李白已经游江东去了，便径直往江东追到天台山、永嘉、缙云县，又从缙云县回头追到金陵，闻说太白已到扬州，于是又追到扬州才见到了李白，行程约三千里。李白对魏万这个仰慕者的行为十分感动，于是欣然收他为徒，其后来改名叫魏颢。李白认为魏万忠诚可靠，便授命他整理自己的诗稿，尽付其稿于他，魏万欣然接受。后来二人从扬州同游金陵后，方才分别。临别前李白赠《送王屋山人魏万还王屋》，其序曰：“王屋山人魏万，云自嵩、宋沿吴相访，数千里不遇。乘兴游台、越，经永嘉，观谢公石门，后于广陵相见。美其爱文好古，浪迹方外，因述其行而赠是诗。”诗曰：

仙人东方生，浩荡弄云海。
沛然乘天游，独往失所在。
魏侯继大名，本家聊摄城。
卷舒入元化，迹与古贤并。
十三弄文史，挥笔如振绮。
辩折田巴生，心齐鲁连子。
西涉清洛源，颇惊人世喧。
采秀卧王屋，因窥洞天门。
朅来游嵩峰，羽客何双双。
朝携月光子，暮宿玉女窗。
鬼谷上窈窕，龙潭下奔潨。
东浮汴河水，访我三千里。
逸兴满吴云，飘飖浙江汜。
挥手杭越间，樟亭望潮还。
涛卷海门石，云横天际山。
白马走素车，雷奔骇心颜。
遥闻会稽美，一弄耶溪水。
万壑与千岩，峥嵘镜湖里。
秀色不可名，清辉满江城。
人游月边去，舟在空中行。
此中久延伫，入剡寻王许。
笑读曹娥碑，沉吟黄绢语。

天台连四明，日入向国清。
五峰转月色，百里行松声。
灵溪恣沿越，华顶殊超忽。
石梁横青天，侧足履半月。
眷然思永嘉，不惮海路赊。
挂席历海峤，回瞻赤城霞。
赤城渐微没，孤屿前峣兀。
水续万古流，亭空千霜月。
缙云川谷难，石门最可观。
瀑布挂北斗，莫穷此水端。
喷壁洒素雪，空濛生昼寒。
却思恶溪去，宁惧恶溪恶。
咆哮七十滩，水石相喷薄。
路创李北海，岩开谢康乐。
松风和猿声，搜索连洞壑。
径出梅花桥，双溪纳归潮。
落帆金华岸，赤松若可招。
沈约八咏楼，城西孤岧峣。
岧峣四荒外，旷望群川会。
云卷天地开，波连浙西大。
乱流新安口，北指严光濑。
钓台碧云中，邈与苍岭对。
稍稍来吴都，徘徊上姑苏。
烟绵横九疑，漭荡见五湖。
目极心更远，悲歌但长吁。
回桡楚江滨，挥策扬子津。
身着日本裘，昂藏出风尘。
五月造我语，知非佁儗人。

相逢乐无限，水石日在眼。
徒干五诸侯，不致百金产。
吾友扬子云，弦歌播清芬。
虽为江宁宰，好与山公群。
乘兴但一行，且知我爱君。
君来几何时？仙台应有期。
东窗绿玉树，定长三五枝。
至今天坛人，当笑尔归迟。
我苦惜远别，茫然使心悲。
黄河若不断，白首长相思。

诗的大意是说，我本是东方朔一类的人物，云游四海，独往独来，本无踪迹。魏万家本聊城，与古贤同风。他十三岁时就学习文史，能写像样的文章，其辩才如同折服齐国田巴生的鲁仲连一样。他曾西涉洛阳城，学道王屋山，后又嵩山学道，遇仙人同游，到过嵩顶的玉女窗，也到过嵩山中的鬼谷、龙潭。为了寻找我，他又东浮汴水，来到吴越，行程有三千里之遥。他游杭州，在樟亭看过钱塘江大潮，如白马素车，声如奔雷。他到过会稽，游过耶溪水，历尽千岩万壑，游过镜湖，清辉满城，真有“人游月边去，舟在空中行”的感觉。他游了剡溪，寻找过王羲之、许迈的踪迹，见过汉代的曹娥碑，又游了天台山和四明山，游过天台山下的国清寺和五峰山的百里松林，对天台山的灵溪、华顶峰、石梁都留下了深刻的印象。他还到过永嘉，乘海船过海峤，在孤屿回望赤城之霞，风景十分美妙。在缙云县石门，他看见瀑布挂北斗的美景，渡恶溪，过七十滩，水石相激，水路难行。这是当年北海太守李邕任括州刺史时开辟过的道路，也是南朝刘宋时谢灵运开山取道的地方。随着松风和猿声，他上过梅花桥，渡过花溪，后来又乘船到了金华，去寻赤松子的仙迹。他登过金华城的沈约楼，在浙西渡乱流于新安，能见到北岸严光濑与钓台。在苏州的姑苏台上，他能看见太湖波光浩渺。最后，他在扬子津才找到了我，看到我身披日本裘，神态昂扬的姿态。在五月时与我相见，一看就知道他不是一个书呆子。我们相逢极欢，不要去干谒那些地方地方官，干谒了也没有用。可是金陵的江宁令杨利物君，是一个好与漫游山水之人交朋友的东道主。我们乘兴而游，相亲相爱，如同兄弟。你几时再来，我们仙台有期。你这次长期在外，济源人一定会笑你归来迟迟。我们在这里相别，有伤悲之感，“黄河若不断，白首长相思”，即相思无日无时，白首不已啊。

此诗主要是叙述魏万自梁园、东鲁至越州寻找李白的游踪。为什么此诗所写的景色都历历在目？这是因为，这些地方都是李白所游览过的地方，所以都很熟悉。这些地方的景色，只是借魏万之行而一一叙述，故感到亲切而生动。这首诗（120句，600字）是李白文集中的长诗之一，可见李白对魏万的情义之深，在当时是无人可比的。李白在此诗中，对魏万（魏颢）寄托了极大的希望。后来魏颢果然不负所望，考上了进士，也不负重托，给李白编好了诗集，并写了《李翰林集序》。魏颢后来也写了一首《金陵酬翰林谪仙子》诗：

君抱碧海珠，我怀蓝田玉。
各称希代宝，万里遥相烛。
长卿慕蔺久，子猷意已深。
平生风云人，暗合江海心。
去秋忽乘兴，命驾来东土。
谪仙游梁园，爱子在邹鲁。
二处一不见，拂衣向江东。
五两挂淮月，扁舟随海风。
南游吴越遍，高揖二千石。
雪上天台山，春逢翰林伯。
宣父敬项橐，林宗重黄生。
一长复一少，相看如弟兄。
惕然意不尽，更逐西南去。
同舟入秦淮，建业龙盘处。
楚歌对吴酒，借问承恩初。
宫买长门赋，天迎驷马车。

才高世难容，道废可推命。
安石重携妓，子房空谢病。
金陵百万户，六代帝王都。
虎石据西江，钟山临北湖。
湖山信为美，王屋人相待。
应为歧路多，不知岁寒在。
君游早晚还，勿久风尘间。
此别未远别，秋期到仙山。

魏颢此诗是为感激李白而作，且也着重叙述了千里寻找李白的过程。最后两句，是劝慰李白莫长期外游不归，还是早归家为盼，秋天时还请李白到济源王屋山相见。

九华黄山

天宝十四载（755年）春，池州青阳县的县令韦权舆，派青阳名士高霁至金陵，邀李白前往一游当地的风景名胜九子山（即今九华山）。九子山古称陵阳山，它北看长江，南望黄山，东临太平，西接池州，绵延二百余里，有九十九峰，但主要的是九峰：十王峰、七贤峰、天台峰、中峰、罗汉峰、宝塔峰、莲台峰、大古峰、上莲花峰，如同九子，故称九子山。由于它们多是海拔千米以上的高山，经常云雾缭绕，风光十分优美。九子山原是道教名山，是求仙学道的圣地，据《福地考》载，它是道教七十二福地中的第三十九地。传说晋代仙翁葛洪曾在这里修行，其后有陵阳县令窦子明、子安在此地白日升天的神话传说。自开元年间，新罗王子金乔觉出家为僧来此山修行，后来修成了地狱一天不空就一天不肯成佛的地藏菩萨，此地佛教才开始大盛。李白来参观时，正值盛唐道教大行之时，故李白对此山的幽静和优美都很满意。韦权舆对九子山的名字不满意，觉得太俗，请求谪仙人给此山换个好名字。李白说九子山的九大峰如同九朵盛开的莲花，不如就改作九华山吧，韦权舆和高霁都一同叫好。从此九华山的名字就传开了。韦权舆建议李白写一首诗，以作纪念。于是由李白开头，韦、高各写一联，再由李白收尾，写成了一首五律，名为《改九子山为九华山联句》。其序曰："青阳县南有九子山，山高数千丈，上有九峰如莲华，按图征名，无所依据。太史公南游，略而不书。事绝古老之口，复阙名贤之纪，虽灵山往复，而赋咏罕闻。予乃削其旧号，加以九华之目。时访道江、汉，憩于夏侯回之堂。开檐岸帻，坐眺松雪，因与二三子联句，传之将来。”诗曰：

妙有分二气，灵山开九华。（李白）
层标遏迟日，半壁明朝霞。（高霁）
积雪曜阴壑，飞流喷阳崖。（韦权舆）
青荧玉树色，缥缈羽人家。（李白）

李白起首联，一开始就渲染一种道教的神秘气氛，说九华山乃是天地之气所聚集的精华，是座灵山。二联高霁的接句，是写九华山的山高，可遏白日使之迟行，使九华山的半壁霞光生辉。三联韦权舆接着写九华山秋日的风景，即由于天气渐寒，阴壑之中已有积雪，而其山之南崖却飞流瀑布自由喷洒。中两联是具体的风光描写，而终联是李白将九华山推向仙境的妙笔，说九华山是最适于修道成仙的地方，其仙家青荧色的玉树和缥缈的神仙世界宛在目前。在李白的诗集中，此诗是唯一的与其他诗人的联句。而在联句中，也可见李白的诗句最有神采。真是谪仙人之笔呀！

之后，李白还有一首从长江上观看九华山的诗《望九华赠青阳韦仲堪》：

昔在九江上，遥望九华峰。
天河挂绿水，秀出九芙蓉。
我欲一挥手，谁人可相从？
君为东道主，于此卧云松。

此诗题中的韦仲堪，就是韦权舆，仲堪是其名，而权兴是其字。此诗是李白在长江的船上所作，其视角是远观，其风光又是另一番景象。遥望九华山，九华山仿佛是天河绿水所浇灌的九朵莲花，真是太美了。他希望青阳县令韦仲堪这个东道主，能邀他在九华山上隐居，那是再好不过的了。

黄山离九华山不远，仅有七八十里路。黄山白鹅岭的温处士与李白是旧友，邀李白前往黄山一游。在黄山，他们遍游三十二峰，李白在赠温处士的一首诗

《送温处士归黄山白鹅峰旧居》中有记载。诗曰：

黄山四千仞，三十二莲峰。
丹崖夹石柱，菡萏金芙蓉。
伊昔升绝顶，下窥天目松。
仙人炼玉处，羽化留余踪。
亦闻温伯雪，独往今相逢。
采秀辞五岳，攀岩历万重。
归休白鹅岭，渴饮丹砂井。
凤吹我时来，云车尔当整。
去去陵阳东，行行芳桂丛。
回溪十六度，碧嶂尽晴空。
他日还相访，乘桥蹑彩虹。

此诗的前四句“黄山四千仞，三十二莲峰。丹崖夹石柱，菡萏金芙蓉”，以高度概括的手法，写出了黄山的高和大，以及山体的特点及形状。“四千仞”，言其高矣。一仞为七尺，四千仞即二万八千尺。“三十二莲峰”，是指其主要的山峰，后人说黄山有三十六峰，李白初来时只有三十二峰有名，而其他的四峰还没有取名。因黄山是花岗岩构成，故其主要的颜色为赤红色，山体经日晒风吹，暴雨的冲刷和寒热相激，形成柱状或尖石状，远看如含苞待放的菡萏或盛开的荷花，非常美丽壮观。这十个字写出了黄山总体概貌和特点，真是生花妙笔之句。“伊昔”二句，是回忆昔日登临绝顶的印象，将天目山拿来作黄山的衬托，更显出黄山的高大。“仙人”二句，是写昔有仙人浮丘公在此为黄帝炼丹，留有仙迹在此，增加了此诗的仙风道气。“亦闻”二句，将温处士比作是庄子中的高人温伯雪，在黄山独往独来，采摘灵芝，历尽黄山万重，这是李白借用古代同姓之古人来抬高和夸张对方的一种手法。“归休”四句，是说送温处士还山，回到白鹅岭饮丹砂之井水以修身养性。“凤吹”指仙人吹箫，暗用王子晋吹箫之典，“云车”指仙人之车驾，此二句是说尔当率仙人之鸾车和仙乐之随从，前来迎我上黄山。“去去”四句，是说温处士要走过陵阳山之东，穿过芳桂丛回到家去，在归去的山谷中多次盘旋，可看见晴空中的座座碧峰。最后二句，是说以后我若再去黄山的话，一定在彩虹所化之仙人桥上再会老友。这首诗是借送别温处士之机，回忆当时一同游览黄山的情景及对老友的深切情谊。所描绘的黄山美景，历历在目。值得注意的是，李白的这首诗可能是关于黄山景色的最早的一首诗，也是写黄山写得最好的一首，对黄山起了很大的宣传作用。

温处士在黄山有一个好朋友，姓胡，也是一位隐士。他家养了许多珍禽，其中最漂亮的是白鹇。白鹇是一种非常美丽的鸟，亦称银雉、越禽。它红头，黑色羽冠，白脊，有曲钩形黑纹、白翅、白尾、黑胸脯、红腿爪。其行走姿态娴雅，故称白鹇。李白对白鹇甚是喜爱，向胡公求赠一双。胡公笑道：可以啊，要谪仙翁以诗相换。于是李白挥笔写了一首《赠黄山胡公求白鹇》诗。其前有序云：“闻黄山胡公有双白鹇，盖是家鸡所伏，自小驯狎，了无惊猜。以其名呼之，皆就掌取食。然此鸟耿介，尤难畜之。予平生酷好，竟莫能致。而胡公辍赠于我，唯求一诗。闻之欣然，适会宿意。因援笔三叫，文不加点以赠之。”诗曰：

请以双白璧，买君双白鹇。
白鹇白如锦，白雪耻容颜。
照影玉潭里，刷毛琪树间。
夜栖寒月静，朝步落花闲。
我愿得此鸟，玩之坐碧山。
胡公能辍赠，笼寄野人还。

李白提着装着白鹇的笼子，与温处士走下山来。温处士和李白回到宣城住了几天，就要回黄山去，于是李白就写了《送温处士归黄山白鹅峰旧居》诗相送。

漫游秋浦

池州秋浦县令崔钦命人来邀李白前往秋浦一游。秋浦是个水乡，远处也可以看到大楼山的山影，大多是不高的丘陵，山虽不高却青秀动人。秋浦河长达一百八十里，水也不深，但清澈见底。到处是小山丘，上面长满了绿树和竹丛，风光十分迷人。李白在秋浦住了将近一个月，凡秋浦所能到之处，如秋浦河、玉镜潭、大楼山、水车岭、江祖石、逻人山、白笴陂、桃波、平天湖等许多美景，尽兴游览。所游之处即题诗一首，有古风，有五律，但多是五言绝句，清新隽永，余味不尽。其《秋浦歌十七首》如下：

其一

秋浦长似秋，萧条使人愁。
客愁不可度，行上东大楼。
正西望长安，下见江水流。
寄言向江水，汝意忆侬不？
遥传一掬泪，为我达扬州。

其二

秋浦猿夜愁，黄山堪白头。
清溪非陇水，翻作断肠流。
欲去不得去，薄游成久游。

何年是归日，雨泪下孤舟。

其三

秋浦锦驼鸟，人间天上稀。
山鸡羞渌水，不敢照毛衣。

其四

两鬓入秋浦，一朝飒已衰。
猿声催白发，长短尽成丝。

其五

秋浦多白猿，超腾若飞雪。
牵引条上儿，饮弄水中月。

其六

愁作秋浦客，强看秋浦花。
山川如剡县，风日似长沙。

其七

醉上山公马，寒歌宁戚牛。
空吟白石烂，泪满黑貂裘。

其八

秋浦千重岭，水车岭最奇。
天倾欲堕石，水拂寄生枝。

其九

江祖一片石，青天扫画屏。
题诗留万古，绿字锦苔生。

其十

千千石楠树，万万女贞林。
山山白鹭满，涧涧白猿吟。
君莫向秋浦，猿声碎客心。

其十一

逻人横鸟道，江祖出鱼梁。

水急客舟疾，山花拂面香。

其十二

水如一匹练，此地即平天。

耐可乘明月，看花上酒船。

其十三

渌水净素月，月明白鹭飞。

郎听采菱女，一道夜歌归。

其十四

炉火照天地，红星乱紫烟。

赧郎明月夜，歌曲动寒川。

其十五

白发三千丈，缘愁似个长。

不知明镜里，何处得秋霜。

其十六

秋浦田舍翁，采鱼水中宿。

妻子张白鹇，结罝映深竹。

其十七

桃波一步地，了了语声闻。

暗与山僧别，低头礼白云。

《秋浦歌》十七首，非一时一地之作，故所作之主题也不大一样，但是总的思想感情和色彩却有一致之处，就是以山水之秋，喻心中之愁。有一种挥之不去的悲秋伤时的哀愁之思，笼罩在诗篇之上。其诗以内容可分为四个部分。一是写秋浦的自然风光。如其六“山川如剡县，风日似长沙”，其八写水车岭，其九写江祖石，其十写石楠树和女贞林，其十一写逻人石，其十二写秋浦水和平天湖，皆是写秋浦地区美丽的自然风光。二是写秋浦的地方风物。如其三写的是锦驼鸟，其五写的是秋浦的白猿，其十、十三中也写秋浦的白鹭，其十六写的白鹇。这些鸟兽之类属地方风物，也是自然风光的一部分。三是写秋浦地区的人物和工农副业生产劳动：其十三写采菱女唱歌与郎乘月同归的情景，其十四写矿业工人的炼铜生产活动，其十六写农夫、农妇的打鱼和捕鸟的农副业劳动，其十七写秋浦僧人与诗人施礼告别的情景。四是写诗人在秋浦生活、游历时的心理活动和思想感情。如其一写诗人自己游秋浦的客愁之思，西望长安的忧国之念，其二写自己在秋浦“欲去不得去，薄游成久游”，回家无资、报国无门的家国之愁。特别是其七，此诗与秋浦没有一点关系，却突然出现在此组诗中。在其七中李白自比醉酒的山公，即西晋时的山简，每日醉醺醺地骑着马，以酒消愁。又自比春秋的宁戚，为人赶车，在车下喂牛，扣牛角而歌。但宁戚为桓公所赏识，而自己却不为所用。又如失意的苏秦，身穿破貂裘而无路可走。李白为什么会感到如此失落而深有怀才不遇之感呢，是因为他感到天宝末年玄宗在朝廷内宠信杨国忠一类的奸佞，使其把持朝政，皇帝大权旁落；在朝外又宠信安禄山这样有不臣之心的悍将、觊觎帝座的野心家，国家社稷充满了危机。自己虽看到了这一点，但又不为朝廷所信，只好远游以解忧。所以，他感到自己虽有宁戚、苏秦之才，却没有报效社稷的机会，因此十分忧心和焦虑。这就好理解秋浦风景之美，却不能解李白心中之愁的原因了。

这十七首秋浦歌都写得自然随意，有许多名句和好句，在艺术上取得了很高的成就。应指出其中有特殊贡献的诗有两首。一首是其十四“炉火照天地”诗，据郭沫若说，这是李白第一个所写，也是唐诗中唯一写铜矿工人炼铜劳动内容的诗歌。这是在唐诗中、在诗歌题材方面的重要开拓。第二首就是其十五“白发三千丈”的诗句，是李白善于夸张的名句，将“三千丈”的白发与愁相联系，使愁有了长度，十分形象生动。宋代李清照的“只恐双溪舴艋舟，载不动许多愁”（《武陵春·春晚》）就是学李白此诗，她使愁有了重量。

桃潭情深

李白从秋浦又回到了宣城，在纪家酒店，又可以经常见到他的身影。一次，正当他一边喝酒一边得意地吟着“江城如画里，山晚望晴空”时，一个身穿锦服、头戴乌巾的中年男子在他身后拍手叫好，并说宣城的风光虽好，但还有比这里更美的地方。李白急忙问是在哪里。这个人慢悠悠地说：我们那里有万家酒店，十里桃花，先生可随我一游乎？李白站起，拉着此人的手说：有十里桃花，这我信；可万家酒店，我就难以相信了。此人说：您若随我一游，到那里看一看不就明白了吗？到了桃花潭，这里果然是桃树成林，若在春天，肯定是十里桃花。那么万家酒店呢？李白眼前确实有一个挂着“万家酒店”招牌的酒店。此人用手一指说，这家酒店就是“万家酒店”。当然，这是后人编出来的一个故事。此故事出于清代诗人袁枚的《随园诗话·补遗》卷六中。这个邀李白来桃花潭做客的人就是汪伦。汪伦是泾县桃花潭西岸万村人，有人考证他做过泾县县令，是唐贞观年间歙州总管汪华的五世孙[①]。但此时李白拜访时，他还是一个村民，做县令是以后的事情。从李白《过汪氏别业》“汪生面北阜，池馆清且幽”诗句中的“汪生”二字，可见汪伦当时并不是泾县县令，而是村中的一个富豪，不然的话李白是不会称他为“汪生”的，而是称他为“汪明府”或“汪泾县”才对。但这并不妨碍他和李白的友谊。因为汪伦好结交贤豪之士，故李白称他“畴昔未识

① 李子龙：《关于汪伦其人》，载《李白学刊》第二辑，上海三联书店1989年8月版。

君，知君好贤才”（出处同上）。他对李白一向仰慕，故请李白到他家吟诗饮酒，好生招待。与李白经常往来的还有扶风人万巨，他的家也在万村，万家酒店可能就是他家开的，李白曾经写给他的诗有《早过漆林渡寄万巨》。但万巨此时并不在桃花潭万村。李白在桃花潭大约住了半个多月，临别之时，汪伦还送了他美酒数坛，并组织村人踏歌相送于桃花潭畔，这使李白非常感动。于是当场口占一绝《赠汪伦》：

李白乘舟将欲行，忽闻岸上踏歌声。
桃花潭水深千尺，不及汪伦送我情。

此诗纯是口语，词句并没有华词丽句，可贵之处在于李白用平常朴素的语言，表达了深刻的思想感情，因此感人至深。再一点是清人沈德潜所指出的：“若说汪伦之情比于潭水千尺，便是凡语，妙境只在一转换间。”（《唐诗别裁》卷二十）就是说，诗中的“不及”二字用得好，比“真似”为妙。桃花潭只是青弋江江流的一部分，潭水在万村和翟村之间，其水清澈见底，是不会有千尺之深的，说“深千尺”是一种夸张的说法。不过桃花潭西南北三面环山，山水风光十分美丽，李白真是不虚此行了。而汪伦获赠这首诗，却使其大名随李白的诗千古流传。故“（汪）伦之裔孙至今宝其诗”[①]，这也是汪家之福了。而桃花潭的美名也由李白此诗广泛流传，走向全国，走向世界了。

① 詹锳主编：《李白全集校注汇释集评》，百花文艺出版社2010年版，第1855页，宋本题下原注：“白游泾县桃花潭，村人汪伦常酝美酒以待白。伦之裔孙至今宝其诗。”

平叛报国

天宝十四载（755年）十一月，安禄山领十五万兵马叛乱，打着“清君侧”的口号，占领东都洛阳，第二年六月直指长安。在安史之乱后，李白到江东游说诸侯勤王未果，便投入永王帐下。后肃宗以永王为叛，李白也得了一个“从逆”的罪名，被下狱并长流夜郎。后在巫山途中遇赦，李白误以为遇赦即是平反，肃宗还会用他，便以十分喜悦的心情写了一生中的第一快诗《早发白帝城》，被称为唐代绝句的压卷之作。

中原胡尘

天宝十四载（755年）十一月，安禄山反于范阳。安禄山本想等到玄宗死后发难，可是右相杨国忠屡言安禄山必反，所以安禄山决意遽反。当时，正好有一奏事官自京师回范阳，“禄山诈为敕书，悉召诸将示之曰：‘有密旨，令禄山将兵入朝讨杨国忠，诸君宜即从军。’众愕然相顾，莫敢异言。十一月甲子（九日），禄山发所部兵及同罗、奚、契丹、室韦凡十五万众，号二十万，反于范阳……禄山出蓟城南，大阅誓众，以讨杨国忠为名，榜军中曰：‘有异议扇动军人者，斩及三族！’于是引兵而南。禄山乘铁舆，步骑精锐，烟尘千里，鼓噪震地。时海内久承平，百姓累世不识兵革，猝闻范阳兵起，远近震骇。河北皆禄山统内，所过州县，望风瓦解，守令或开门出迎，或弃城窜匿，或为所擒戮，无敢拒之者”（《资治通鉴·唐纪三十三》）。此消息传到长安，玄宗犹以为反对安禄山的人诈言，还不相信。后听探使来报，安禄山真的反叛了，这才相信。玄宗急召安西节度使封常清入朝，以常清为范阳、平卢节度使。封常清即日承诣于东京募兵，得六万人；于是断河阳桥，为守御之备。后来玄宗又以荣王李琬为元帅，右金吾大将军高仙芝做副手，统领诸军东征，并出内府钱帛，于京师募兵十一万，号曰天武军，十日而集合成军，皆是市井子弟。

高仙芝奉命率领飞骑、彍骑及新募兵、边兵在京师者共计有五万人，从长安出发。玄宗派遣宦官监门将军边令诚监其军，屯集于陕县。

十二月初三，安禄山自灵昌渡河，以大绳将破船联结在一起，并用草木横绝河流，一夕，因天寒结冰，冻成了一座浮桥，遂使灵昌郡陷落。灵昌太守郭纳献城投降。安禄山引兵直趋洛阳，以其将田承嗣、安忠志、张孝忠为前锋。封常清所募兵皆闲散之徒，未更训练，屯集武牢关以拒安史之军，安禄山兵以铁骑上阵，官军大败。封常清收余众，战于葵园，又败；战洛阳上东门内，又败。十三日，安禄山攻陷东京，贼兵鼓噪自四门入，纵兵杀掠。常清战于都亭驿，又败；退守宣仁门，又败；最后，自上阳宫苑西跳墙逃走了。

河南尹达奚珣怕死，投降了安禄山，但东京留守李憕与御史中丞卢奕坚决不降。安禄山向李憕、卢奕劝降，卢奕数其罪，大骂安禄山说："凡为人当知逆顺。我死不失节，夫复何恨！"最后，李憕和卢奕被安禄山杀害，安禄山以其党张万顷为河南尹。

天宝十五载（756年）正月初一，安禄山在洛阳称帝，国号大燕，自称"大燕皇帝"，改元圣武，上朝称制，百官朝贺。这个消息传到江南，天下大乱。李白在金陵听到安禄山叛乱的消息后，十分震惊。这虽然是他早已料到的事情，但没有想到会来得这么快，真是有些措手不及。这时，他十分担心宗氏夫人和东鲁兖州南陵家中儿女的安危，便急忙赶回梁苑的家中。在《北上行》一诗中写道：

北上何所苦，北上缘太行。
磴道盘且峻，巉岩凌穹苍。
马足蹶侧石，车轮摧高岗。
沙尘接幽州，烽火连朔方。
杀气毒剑戟，严风裂衣裳。
奔鲸夹黄河，凿齿屯洛阳。
前行无归日，返顾思旧乡。
惨戚冰雪里，悲号绝中肠。
尺布不掩体，皮肤剧枯桑。
汲水涧谷阻，采薪陇坂长。
猛虎又掉尾，磨牙皓秋霜。
草木不可餐，饥饮零露浆。

叹此北上苦，停骖为之伤。
何日王道平，开颜睹天光。

在此诗中，李白运用诗的想象，刻画出北方从幽州开始的安史之乱，一路上道路难行，马蹶车摧，烽火纷飞，沙尘飞扬，杀气逼人，寒风刺骨，老百姓衣不蔽体、纷纷逃亡的惨不忍睹的情状。安史乱兵像奔驰在黄河上的巨鲸，又像传说中的凿齿巨兽，很快就占据了东京洛阳。难民们既喝不上水，又吃不上饭，饥饿难耐，又有胡兵像猛虎一样张牙舞爪，残害百姓。这确实是一场前所未有的战争浩劫，降临在大唐人民的头上。李白为之叹息，为之悲伤。他心中的王道盛世，再也回不来了。

李白十分担心此时已陷入敌手的洛阳城。那里现在的情况怎么样了？此时他也无法亲到洛阳，于是写了一首游仙诗，以表达他对陷落在洛阳的百万百姓命运的担心和忧虑。在《古风五十九首》其十九中写道：

西上莲花山，迢迢见明星。
素手把芙蓉，虚步蹑太清。
霓裳曳广带，飘拂升天行。
邀我登云台，高揖卫叔卿。
恍恍与之去，驾鸿凌紫冥。
俯视洛阳川，茫茫走胡兵。
流血涂野草，豺狼尽冠缨。

这首诗是借游仙诗的形式，展开了浪漫的想象。他仿佛腾云驾雾般地上了西岳莲花峰，见到了华山的女仙明星，她手持莲花，拉着他飞上了天空。女仙的霓衣广带在空中飘拂，他们在华山的云台峰上见到了仙人卫叔卿。然后李白觉得自己在恍恍惚惚之中，随着卫叔卿驾着飞鸿东去。在他从空中往下望的时候，见到了尘世中的洛阳川，到处都是胡兵。草野之中百姓的鲜血染红了草木，而洛阳城中的安禄山，正在接受头戴着冠缨的胡人和百官的朝拜呢。关于此诗的特点，清人陈沆说："皆遁世避乱之词，托之游仙也。"（《诗比兴笺》）说的甚是，此诗是以游仙诗的形式，来怒斥安史乱军屠杀洛阳人民的罪行。清人王琦曰："此诗大抵是洛阳破没之后所作。胡兵，谓禄山之兵；豺狼，谓禄山所用之逆臣。"（《李太白全集》卷一）

东游勤王

李白回到梁苑，接了宗氏夫人。本想再到兖州接平阳和伯禽，但是道路为叛军所阻隔，他们只好向南方逃难。李白在南奔的途中又作了《奔亡道中五首》：

其一

苏武天山上，田横海岛边。
万重关塞断，何日是归年？

其二

亭伯去安在？李陵降未归。
愁容变海色，短服改胡衣。

其三

谈笑三军却，交游七贵疏。
仍留一只箭，未射鲁连书。

其四

函谷如玉关，几时可生还？
洛阳为易水，嵩岳是燕山。
俗变羌胡语，人多沙塞颜。
申包惟恸哭，七日鬓毛斑。

其五

淼淼望湖水，青青芦叶齐。

归心落何处，日没大江西。

歇马傍春草，欲行远道迷。

谁忍子规鸟，连声向我啼。

这五首诗，记载和描述了李白南奔逃难的过程和思想活动。第一首诗以汉代的苏武被拘于北海和田横围居海岛的典故，比喻自己被安史叛军的层层关卡阻断了逃亡之路，以指自己在战乱中寸步难行。第二首诗又以汉代的崔骃弃职逃亡和李陵投降匈奴，来比喻在安史叛军打来时，众多文武官员弃职逃走或向敌人投降，而人民却陷入愁眉苦脸、改穿胡衣的悲惨境地。此诗是对那些无耻投降官员的讽刺和愤恨。第三首说，自己有“谈笑三军却”的本领，但恨无人能识。不过诗人却非常自信，自己有平叛灭敌的本事，只是时机未到而已。第四首说，现在函谷关变成玉门关，洛川也成了易水，嵩山变成了燕山，到处听到的都是羌胡之语，见到的也多是从边疆来的胡人，中原已经完全被胡人占领了。我若是楚国的申包胥，能感动秦国救楚的话，一定要痛哭七日，感动苍天，以救大唐。第五首，是诗人已经到了江东，他站在丹阳湖岸边向西北遥望洛阳和长安，只能见到日落江西的情景，他驻马道边，再想南去，却不知路在何处。迷茫间却听到了子规声声，鸣声凄切：“行不得也哥哥！”这一组诗记载了李白携宗氏南奔，一直来到了溧阳县（今溧阳市）的过程。在溧阳，他遇到了当时为溧阳主簿的扶风豪士窦滔，字嘉宾。在他的招待下，李白夫妇暂时住了下来。因此李白为他写了一首《扶风豪士歌》相赠：

洛阳三月飞胡沙，洛阳城中人怨嗟。

天津流水波赤血，白骨相撑如乱麻。

我亦东奔向吴国，浮云四塞道路赊。

东方日出啼早鸦，城门人开扫落花。

梧桐杨柳拂金井，来醉扶风豪士家。

扶风豪士天下奇，意气相倾山可移。
作人不倚将军势，饮酒岂顾尚书期。
雕盘绮食会众客，吴歌赵舞香风吹。
原尝春陵六国时，开心写意君所知。
堂中各有三千士，明日报恩知是谁？
抚长剑，一扬眉，清水白石何离离。
脱吾帽，向君笑；饮君酒，为君吟。
张良未逐赤松去，桥边黄石知我心。

此诗是写安史之乱后，东京洛阳被叛军占领，到处是叛军杀人的情景，连天津桥下的流水都被血染红了。老百姓的尸骨狼藉四散，城中一片哀哭怨苦之声。在这样的情况下，诗人只好随着南奔的人群，千里迢迢投奔到东吴溧阳的扶风豪士家，此时正是落花满地、杨柳垂碧的暮春时节。而扶风豪士是一位意气如山的人，其为人不依仗权势，不畏权贵。他大宴宾客，广交豪杰，就如同平原君、孟尝君、春申君、信陵君战国四公子一样的慷慨好客，他们各有门客三千，也不知道将来哪个门客会知恩图报。李白此时酣饮甚欢，拔剑起舞，一表心迹。他脱帽致礼，把酒高吟。诗末“张良未逐赤松去，桥边黄石知我心”二句，是李白自比张良，意谓张良之所以此时不从赤松子学道而去，是因为圯桥的黄石公知道他有一颗报国之心。从这二句诗来看，李白并非徒然逃往吴地避难，而是怀有报国之志的。安旗主编的《李白全集编年笺注》在此诗的注释中曰：“二句以张良自喻，言己未逐赤松以去者，因报国之心尚未遂也。”道出其中真谛。

李白的老友张旭听说李白到了溧阳，便在溧阳酒楼为他接风。席上，李白给他们讲了当年他深入幽州虎穴探听安禄山反叛之事，并感慨唐玄宗不听他们的谏言，终致养虎成患，弄得国家落到如此地步。

窦滔问李白下一步要到哪里去，李白说他先将家安顿在庐山，然后再去游说江东诸侯，起兵勤王。窦滔说：“好，我也要散尽家财，联络三吴英豪，前往郭子仪军中，投军抗敌。我们殊途同归，共诛胡虏！”张旭非常支持窦滔的爱国行为，说：“我要不是老了，就一定与你们一起投军抗敌，收复中原！”

临别时，李白写了一首《猛虎行》，赠给了窦滔和张旭：

朝作猛虎行，暮作猛虎吟。
肠断非关陇头水，泪下不为雍门琴。
旌旗缤纷两河道，战鼓惊山欲倾倒。
秦人半作燕地囚，胡马翻衔洛阳草。
一输一失关下兵，朝降夕叛幽蓟城。
巨鳌未斩海水动，鱼龙奔走安得宁。
颇似楚汉时，翻覆无定止。
朝过博浪沙，暮入淮阴市。
张良未遇韩信贫，刘项存亡在两臣。
暂到下邳受兵略，来投漂母作主人。
贤哲栖栖古如此，今时亦弃青云士。
有策不敢犯龙鳞，窜身南国避胡尘。
宝书玉剑挂高阁，金鞍骏马散故人。
昨日方为宣城客，掣铃交通二千石。
有时六博快壮心，绕床三匝呼一掷。
楚人每道张旭奇，心藏风云世莫知。
三吴邦伯皆顾盼，四海雄侠两追随。
萧曹曾作沛中吏，攀龙附凤当有时。
溧阳酒楼三月春，杨花茫茫愁杀人。
胡雏绿眼吹玉笛，吴歌白纻飞梁尘。
丈夫相见且为乐，槌牛挝鼓会众宾。
我从此去钓东海，得鱼笑寄情相亲。

诗中叙述了安史之乱后北方被叛军占领，到处被乱兵蹂躏，一片悲惨景象。而像张良、韩信这样有本事的人，却未被起用，我虽有献策报国之心，也不为皇上信用，只好逃到南国了。我在这里豪掷快赌，也只是发泄一下心中的抱怨和愤恨之情而已。楚人都说张旭[①]心怀风云，心有大志而世人莫知。三吴的英杰和四海的雄侠，都想追随他做一番大事。我们大家在这里欢聚一堂，我也从此而去，东钓大海，若能钓得大鱼，一定会来宴请大家的。这首诗的东海钓鱼，是个暗喻，就是去劝说诸侯出兵勤王。

李白告别溧阳扶风豪士窦滔后，又南下杭州，拜访了嗣徐王李延年及其从弟李延陵，有《感时留别从兄徐王延年从弟延陵》诗相赠。诗中对徐王李延年在诸王中的功业、道德、地位及其才能大力称颂了一番，这只是干谒诗的应酬之语，但有些诗句耐人寻味。如“羞言梁苑地，烜赫耀旌旗。兄弟八九人，吴秦各分离。大贤达机兆，岂独虑安危”及“愿言保明德，王室伫清夷”等句。按照安旗先生的说法：“数句辞意闪烁，似涉时政，须加探求。”[②]就是说，李白可能是劝徐王李延年出兵勤王，而李延年已知太子李亨在灵武登基，是为肃宗。唐玄宗在南逃成都途中的普安郡，与宰相房琯等人下令分制，除了以太子李亨为天下兵马元帅（此时玄宗还不知太子已经自行即位），还命永王李璘充山南东道、岭南、黔中、江南西道节度都使，盛王李琦充广陵大都督，领江南东路及淮南、河南等路节度都使；丰王李珙充武威都督，仍领河西、陇右、安西、北庭等路节度都使。除了永王李璘出任赴镇，盛王李琦、丰王李珙均不出阁。提前登基的肃宗怕永王李璘争权，曾命他回到太上皇那里去，而永王李璘不听。此命令属绝密，因此嗣徐王李延年虽然已经知道这个消息，但因不能泄于外人，只能按兵不出以自保一身，故李白也只能知其一二。李白只能猜想，可能李延年是怕汉初的梁孝王因抗吴楚七国之乱有功，而引起皇上的猜忌自警，不敢在无肃宗之命的情况下贸然出兵，自取灾祸。所谓“大贤达机兆，岂独虑安危”者，即此之意也。李白见游说嗣徐王无果，只能向嗣徐王李延年说“愿言保明德，王室伫清夷”，即愿君保重，但望唐王室平安无事。李白劝说李延年出兵勤王的事，即是《扶风豪士歌》中的“张良未逐赤松去，桥边黄石知我心”一心报国的愿望。在《猛虎行》

---

① 关于诗中的张旭，是不是草圣张旭，是颇有争论的。刘崇德先生力主是另外一个楚人豪士张旭，而不是吴人草圣张旭。见刘崇德《〈草书歌行〉〈猛虎行〉新考》，载《文学遗产》1992年第3期。

② 参见安族主编《李白全集编年笺注》第1243页，中华书局2015年版。

中，李白也表达了“我从此去钓东海，得鱼笑寄情相亲”的游说诸王出兵勤王的愿望。虽然这一报国愿望未能实现，总算是李白已经尽心了。

游说诸王起兵失败，对李白的报国之心是一个极大的打击。于是他决心栖隐庐山的五老峰，以观时局，以待时机。

永王东巡

果不其然，李白所期望的报国时机到来了。至德元载（756年）春天，永王李璘从江陵起兵巡守江南西道，路过九江，派其幕僚韦子春前往庐山五老峰相请李白出山。李白故作矜持，学诸葛亮高卧隆中，让刘先主三顾茅庐，才肯出山。临行前，他将夫人宗氏托付给同在庐山隐修的腾空子。腾空子名叫李腾空，是前宰相李林甫之女，但此女与其父迥然不同，早年出家为女道士，一心修行。李白在庐山五老峰与腾空子修道为邻，关系处得不错，故李白有托妻之举，腾空子慨然应允。但宗氏夫人对李白有些留恋不舍，李白作《别内赴征三首》曰：

其一

王命三征去未还，明朝离别出吴关。
白玉高楼看不见，相思须上望夫山。

其二

出门妻子强牵衣，问我西行几日归。
归时倘佩黄金印，莫见苏秦不下机。

其三

翡翠为楼金作梯，谁人独宿倚门啼？
夜坐寒灯连晓月，行行泪尽楚关西。

李白这三首诗是为安慰宗氏所作，其一说，永王李璘三顾茅庐来相请我，我不能不去，明天即与卿相别，东出吴关。站在高楼上是看不见的，以后相思只能到望夫山上来眺望我了。其二说，出门的时候，妻子拉着我的衣服不肯放手，问我几时才能回来。如果我归时真能像苏秦那样佩着黄金印，你那时可不能不理我呀。其三说，谁在倚着楼梯流眼泪？坐在灯前整个夜晚不睡？在楚关西夜坐寒灯之下到天明，哭着送我出门。此三诗写尽了李白与宗氏深厚的夫妻之情，为了大唐能够早日平定叛乱，李白也只好别妻离家而奔赴前线。只有保护好社稷这个大家，才能保护住自己的小家啊。至少，李白此时是希望永王李璘能够平定安史叛军的，自己也能够建功立业，为报效国家贡献些力量。李白是这样想的，但却不知道，他将会陷入一个皇家内讧的泥潭中去。

李白终于随着韦子春走出了庐山，上了永王李璘东巡的楼船。永王当然十分高兴有李白这样的大名士加入他的幕府，这对于他收揽人才将起着重要的号召作用。他十分热情地欢迎李白的到来，把李白迎作上宾。李白这时只想到他又能为国效力了，终于实现他“安社稷、济苍生”的政治理想，对永王的知遇之恩也很感谢。他要一展他熟读“金匮篇”精通兵法的军事才能。

其实永王也像玄宗一样，主要是利用李白的诗歌才能和名声，为他歌功颂德，并未想让李白在军事上有什么贡献。李璘的军队在长江上组练十万，战舰千艘，在江上连绵十几里，旌旗飞扬，威风凛凛，直达金陵，次至扬州。在楼船上，李璘遥望大江，检阅了自己的军队，心雄志满，发出得意的笑声。他要李白写一组诗歌，为其助威扬势。于是李白写了《永王东巡歌十一首》：

其一

永王正月东出师，天子遥分龙虎旗。

楼船一举风波静，江汉翻为雁鹜池。

其二

三川北虏乱如麻，四海南奔似永嘉。

但用东山谢安石，为君谈笑静胡沙。

其三

雷鼓嘈嘈喧武昌，云旗猎猎过寻阳。

秋毫不犯三吴悦，春日遥看五色光。

其四

龙盘虎踞帝王州，帝子金陵访古丘。

春风试暖昭阳殿，明月还过鳷鹊楼。

其五

二帝巡游俱未回，五陵松柏使人哀。

诸侯不救河南地，更喜贤王远道来。

其六

丹阳北固是吴关，画出楼台云水间。

千岩烽火连沧海，两岸旌旗绕碧山。

其七

王出三江按五湖，楼船跨海次扬都。

战舰森森罗虎士，征帆一一引龙驹。

共八

长风挂席势难回，海动山倾古月摧。

君看帝子浮江日，何似龙骧出峡来。

其九

祖龙浮海不成桥，汉武寻阳空射蛟。

我王楼舰轻秦汉，却似文皇欲渡辽。

其十

帝宠贤王入楚关，扫清江汉始应还。

初从云梦开朱邸，更取金陵作小山。

其十一

试借君王玉马鞭，指挥戎虏坐琼筵。

南风一扫胡尘静，西入长安到日边。

这十一首《永王东巡歌》中，除第九首外，余者写出了永王出师东吴的整个过程。李潾是玄宗的十六子，开元十三年（725年）就被封为永王。因年幼体弱，少年时是在忠王（即唐肃宗）的抚育下长大的。天宝十五载（756年）七月，太子李亨于灵武即帝位，即位之后，就命李璘速还太上皇处。李璘不听，仍赴任江陵，以薛镠、李台卿、蔡垧为谋主，疑有异志。肃宗闻之，诏令归观于蜀。李璘仍不从命，还招兵买马，扩大势力，并在至德二载（757年）的正月，由江陵发兵，乘战舰东巡江南西道和江南东道，同年春即到达金陵和扬州。

李白在其一中写了永王在江陵出师的时间，是至德二载正月，诗中的天子应是指唐肃宗。也许李白并不明白，唐玄宗的分镇之举，唐肃宗并不同意，并命令永王李璘回到太上皇的身边。而李白还以为永王此次出师是天子唐肃宗所决定的呢。当然，将天子理解为太上皇唐玄宗，也不算错。其实，两位天子所想的并不一样。在唐肃宗看来，李璘的出师无异于叛逆。江汉是指江陵地区，此指李璘的出临江陵，使江陵地区不受安史叛军的骚扰，和平安定。此首诗是说李璘出师东巡，是天子所允，有其正当性，是堂堂正正的行为。

其二是说，因安史叛军占领了洛阳，老百姓纷纷向南方逃难，犹似于东晋之南奔。“但用东山谢安西石，为君谈笑静胡沙”二句，一说是李白以东晋大臣谢安自比，谈笑之间即可灭敌。一说是李白将永王李璘比作是谢安，应以前者为是。明人唐汝询说：“永王璘之行师盖横暴之极者。太白以安石起之，欲其务镇静也。然璘竟取败，而太白几坐诛。一说太白尝卧东山，此云安石当是自况。若然，置永王于何地？青莲亦不应放诞至此。”（《唐诗解》卷二五）因此诗旨意模糊，有此二解，想来永王认为李白是将他比作谢安的，其实李白却是隐然自指。末句的“君”字可解作是肃宗，也可解作是永王。这正是李白诗的微妙之处。

其三是指永王发兵路过武昌和寻阳。寻阳即浔阳，亦即九江也。三四两句歌颂永王军队秋毫不犯，是正义之师。

其四是说，永王的船队已经到达虎踞龙盘的金陵，以壮金陵之风光。李白一向对金陵心怀好感，他认为金陵地势险要，是做帝都的好地方。后来，李白曾写《为宋中丞请都金陵表》，就有此义。

其五是说，两个帝王都因安史之乱出逃长安，“巡游”二字是替二帝遮羞。诸侯是指诸王和各地的地方长官，他们降的降，逃的逃，都不收复河南之地，只有永王李璘这位贤王远道前去抗敌。当时李白认为，李璘东巡是绕道扬州，由运河水路或海路北到中原去抗击叛军，故有此说。但元人萧士赟认为“此诗（太）白欲讽永王为勤王赴难之举”。清人潘德舆也认为：“是太白直言东下之非，而劝（永王）以西上勤王。”此说也不为无见。

其六说永王军队已到丹阳的北固山（属今镇江市），在山头可见楼台云水之壮观。三四两句，诗人着力描绘两岸旌旗、连天烽火、浮江大浪及映水楼台的壮丽景象。

其七是写永王水军已出三江巡五湖，到达了扬州。后二句是说永王的将士个个如虎似貔，船上载着战马猛士，情景十分雄壮。

其八写战舰挂席迎风前进，有海动山摇之势，以此御敌，胡兵可摧。李白是夸赞永王似西晋的龙骧将军王濬，率水军出峡，一举灭吴，暗指消灭叛军指日可待。

其十是说皇帝优宠永王出兵入楚，扫清江汉之地的胡尘之后，就应凯旋回朝。一开始在江陵为根据地扎好营盘，然后以金陵为战略要地，北出攻击叛军。其实这是李白的设想，也是他对永王的建议。“帝”字说得模糊，可能是兼指玄、肃二帝。李白说得也比较含糊，既然说李璘应以云梦（指江陵）作都督府大营，为何还要以金陵为战略要地呢？金陵属江南东道，已是盛王管辖之地，李璘不是江南东道的节度使，岂不是越界行为？大概李白真以为李璘以金陵为战略要地是权宜之举，目的是为了北上抗敌吧。可李璘并不这么想。看来李白一心平叛，心中并没有想这么多。也或者李白心目中的江汉，不仅是指云梦及江南西道地区，而是包括整个长江中下游地区？

其十一则是明说李白要借永王这个平台，干一番大事业。像谢安一样运筹帷幄，指挥平叛，将胡尘扫尽之后，再西入长安面见天子报捷。但“君王”二字亦有两解。一是指皇帝，即指肃宗，二是指永王李璘。若是指永王李璘，则指挥平虏的应是李白自指。而若是指唐肃宗，则指挥平虏的是指永王。笔者认为，“君王”二字应指肃宗，而指挥平虏的应是指李璘。那么这首诗的主旨，是指平叛胜利后，永王应西入长安，朝见肃宗，叙功报捷。因此，这首诗实有规劝之意，为永王指明了方向。其实，这也是本组诗的主要目的和主旨。

最后该说其九了。其九被认为是他人伪作，是给李白添罪名的。也就是说，这是李白的政敌为了陷害李白而作的。第一，把李白诬名化。因为此诗将李璘东巡与秦始皇、汉武帝、唐太宗三个帝王并列，用典非伦，显得是李白有意怂恿李璘称帝的野心。萧士赟说："合十一篇观之，此篇用事非伦，句调鄙俗，伪赝无疑，识者必能辨之。"郭沫若《李白与杜甫》曰："'祖龙'是秦始皇，'文皇'是唐太宗……把永王比成唐太宗，而且超过了秦皇、汉武，（以天子之事比拟永王）比拟得不伦不类，和其他十首也不协调，前人以为伪作，是毫无疑问的。"他们的意见说得很对。第二，《永王东巡歌》应是十首。因按照《诗经》惯例，大小雅十首为一"什"。李白之后所写的《上皇西巡南京歌》也是十首。可是这组诗却是十一首，是不合情理的，多出的第九首应是伪作。

那么，为什么有人要将这首伪作塞进《永王东巡歌》里呢？可能是永王幕府中的人有意为之。即李璘争权失败后，这些人中有人为减轻自己的罪责而嫁祸于李白，把他说成是怂恿李璘争夺帝位的主谋。因此可以说，李白的《永王东巡歌十一首》其实应是《永王东巡歌十首》。此十首诗立意在宣扬永王东巡的正当性，以及其强大的军队阵容，其中有些诗是以规劝和引导李璘平叛报国为内容的。正如明人许学夷所说："《东巡歌》十一首，第九首昔人辨其为伪，其他篇篇规讽，无一语许其僭窃。"（《诗源辨体》）其语甚是。此外，在永王幕府中，李白还有《在水军宴赠幕府诸侍御》诗，其中写道："卷身编蓬下，冥机四十年。宁知草间人，腰下有龙泉。浮云在一决，誓欲清幽燕。愿与四座公，静谈金匮篇。齐心戴朝恩，不惜微躯捐。所冀旄头灭，功成追鲁连。"这首诗是李白以诗明志，他参加永王幕府的目的就是"浮云在一决，誓欲清幽燕"，平定叛军之后功成身退，回归自由之身。

后来，永王李璘的野心逐渐暴露出来，《旧唐书·永王璘传》中说：至德元载（756年）十二月，（李璘）擅领舟师东下，甲仗五千人趋广陵，以季广琛、浑惟明、高仙琦为将。李璘生于宫中，不更人事，其子襄城王李偒勇而有力，驾驭兵权，为左右眩惑，遂谋狂悖。李璘虽有窥江左之心，而未露其事。吴郡采访使李希言乃平牒李璘，大署其名，李璘遂被激怒，牒报曰："寡人上皇天属，皇帝友于，地尊侯王，礼绝僚品，简书来往，应有常仪，今乃平牒抗威，落笔署字，汉仪隳紊，一至于斯！"乃使浑惟明攻打李希言，季广琛赶赴广陵进攻采访使李成式。李璘进至当涂，李希言在丹阳，令元景曜、阎敬之等以兵拒之。李璘身走吴郡，李成式使将李承庆以兵拒之。时河北招讨判官、司虞郎中李铣在广陵有步卒三千，由判官评事裴茂率领，同拒李璘于瓜步洲伊娄埭。

李璘的部将季广琛召诸将割臂而盟，不听李璘命令。是日，浑惟明奔走于江宁，冯季康、康谦投诚于广陵。季广琛以步卒六千赴广陵，李璘的使者骑马追上了他，季广琛说："我感王恩，是以不能决战，逃而归国。若逼我，我则不择地而回战矣。"使者返报。其夕，李铣等在长江岸上多处点燃火把，让人执两炬以作疑阵，李璘的士兵隔江相望，岸上火把及水中之影，一变为二矣。李璘的军队中也有人举火把应之。李璘大惧，以为官军悉以济江，遂与其子及麾下在夜间逃走。到了天明，也不见有人渡江，李璘的儿子襄城王李偒驱其众兵向晋陵方向逃走。李璘闻官军已至，乃使襄城王、高仙琦还击之。李铣等追击，射中襄城王李偒的头，李偒的军队遂败。李璘南奔而逃，至大庾岭，将南投岭外，为江西采访使皇甫侁下防御兵所擒，因中箭而死。李偒等也为乱兵所杀。皇甫侁割李璘首级，至长安向肃宗请功，反为肃宗斥责说："大胆皇甫侁，执吾幼弟，不送入蜀中受太上皇处置，而擅自杀之，是何道理！"遂将皇甫侁削职为民，永不叙用。

再说高适。在玄宗避蜀时，高适曾奔赴玄宗行在及河池郡谒见，并向玄宗报告潼关失守的内幕和真相。玄宗大为称赏，任为侍御史，后高适随玄宗入蜀。在普安郡，玄宗与房琯、韦见素等议分制诸王，制永王李璘出镇江陵都督，兼四道节度使。高适切谏，以为不可。至成都又迁谏议大夫。至德二载初永王叛，唐肃宗闻知高适其前论谏有素，召而谋之。高适因论江东之利害，并说永王必败。肃宗很欣赏高适的对策，便任高适兼御史大夫、扬州大都督府长史、淮南节度使，命他与江东节度使来瑱率本部兵马平江淮之乱，会于安州。将发兵渡江而永王已败，于是招季广琛于历阳，至此乃罢兵，但仍全权处理淮南之乱事，到处派人捉拿永王的余部。

永王兵败丹阳之时，李白与韦子春趁乱兵之机各自逃出永王幕府，李白向着西南方向逃去。在奔逃的途中，他写了《南奔书怀》一诗，诗云：

遥夜何漫漫，空歌白石烂。
宁戚未匡齐，陈平终佐汉。
欃枪扫河洛，直割鸿沟半。
历数方未迁，云雷屡多难。
天人秉旄钺，虎竹光藩翰。
侍笔黄金台，传觞青玉案。
不因秋风起，自有思归叹。
主将动谗疑，王师忽离叛。
自来白沙上，鼓噪丹阳岸。
宾御如浮云，从风各消散。
舟中指可掬，城上骸争爨。
草草出近关，行行昧前算。
南奔剧星火，北寇无涯畔。
顾乏七宝鞭，留连道旁玩。
太白夜食昴，长虹日中贯。
秦赵兴天兵，茫茫九州乱。
感遇明主恩，颇高祖逖言。
过江誓流水，志在清中原。
拔剑击前柱，悲歌难重论。

李白此诗是写奔逃途中的经过和复杂心情。在诗中，他自比匡齐的宁戚和安汉的陈平，但好心没有好报，却遭到命运的磨难。李白认为，他加入永王幕府，本心是志在辅佐永王扫平安史叛军，以贡献自己的力量。他的意愿本是报国立功，然后功成身退。却未想到永王的主将忽起谗疑之心，以造成军队的离叛，结果是北面的官军和永王的部队在丹阳岸边打起来了。只见永王的水军舟中乱成一团，鼓噪一片，争抢着渡水而逃，被砍断的手指一把一把的，很多士兵落水而死。丹阳城上的守兵也尸骨成山，惨不忍睹。李白面对永王兵败之惨状，也只好逃走，后悔自己搅进了这个乱局。这场战争就像是战国时的秦赵之战，都乱了套了。他自己是为报玄宗之恩而参加永王的东巡平叛之举的，有如东晋的名士祖逖，过江誓流水，其志在收复中原。可如今却被视为跟从永王的叛逆，使自己拔剑悲歌，悲愤难名。李白此时只觉得好心却被当成了驴肝肺，实在是太冤枉了。

李白日潜夜行，走了几日才来到南陵的五松山。他也不敢去找以前的旧识老友，只好在乡野的山路上行走。因多日少吃没喝，非常疲倦力乏，李白一下子就栽倒在路旁。一位名叫荀七的乡人这一日早起顺着小路下田去锄草，见到路旁昏倒的李白，就将他背回家去。其母荀媪连忙烧了热汤，给李白灌了几口，李白才慢慢醒了过来，见荀媪正在他面前端着碗，连忙起身便拜。荀媪问他从何处来，到何处去。李白只是含糊地说自己是去浔阳投亲，荀媪便没有再问下去。李白在荀家待到晚上便要拜辞而去。荀媪叫荀七到邻家借来了一升菰米，做了一盆菰米饭，还将自己家的一只黄鸡也杀了，做菜给李白吃。李白非常感动。他虽吃过御筵，吃过达官权贵们的美酒玉食，但觉得都没有今天的饭好吃。他吃了几口，劝荀母和荀七一起吃。他们都说，吃过了，您放心地吃吧。李白狼吞虎咽，将盘中之餐吃完了。李白知道他们并未吃过饭，他掀开锅盖，见里面都是些野菜糊糊，菰米饭是专门为他一人做的，心中十分感动。最后，他向荀七说出了自己的名字以及如今因永王之案被牵连之事。荀氏母子非常同情李白的不幸遭遇，他们在傍晚将余下的米饭用荷叶包好，让李白在路上吃。李白跪拜在荀媪面前，拜后吟了一首诗：

我宿五松下，寂寥无所欢。
田家秋作苦，邻女夜舂寒。
跪进雕胡饭，月光明素盘。
令人惭漂母，三谢不能餐。

（《宿五松山下荀媪家》）

这是李白诗文中，唯一一首向贫苦百姓感恩的诗。虽然只是一饭之恩，也令李白感激涕零。真是关键时刻见真情，说的全是李白的真心话。

当李白逃到彭泽县时，他头戴一顶斗笠，站在城门旁，见一群人在看一张告示。其中写道，有人捉到永王叛逆要犯李白者，赏银五百两，告发者赏银百两。李白正要离开，旁边有人拍拍李白的肩膀说道："李学士，我们在这里相见了。"李白回头一看，原来是当地的富户钱员外，对方说着就向身边的两个衙役示以眼色。李白因此被捕，被送进了浔阳监狱。

蒙冤入狱

在浔阳监狱中，李白被戴上了铁镣，投入牢狱之中。他被视为永王谋反的主谋，罪名是附逆，要在大审之后处斩。李白越想越觉得自己冤枉。他想，像季广琛等永王的大将，在战场上还与肃宗的官军打过仗，听说他们都被淮南节度使高适招降了，不但无罪，反而有功，像季广琛后来还被重用，当了什么节度使。为什么他这一介书生和诗人，在永王军中没有领过一兵一卒，没有与肃宗的官军厮杀，却被下入死牢？况且永王的叛逆之心，他起初也不知道啊。永王身兼江陵都督和四镇节度使，本是太上皇的主意，东巡的目的也是为了平叛，出师之名也是正当的，为何却被视为叛逆？他是想不通的。那肃宗自立为帝，征得玄宗的同意了吗？还不是先斩后奏，逼迫玄宗让位吗？况且肃宗和永王还是亲兄弟呢，怎么忽然成了对头，竟然如此毫无手足之情？真是“汉谣一斗粟，不与淮南春”啊。他感到人心之不古，尤以帝王之家为甚。于是写了一首《箜篌谣》乐府诗，以表达他心中的怨愤：

攀天莫登龙，走山莫骑虎。
贵贱结交心不移，惟有严陵及光武。
周公称大圣，管蔡宁相容，
汉谣一斗粟，不与淮南春。
兄弟尚路人，吾心安所从？

他人方寸间，山海几千重。
轻言托朋友，对面九疑峰。
多花必早落，桃李不如松。
管鲍久已死，何人继其踪？

这首诗以古乐府讽刺友谊不终的内容，来讽刺自古以来的有失交道者，其中特别指出兄弟相倾者。他说像汉光武帝与严子陵的交谊，是最好的榜样。像周公这样的圣人，也不能容其兄弟管叔与蔡叔。又举汉文帝刘恒与其弟淮南王刘长的故事。汉文帝以淮南王通匈奴，而判其当为死罪，后淮南王不食而死。故汉谣有曰："一尺布，尚可缝。一斗粟，尚可舂。兄弟二人不相容。"因此李白说："兄弟尚路人，吾心安所从？他人方寸间，山海几千重。轻言托朋友，对面九疑峰。"这是借汉代皇家故事，比喻肃宗与永王之间的关系是十分残酷的。亲兄弟间尚且如此，那么朋友之间就更不用说了。像春秋时代的鲍叔牙和管仲之交，现在根本就没有了。这首诗是李白的深刻反思。他终于认识到，帝王家是根本没有什么亲情的，如玄宗和肃宗父子、肃宗与永王兄弟，就是如此。明白了这一点，李白才知道，为什么肃宗那么恨永王李璘，是怕其夺帝位呀，而李璘恐怕也有觊觎帝位之心。而且李白也想到，即使玄宗、肃宗父子之间，猜忌之心也是有的。而自己曾是玄宗的红人，肃宗恐怕也猜疑自己与他不是一条心。想到这里，他才明白，肃宗为什么特别恨他参加永王幕府了，所以要治他死罪。

李白打听到，现在淮南大都督长史是老朋友高适，正是他主管永王一案。或许他能在此生死存亡时刻念及旧情，给自己一线生机？但他又怕高适有所顾虑。故趁朋友张秀才来监狱探望他时，作了一首诗，借推荐张秀才有灭胡之策的理由，给高适透个信儿，探一下高适对自己的态度。诗的序中说道："余时系寻阳狱中，正读《留侯传》，秀才张孟熊，蕴灭胡之策，将之广陵谒高中丞。余喜子房之风，感激于斯人，因作是诗以送之。"其诗中写道："高公镇淮海，谈笑却妖氛。采尔幕中画，戡难光殊勋。我无燕霜感，玉石俱烧焚。但洒一行泪，临歧竟何云。"（《送张秀才谒高中丞》）此诗表面上是推荐张秀才有平叛之策，其实是说自己是受永王李璘的牵连。我对坐牢并不感到很委屈，但总觉得有玉石俱焚的感觉。在与张秀才告别之际，我真不知道该怎么说才好。张秀才将李白的诗送给高适之后，高适感到十分为难，从此也没有了下文。

正当此时，黄门侍郎、同中书门下平章事、江南宣慰大使崔涣和御史中丞、江南西道采访使宋若思察访江南，有人将此消息告知李白。正好此时宗璟陪宗氏夫人来狱中探望李白，夫妇二人见面大哭一场。李白撕下衣襟，写了一封血书，交给宗氏，让她去崔涣、宋若思二人那里求情。于是，宗氏夫人便与宗璟一道前去宣城找崔涣。正好崔涣也在，宗氏夫人便将李白所写的血书《上崔相百忧章》呈了上去。崔涣展开李白的诗，只见上面写道：

共工赫怒，天维中摧。鲲鲸喷荡，扬涛起雷。
鱼龙陷人，成此祸胎。火焚昆山，玉石相碰。
仰希霖雨，洒宝炎煨。箭发石开，戈挥日回。
邹衍恸哭，燕霜飒来。微诚不感，犹絷夏台。
苍鹰搏攫，丹棘崔嵬。豪圣凋枯，王风伤哀。
斯文未丧，东岳岂颓。穆逃楚难，邹脱吴灾。
见机苦迟，二公所咍。骥不骤进，麟何来哉！
星离一门，草掷二孩。万愤结缉，忧从中催。
金瑟玉壶，尽为愁媒。举酒太息，泣血盈杯。
台星再朗，天网重恢。屈法申恩，弃瑕取材。
冶长非罪，尼父无猜。覆盆倘举，应照寒灰。

此诗是李白在为国家和民族的命运痛哭，为自己的不幸痛哭，为自己饱受冤枉痛哭。让李白来为永王之过背黑锅，当替罪羊，这也太不公道了。他是多么希望上苍普降霖雨，来浇灭安禄山所燃起的战火，使天下太平啊。他真恨自己没有先见之明，否则就能像穆生和邹阳一样早知先觉地脱身了，如今他真是后悔见机太迟了。他现在正是惹得满门星离，一双儿女也无法顾及了。希望相爷您明镜高照，虽说天网恢恢，疏而不漏，还是望您法外施恩，弃瑕取材。李白就是那位非罪的公冶长，而您就是知他的孔夫子啊。深望您使其覆盆掀开，让他重见阳光，昭雪冤情啊。看了李白用血写成的百忧章，崔相爷动了感情，与宋若思大人商量了一下，便对宗氏姊弟说：夫人放心地回去吧，李先生的事情就交给我了。

接着，宋中丞就将李白从狱中接了出来，并任李白做他幕府的参谋，帮他参谋军事。李白非常感激宋若思的大义之举。宋若思是李白的朋友宋之悌之子，他救李白出狱，一半是公义，一半是私情。李白为报答宋若思，为他先后起草了《请都金陵表》和《为宋中丞自荐表》两文。前文陈列了金陵作为帝都的许多好处，请唐肃宗建都金陵。后文以宋若思的名义，向朝廷为李白上了一个推荐表，在表中李白写道：

> 臣某闻，天地闭而贤人隐，云雷屯而君子用。臣伏见前翰林供奉李白，年五十有七。天宝初，五府交辟，不求闻达，亦由子真谷口，名动京师。上皇闻而悦之，召入禁掖。既润色于鸿业，或间草于王言，雍容揄扬，特见褒赏。为贱臣诈诡，遂放归山。闲居制作，言盈数万。属逆胡暴乱，避地庐山，遇永王东巡胁行，中道奔走，却至彭泽。具已陈首。前后经宣慰大使崔涣及臣推覆清雪，寻经奏闻。
>
> 臣闻古之诸侯进贤受上赏，蔽贤受明戮。若三适称美，必九锡光荣，垂之典谟，永以为训。臣所管李白，实审无辜。怀经济之才，抗巢、由之节。文可以变风俗，学可以究天人，一命不沾，四海称屈。
>
> 伏惟陛下大明广运，至道无偏，收其希世之英，以为清朝之宝。昔四皓遭高皇而不起，翼惠帝而方来。君臣离合，亦各有数，岂使此人名扬宇宙，而枯槁当年。传曰：举逸人而天下归心。伏惟陛下，回太阳之高辉，流覆盆之下照，特请拜一京官，献可替否，以光朝列，则四海豪俊，引领知归。不胜慺慺之至，敢陈荐以闻。
>
> （《为宋中丞自荐表》）

此文具说李白在玄宗朝时，为朝廷“润色于鸿业，或间草于王言”的事迹，以及安史之乱后永王李璘对李白“胁行”入幕的经过。认为李白虽入李璘幕府，但“实审无辜”，并夸赞李白“怀经济之才，抗巢、由之节。文可以变风俗，学可以究天人”的品德和才华，为他“一命不沾、四海称屈”的命运感到遗憾。最后，正式向皇上推荐李白并“拜一京官”的请求。

宋若思将《请都金陵表》和对李白的推荐书派人一起送呈朝廷。不料，肃宗看后，不但不允，反而大怒。他骂宋若思糊涂，难道要我作偏安之君不成？对宋若思荐李白之表更是恼怒，认为李白是永王叛逆的主谋，不可饶恕。宋中丞的使者将李白入永王幕府时写给贾少公的书信和李白所写的《永王东巡歌十首》一起呈上作证。《与贾少公书》中有“王命崇重，大总元戎，辟书三至，人轻礼重。严期迫发，难以固辞，扶力一行，前观进退”与“徒尘忝幕府，终无能为”的话，可证李白是为永王胁迫，并非主动，而且在永王幕府中李白也没有什么作为。不料肃宗将宋中丞所呈《永王东巡歌十首》一掷在地，却拿出高适所呈奏的《永王东巡歌十一首》，指着其中的第九首说，你所呈的《永王东巡歌》，为何却没有这一首？这一首“祖龙浮海不成桥，汉武寻阳空射蛟。我王楼舰轻秦汉，却似文皇欲渡辽”，不是分明鼓励和煽动要永王当秦皇、汉武和先皇太宗一样的皇帝吗？宋中丞的使者说，臣所呈的《永王东巡歌十首》，是李白的亲笔书写，是不会假的，请圣上明察。肃宗说，难道我这份《东巡歌》是假的？这可是永王幕府参谋薛镠当场亲录的李白诗！宋若思的使者不敢争辩。此时的肃宗正在气头上，说：按照大唐律法，大逆之罪当斩！这时，在朝的郭子仪向皇上脱下官帽请求说：我了解李白的为人，他绝无反叛之心，臣以官职和身家性命向圣上保证！这时，朝中也有许多人同情李白，跪下向肃宗请求免李白之罪。最后肃宗说：李白死罪可免，活罪难饶。判其长流夜郎！

于是，李白又被投进浔阳大牢。崔涣以“滥进非一”之罪名被罢免宰相及江南采访使之职，贬为余杭太守，宋若思则因用人失职，被贬为宣州太守。

长流夜郎

李白终被以“从璘附逆”的罪名流放夜郎，时间是三年。李白怎么也没有想到，他不但没有被朝廷任作朝官，“以光朝列”，反而以附逆之罪，被贬流放到在唐人眼中看来是荒无人烟的夜郎（在今贵州桐梓北，一说在今正安西北）边城。宗氏夫人和宗璟送他到江岸，哭得天昏地暗，最后也只得洒泪而别。在李白的眼中，自己还不如江边的向日葵，因为向日葵还能用自己的叶子来护卫自己的根，而自己却被连根拔掉，远移他方，连一点护卫自己的能力都没有。

李白的小船在解差的押解下，逆江而上。船至江夏时，遇到从京师贬来的史郎中，二人同病相怜，一起在黄鹤楼上饮酒听笛。李白顿起迁谪之情，作《与史郎中钦听黄鹤楼上吹笛》诗记之：

一为迁客去长沙，西望长安不见家。
黄鹤楼中吹玉笛，江城五月落梅花。

随后，李白又在汉阳遇到了老友尚书郎张谓出使夏口，在沔州太守杜公和汉阳宰王公的陪同下，一起游了汉阳城南的南湖。是夜湖中水月如练，张谓对这里的湖光山色十分欣赏，对李白说：“古往今来，此湖佳景，不知招得了多少文人骚客的青睐，可是此湖连个名字也没有，真是太可惜了，你可给起个好名字，也好传之不朽。”李白看张谓如此喜爱此湖，便以张谓的官名命此湖曰“郎官湖”，席上的人一致称好。汉阳宰王公对李白十分仰慕，特别留他在汉阳逗留了几日，一同游了鹦鹉洲等名胜，才恋恋不舍地送李白西行。

船至荆门山（在今湖北宜昌西），从此向西，江道变窄。此时已是初秋时分，两岸树木萧瑟。李白至此感慨万千。当年他初出蜀时，乘船至此，感到天地突然宽阔开朗，心中有说不出的新奇和高兴。如今他越往西走，越觉得心灰意冷。三十多年了，他的心境、年龄都发生了巨大的变化。那春花初放的年纪，那瑰丽如梦的理想，如今都成了过眼烟云。

李白的小船继续逆江而行，前面就是三峡中的黄牛峡。两岸高山对峙，绝壁临江，向上看只见一线青天。江流变得又急又猛，船家无法撑船逆流而上，只得沿着陡峭的栈道拉纤。那条栈道是从峭立的石壁上凿出来的，纤夫们拉着船，艰难地向上游前进。

黄牛峡上，只见高岩上有石如人，负刀牵牛，人黑牛黄。

逆水拉船，船行非常缓慢，栈道上的纤夫发出哼唷哼唷的声音。江上的船夫唱起了巴蜀民歌，那歌声高亢中带有凄凉，宛转中含有悲哀：

朝发黄牛哟，暮宿黄牛呃。
三朝三暮哟，黄牛如故呃。
……

听着这熟悉而又怆楚的歌声，李白的心情也变得沉重起来。他站在船头眼望着头上的一线青天，再看着眼前光着上身拉纤的船夫，捻须吟道：

巫山夹青天，巴水流若兹。
巴水忽可尽，青天无到时。
三朝上黄牛，三暮行太迟。
三朝又三暮，不觉鬓成丝。

（《上三峡》）

船在逆水中艰难地向前行进，巫山神女峰遥遥在望，李白心潮起伏，他回忆起当年初入三峡的情景：

那是草长莺飞、桃花流水的春天，李白怀着“已将书剑许明时”的雄心壮志，屹立在船头上。他初次见到巫山心中兴奋的心情，直到如今还记忆犹新：

昨夜巫山下，猿声梦里长。
桃花飞绿水，三月下瞿塘。
雨色风吹去，南行拂楚王。
高丘怀宋玉，访古一沾裳。

（《宿巫山下》）

眼看着离家乡越来越近，李白的心一阵紧似一阵。他看了看身上所穿的囚衣和身旁的枷锁镣铐，越想越不是滋味，不禁感叹：“这叫我如何去面对蜀中的亲友，那企盼我高头大马衣锦而归的父老乡亲哪？”泪水在李白的脸上潸然而下。

船至夔州（今重庆奉节），李白与两个解差下船，王仁要到县衙办公事，赵义则陪着李白登上了白帝城。

白帝城（在今重庆奉节县东）上的诸葛庙依然如昔，没有大的变化，可是，李白此次的心情与以前初游此地时却大不相同。诸葛亮的塑像依然端坐在祠堂中，只是庙中的香火比以前萧条多了，来上香的人寥寥无几。李白恭敬地在诸葛亮像前上了三炷香，拜了又拜。面对这位一生景仰的先贤，他感慨万千地说：“诸葛先生，想你我都有一样的匡君之志，绝世之才。可你却拯汉室于危亡之际，延汉祚五十余年。功高一世，名满天下，万代景仰。可我几十年浪迹天涯，仗剑去国，几度沉浮。如今却披枷戴锁，远流蛮荒。真是愧对先贤……”

诸葛亮身穿鹤氅，头戴纶巾，手执羽扇，端坐在上方，两眼微眯着，好像是在望着他。诸葛亮仿佛在含笑问他：“李白，古之君子事君有三种：上者以师，中者以友，下者以奴才。你做到了哪一种呢？”

李白恭敬地拱手：“诸葛先生，李白我没有做奴才！但是惭愧，我也没有能做成帝王的朋友，更没有能成帝王师，我成了帝王的囚犯！”

诸葛亮仿佛点了点头："你李白能自重自爱，不做奴才，翘然独立，在当今之世，也算不错了！"

李白上前一步，大声地道："不！孔明先生，我李白有王佐之才，大鹏之志，于国家危难、百姓涂炭之际，不能如先生为帝王师，成就王霸之业，反倒披枷戴锁，远流蛮荒，我有何面目立于天地之间啊？先生，我错在哪里呀？"诸葛亮又化成木然泥像，没有回答……

扶着门框的李白，缓缓地滑下来，跪在像前喃喃地道："孔明先生，我错在哪里？我错在哪里呀？"

天色已晚，李白站在观星亭上，望着夕阳下的群山，耳边不时传来阵阵哀伤的猿啼。

李白望着西方暮霭中的层峦叠嶂，心潮起伏：那远在天边的云山，不就是我家乡的大匡山吗？我那年迈的爹娘，你们的身体可好？儿子不能给您尽孝，争得封赠的荣誉，反而给您二老增添辱羞，有累门声。我那月圆小妹，为兄答应你高车驷马迎你出蜀一游的许诺也未能实现，实在是对不起你呀。

这时天色渐暗，西方的太白星在天空中闪烁，李白望着这颗他的命星自言自语道：太白星啊太白星，难道我真是你的人间转世？莫非我真是个谪仙人被贬下凡，来人间受罚的？为什么我的命运这么坎坷多舛？难道这真是天命吗？

太白星在夜空中眨着眼，没有回答……

第二天，奉节县令领着差役来到了白帝城。见了李白，向李白念诏书："《以春令减降囚徒敕》：其天下见禁囚徒，死罪从流。流罪以下，一切放免！"

李白颤巍巍地接过诏书，看着，叨念着："流罪以下，一切放免……我遇赦啦？无罪啦！"他抬眼望着东方："夫人啊，夫人，知道吗？我无罪了，我赦免啦！"他流着泪，突然举起敕诏，回身向西："父亲、母亲、月圆！我被赦免啦！"他奔向武侯祠："孔明先生，我被赦免啦！"他奔向最高处向着群山叫："我无罪了！我被赦免了！"

三峡的山谷中在回荡：无罪……无罪……赦免……赦免……

奉节县令想请李白回县衙住几天，为他接风洗尘，被李白婉言谢绝了，他要回家。他从身上脱下犯人的囚服，投入了大江。

乾元二年（759年）三月，李白获得赦免，便立即乘一叶小舟在三峡中顺流而下。阳光照耀着江水，闪闪发光；两岸的猿猴，三五成群地出现在三峡岸边的树林里，像欢呼似的发出啼叫。

小船在江心中愉快地颠簸着，李白站在船头，昂首迎风。两岸的山峰像跑马似的向身后奔跑。船在江中快如飞箭，船头激起雪白的浪花。

李白站在船头愉快地唱起了巴蜀小调：

朝辞白帝彩云间，千里江陵一日还。
两岸猿声啼不尽，轻舟已过万重山。[①]

歌声中，小船离白帝城越来越远，轻快地驶过巫山神女峰，掠过秭归屈原祠，穿过明月峡、黄牛峡和西陵峡，向江陵飘去。

① 《早发白帝城》。宋本原作“啼不尽”，他本又作“啼不住”。

徘徊湖湘

遇赦之后，李白来到了江夏，希望江夏太守韦良宰入朝时能够举荐他，但一直没有消息。李白与从弟李之遥和南陵县令韦冰相会赠诗，并游览了江城的名胜，写了《江上吟》《鹦鹉洲》等名诗。后由老友贾至相邀，与李晔三人共游洞庭，度过了一段诗情画意的美好时光。此后，李白南下永州访少年僧人怀素，对他的书法大加称赞，在《草书歌行》中提出“古来万事贵天生”“我师此义不师古”的美学观点，强调文学艺术要充分表现自我风格，贵在独创。

勿弃贾生

小船到了江陵，李白对船夫说，不要停，直下江夏！到了江夏之后，汉阳县（今武汉市蔡甸区）的王明府给李白接风洗尘。李白此时心里非常高兴，他以为是朝廷想起了他，他还能入朝为国效力，就多喝了几杯酒，最后酩酊大醉。酒醒之后，汉阳王明府派人送李白过江回江夏。李白为感谢王明府，写了一首诗表示感谢。诗曰：

去岁左迁夜郎道，琉璃砚水长枯槁。
今年敕放巫山阳，蛟龙笔翰生辉光。
圣主还听子虚赋，相如却欲论文章。
愿扫鹦鹉洲，与君醉百场。
啸起白云飞七泽，歌吟渌水动三湘。
莫惜连船沽美酒，千金一掷买春芳。
（《自汉阳病酒归，寄王明府》）

从李白的这首诗来看，李白对肃宗抱有很大的希望，“圣主还听子虚赋，相如却欲论文章”，他认为唐肃宗是认可他这个如司马相如一样的才子的。一定会将自己“润色鸿业”“学究天人”的才能为其所用，为朝廷效力。他觉得这个赦令，不是因春旱而实行的全国大赦，而好像是专为他一人所设的，所以有些盲目的乐观。他以为自己“啸起白云飞七泽，歌吟渌水动三湘”的诗歌能够感动肃宗，请他重入长安，再造辉煌，从此他可以东山再起，得到重用。

但现实却是很残酷的。因为他已是一个犯有“附逆”前科的释放犯，不再是一个御前诗人、世外高人，以及一个人人高看、家家欢迎的“谪仙人”李白，所以除了一些故旧，很少有人再像以前那样高攀他了。他只好去江夏太守的府衙拜访旧日的老友韦良宰。

此时，韦良宰在江夏太守任上的期限已满，要到长安去述职升迁，急着要找一位有名气和声望的名士为他写德政碑。而李白正是他认为的最佳人选。李白当场答应韦良宰的邀请，认为碑文由自己来写责无旁贷。于是他很快就写出了《天长节使鄂州刺史韦公德政碑并序》，在碑的序文中，李白对韦良宰在任江夏太守期间的德政浓墨重彩地夸耀了一番，得到了江夏群官和名士的一致好评。借着这个机会，李白又写了一首诗《经乱离后，天恩流夜郎，忆旧游书怀赠江夏韦太守良宰》，叙述自己一生主要经历，特别是在安史之乱后的遭遇。诗中用较多篇幅写了他与韦良宰的深情厚谊，并在诗的最后部分，特别嘱托韦太守“君登凤池去，勿弃贾生才”，即不要忘记我这个老朋友，请在朝廷上多为我美言几句，提醒皇上不要忘了我这个如贾谊一般的人才还长期弃置在外。其诗云：

天上白玉京，十二楼五城。
仙人抚我顶，结发受长生。
误逐世间乐，颇穷理乱情。
九十六圣君，浮云挂空名。
天地赌一掷，未能忘战争。
试涉霸王略，将期轩冕荣。
时命乃大谬，弃之海上行。
学剑翻自哂，为文竟何成。
剑非万人敌，文窃四海声。
儿戏不足道，五噫出西京。
临当欲去时，慷慨泪沾缨。

叹君倜傥才，标举冠群英。
开筵引祖帐，慰此远徂征。
鞍马若浮云，送余骠骑亭。
歌钟不尽意，白日落昆明。
十月到幽州，戈鋋若罗星。
君王弃北海，扫地借长鲸。
呼吸走百川，燕然可摧倾。
心知不得语，却欲栖蓬瀛。
弯弧惧天狼，挟矢不敢张。
揽涕黄金台，呼天哭昭王。
无人贵骏骨，绿耳空腾骧。
乐毅倘再生，于今亦奔亡。
蹉跎不得意，驱马过贵乡。
逢君听弦歌，肃穆坐华堂。
百里独太古，陶然卧羲皇。
徵乐昌乐馆，开筵列壶觞。
贤豪间青娥，对烛俨成行。
醉舞纷绮席，清歌绕飞梁。
欢娱未终朝，秩满归咸阳。
祖道拥万人，供帐遥相望。
一别隔千里，荣枯异炎凉。
炎凉几度改，九土中横溃。
汉甲连胡兵，沙尘暗云海。
草木摇杀气，星辰无光彩。
白骨成丘山，苍生竟何罪？
函关壮帝居，国命悬哥舒。
长戟三十万，开门纳凶渠。
公卿奴犬羊，忠谠醢与菹。

二圣出游豫，两京遂丘墟。
帝子许专征，秉旄控强楚。
节制非桓文，军师拥熊虎。
人心失去就，贼势腾风雨。
惟君固房陵，诚节冠终古。
仆卧香炉顶，餐霞漱瑶泉。
门开九江转，枕下五湖连。
半夜水军来，寻阳满旌旃。
空名适自误，迫胁上楼船。
徒赐五百金，弃之若浮烟。
辞官不受赏，翻谪夜郎天。
夜郎万里道，西上令人老。
扫荡六合清，仍为负霜草。
日月无偏照，何由诉苍昊。
良牧称神明，深仁恤交道。
一忝青云客，三登黄鹤楼。
顾惭祢处士，虚对鹦鹉洲。
樊山霸气尽，寥落天地秋。
江带峨眉雪，川横三峡流。
万舸此中来，连帆过扬州。
送此万里目，旷然散我愁。
纱窗倚天开，水树绿如发。
窥日畏衔山，促酒喜得月。
吴娃与越艳，窈窕夸铅红。
呼来上云梯，含笑出帘栊。
对客小垂手，罗衣舞春风。
宾跪请休息，主人情未极。
览君荆山作，江鲍堪动色。

清水出芙蓉，天然去雕饰。
逸兴横素襟，无时不招寻。
朱门拥虎士，列戟何森森。
剪凿竹石开，萦流涨清深。
登楼坐水阁，吐论多英音。
片辞贵白璧，一诺轻黄金。
谓我不愧君，青鸟明丹心。
五色云间鹊，飞鸣天上来。
传闻赦书至，却放夜郎回。
暖气变寒谷，炎烟生死灰。
君登凤池去，勿弃贾生才。
桀犬尚吠尧，匈奴笑千秋。
中夜四五叹，常为大国忧。
旌旆夹两山，黄河当中流。
连鸡不得进，饮马空夷犹。
安得羿善射，一箭落旄头。

这首诗长达计166句，830字，是李白诗中最长的诗篇，可与杜甫的《自京赴奉先县咏怀五百字》及《北征》二长诗相媲美。这首诗也可以说是李白的一个自传。在这首诗中，李白回忆了他与韦良宰的三次交往：一次是李白在长安辞京还山的时候，韦良宰在骠骑亭为李白送行；第二次是在李白幽州探虎穴之时，路过贵乡县，受到韦良宰的热情接待；第三次即这次在江夏，韦良宰对李白的亲切会见，使李白非常感动，印象也十分深刻。诗中特别说出了李白幽州探险的具体情况："十月到幽州，戈铤若罗星。君王弃北海，扫地借长鲸。呼吸走百川，燕然可摧倾。心知不得语，却欲栖蓬瀛。弯弧惧天狼，挟矢不敢张。揽涕黄金台，呼天哭昭王。"这些真实的情况，过去因为有忌讳而不敢载之于诗，这次却向老朋友说了实话。再者，对参加永王幕府和流放夜郎之事，如"仆卧香炉顶，餐霞漱瑶泉。门开九江转，枕下五湖连。半夜水军来，寻阳满旌旃。空名适自误，迫胁上楼船。徒赐五百金，弃之若浮烟。辞官不受赏，翻谪夜郎天。夜郎万里道，西上令人老。扫荡六合清，仍为负霜草”等事，也向韦良宰做了专门的陈述，意在博得韦良宰的同情和帮助。但实际情况与此诗中所说的并不完全相同。实际上，李白跟从永王李璘并非完全被胁迫，其中还有李白自愿的性质。此诗中说的话，有李白不得已的苦衷。诗中还有些是李白对韦良宰的不实之誉，如赞美韦良宰“片辞贵白璧，一诺轻黄金”的品德，以及夸赞韦良宰诗作为“清水出芙蓉，天然去雕饰”等语，都是些过誉之辞。这些赞誉，安在李白的头上反而更为合适。在诗的末尾，“中夜四五叹，常为大国忧……安得羿善射，一箭落旄头”等语，正是李白此时此地的心里话。他时刻关注的还是国家的命运，心中始终是怀着报国立功的思想。但李白向韦良宰写此诗的最终目的，还是“君登凤池去，勿弃贾生才”这两句，希望韦良宰能在去长安述职时，向皇帝举荐他。

笑傲江城

在江夏，李白自韦良宰赴长安后一直没有接到他的任何音讯，便打算回到庐山。正当此时，却在街上碰到了从弟李之遥。他是从南平贬官武陵，来到江夏，正巧遇见李白的。李之遥便邀李白进了一家酒馆，二人边喝边聊。李白向李之遥倾诉了他昔日在京城当翰林供奉和受到明皇宠遇的无限风光，以及流放遇赦之后在江城被人冷落的遭遇，心中十分感慨。而李之遥则向李白诉说他在官场上蹭蹬的经历，二人惺惺相惜，谈得十分投机。临别，李之遥将身上所带的钱财倾囊相赠，而李白唯有以诗作为报还。其诗云：

少年不得意，落魄无安居。
愿随任公子，欲钓吞舟鱼。
常时饮酒逐风景，壮心遂与功名疏。
兰生谷底人不锄，云在高山空卷舒。
汉家天子驰驷马，赤车蜀道迎相如。
天门九重谒圣人，龙颜一解四海春。
彤庭左右呼万岁，拜贺明主收沉沦。
翰林秉笔回英盼，麟阁峥嵘谁可见？
承恩初入银台门，著书独在金銮殿。
龙驹雕镫白玉鞍，象床绮席黄金盘。

当时笑我微贱者，却来请谒为交欢。
一朝谢病游江海，畴昔相知几人在？
前门长揖后门关，今日结交明日改。
爱君山岳心不移，随君云雾迷所为。
梦得池塘生春草，使我长价登楼诗。
别后遥传临海作，可见羊何共和之。
（《赠从弟南平太守之遥二首》其一）

诗中说自己本无功名之意，只想能够浪迹四海，自由自在，过着渔樵隐逸的生活。像深山里自由生长的兰草和空中自在卷舒的云彩，无拘无束。可是却突然像司马相如一样被皇帝征召，为天子所知遇，满朝文武无不称贺。我在朝中备受宠遇，草王言于麒麟阁，著文章于金銮殿，骑的是龙驹，坐的是象床，就是以前笑我微贱的人，此时也争着向我示好。可如今我失意了，那昔年的相知还有几人呢？他们不是闭门不见，就是不予理睬。唯有贤弟你始终待我如初，你就是谢灵运的贤弟谢惠运，灵运的“池塘生春草”的妙句，就是得之于惠运的启发呀。谢灵运《登临海峤》的诗给了其弟谢惠运，并希望羊璿之和何长瑜二位诗家与你一起共同唱和此诗，以表兄弟之情。

韦良宰到了京城之后，是否向朝廷推荐了李白，没有下文，空使李白在江夏白等了几个月。在此期间，李白重游了黄鹤楼、鹦鹉洲、赤壁、汉江等处，写下了一系列的著名诗篇。在黄鹤楼他遇到了南陵县令韦冰，给他写了一首《江夏赠韦南陵冰》，诗中写道：

胡骄马惊沙尘起，胡雏饮马天津水。
君为张掖近酒泉，我窜三巴九千里。
天地再新法令宽，夜郎迁客带霜寒。
西忆故人不可见，东风吹梦到长安。
宁期此地忽相遇，惊喜茫如堕烟雾。
玉箫金管喧四筵，苦心不得申长句。

昨日绣衣倾绿樽，病如桃李竟何言！
昔骑天子大宛马，今乘款段诸侯门。
赖遇南平豁方寸，复兼夫子持清论。
有似山开万里云，四望青天解人闷。
人闷还心闷，苦辛长苦辛。
愁来饮酒二千石，寒灰重暖生阳春。
山公醉后能骑马，别是风流贤主人。
头陀云月多僧气，山水何曾称人意。
不然鸣笳按鼓戏沧流，呼取江南女儿歌棹讴。
我且为君捶碎黄鹤楼，君亦为吾倒却鹦鹉洲。
赤壁争雄如梦里，且须歌舞宽离忧。

韦冰是李白的故交，从南陵来到江夏，曾与李白一起参加了鄂州刺史韦良宰的天长节大会，会后与李白单独相会，一起饮酒赋诗。再次相逢，李白给他写了这首诗。诗中叙述了安史之乱后，他们很久没有再见面。韦冰曾被贬至张掖，李白则因永王李璘案被长流夜郎。后来李白因遇赦而被放还，没有想到能在此地见面。以前在宴会上，李白由于身体欠佳，未能写上一首抒发心意的七古长诗。昔日在长安时，李白骑的是天子的西域大宛汗血宝马，现在在诸侯前只能骑行走迟缓的下等劣马了。有幸的是，在这里能遇到从弟南平太守李之遥，与己坦露胸襟，再遇到夫子并相与高谈阔论，有似山开云散，忽见青天，这使李白长久郁积的忧闷和苦辛得以释怀。饮酒千石，使李白冷似寒灰的心顿时暖如阳春。韦冰像山简一样醉后还能骑马，真是一个好客的贤主人。头陀寺的云月带有一股僧气，不然的话，他们可在江中流鸣鼓按笳，让江南美女唱唱船歌，岂不快哉！今天喝得可真是痛快，李白他真想为君一槌打碎黄鹤楼，也请韦冰为他铲除鹦鹉洲，那才叫痛快！当年的魏、吴的赤壁争雄之战，已成梦幻，让江南女儿的歌舞，来宽解他们郁闷的忧怀吧！

此诗抒发了李白的忧怀愁绪，接着他们又一起到赤壁一游，并当场写了一首赤壁歌：

二龙争战决雌雄，赤壁楼船扫地空。
烈火张天照云海，周瑜于此破曹公。
君去沧江望澄碧，鲸鲵唐突留余迹。
一一书来报故人，我欲因之壮心魄。

（《赤壁歌送别》）

此诗前四句想象当年赤壁之战周瑜破曹、火烧赤壁的壮烈情景，场面恢宏、气势宏大，刻画得非常生动；后四句谓沧江澄碧、两鲸相斗，余迹犹存。诗人将此历史场面描绘下来，一来送韦君，二来也壮壮自己的胆气。赤壁之战的雄伟场面，也因此诗留存千古。

李白赋了此诗之后，还显得有些不够尽兴，于是又写了《江上吟》诗，以申之：

木兰之枻沙棠舟，玉箫金管坐两头。
美酒樽中置千斛，载妓随波任去留。
仙人有待乘黄鹤，海客无心随白鸥。
屈平词赋悬日月，楚王台榭空山丘。
兴酣落笔摇五岳，诗成笑傲凌沧洲。
功名富贵若长在，汉水亦应西北流。

此诗与《赤壁歌送别》写于同时，李白在与韦冰同游赤壁后，又乘兴坐船载酒，在大江上游览。他想起了战国时楚国的屈原大夫。如今楚国的宫殿都已荒芜无存，唯有当年的青山依旧，而屈原的词赋却像日月高悬，永照人间。李白非常自信他那如椽大笔能摇撼五岳，他那笑傲权贵的诗歌可凌越沧洲。他不相信功名富贵可以永远存在，就像江汉之水永远不会向西北而流一样。此诗中表现了李白相信诗歌的价值是永存的，也相信自己诗歌的精神力量可以凌驾在帝王公侯的权力之上。功名富贵只是暂时的，而屈原和自己的诗歌则可以超越历史。这是他在向权贵们挑战，伟大的诗歌是可以永远流传下去的。

《鹦鹉洲》也当写于此时。在李白初游江夏黄鹤楼时，他见到了崔颢所作的《黄鹤楼》诗，当时就佩服得了不得，曾说“眼前有景道不得，崔颢题诗在上头”。虽然他嘴上是这么说，可心里却不服气，总想自己写一首与此相仿的诗，把崔颢比下去。他在游金陵凤凰台时，曾写过一首《登金陵凤凰台》，但那首诗用的是不黏的七律体，还不是《黄鹤楼》的半古风半律诗体。这次他决定亦步亦趋地仿照《黄鹤楼》的体式再写一首，再与崔颢诗挑战一回。李白的《鹦鹉洲》诗如下：

鹦鹉来过吴江水，江上洲传鹦鹉名。
鹦鹉西飞陇山去，芳洲之树何青青。
烟开兰叶香风暖，岸夹桃花锦浪生。
迁客此时徒极目，长洲孤月向谁明。

先说李白此诗所表现的内容。鹦鹉洲的名称，是因三国时祢衡曾作的《鹦鹉赋》而得。祢衡为江夏太守黄祖所害，而葬此洲，故李白此诗是为悼祢衡而作。尾联“迁客此时徒极目，长洲孤月向谁明”，表示诗人对祢衡命运的极大同情。此诗前半首仿《黄鹤楼》，是古风体，后半首是律诗体，与《黄鹤楼》诗结构相同。诗的颈联“烟开兰叶香风暖，岸夹桃花锦浪生”，对仗极工，为人称赞。但对于《黄鹤楼》和《鹦鹉洲》二诗的优劣，历代学者争论不休。

赞李白者，如宋人刘辰翁说：“情景虽称，终觉豪胜。”（《唐诗品汇》卷八三引）元人萧士赟说：“‘烟开’二句较‘晴川’句竟分雅俗，结故清远足敌。”（严羽点评《李太白诗集》卷一八）清人张揔《唐风怀》引质公评曰：“此篇凡三‘鹦鹉’、二‘江’、三‘洲’、二‘青’字，其法皆出于《黄鹤楼》……与《凤凰台》同一机杼，而天锦灿然，亦一奇也。”

贬李白者，如明人许学夷说：“太白《鹦鹉洲》拟《黄鹤楼》为尤近。然《黄鹤》语无不炼，《鹦鹉》则太轻浅矣。”（《诗源辨体》卷一七）清人吴昌祺说：“此太白率笔，后人称之，陋矣。”（《删定唐诗解》）清人纪昀评此

诗说：“崔是偶然得之，自然流出。此是有意为之，语多衬贴，虽效之而实不及。”（《瀛奎律髓汇评》卷一引）

总之，古今学者历来对李白这首诗褒贬不一。但实话来说，李诗是稍逊崔诗的。一是李诗模仿崔诗，已输一筹；二是李诗鹦鹉不及黄鹤切题、用问精巧，功力虽及，但浑厚自然不足。因李白、崔颢都是盛唐诗人，开元年间七律不大定型，故古、律参半尚是当年风气，而到安史之乱后期，律诗已经成熟，古律一体的七律已不再可行了。

争强好胜是李白的性格所致，在李白的《登金陵凤凰台》与《鹦鹉洲》二诗上表现尤为明显。

洞庭秋月

与韦冰分别之后，李白欲回庐山，可不巧遇到了襄阳守将康楚元叛变，将长江也封锁了。李白只好又回了客栈。一日忽然有一人找到李白，说旧交中书舍人贾至被贬为汝州刺史，后因未能守住汝州又被贬为岳州司马，此次是邀李白前往岳阳洞庭湖一游。

乾元二年（759年）八月，李白到达岳阳，贾至在岳阳楼热情地招待了他。同时在座的有李晔。李晔是大郑王的裔孙，在朝中任刑部侍郎，由于他得罪了宦官李辅国，被贬官岭南尉，路过岳州。三人都是长安的老相识，见面格外亲切。李白向李晔打听长安的消息。李晔说，去年，房琯因用车轮战法与叛军作战，结果大败，肃宗因他事将房琯贬为巴州太守。杜甫因谏劝皇帝说，房琯有大臣体，不能因琐事而罢房琯的宰相职，肃宗因此将杜甫由左拾遗贬为华州司功参军。杜甫上个月已辞职西入陇西，生活十分困苦。他在天水时曾写了《梦李白二首》《天末怀李白》《寄李十二白二十韵》等诗，已传入京师。李晔将所抄的杜甫诗递给了李白，李白展卷读道：

其一

死别已吞声，生别常恻恻。

江南瘴疠地，逐客无消息。

故人入我梦，明我长相忆。

恐非平生魂，路远不可测。
魂来枫林青，魂返关塞黑。
君今在罗网，何以有羽翼？
落月满屋梁，犹疑照颜色。
水深波浪阔，无使蛟龙得。

其二

浮云终日行，游子久不至。
三夜频梦君，情亲见君意。
告归常局促，苦道来不易。
江湖多风波，舟楫恐失坠。
出门搔白首，若负平生志。
冠盖满京华，斯人独憔悴。
孰云网恢恢，将老身反累。
千秋万岁名，寂寞身后事。

（杜甫《梦李白二首》）

凉风起天末，君子意如何？
鸿雁几时到，江湖秋水多。
文章憎命达，魑魅喜人过。
应共冤魂语，投诗赠汨罗。

（杜甫《天末怀李白》）

昔年有狂客，号尔谪仙人。
笔落惊风雨，诗成泣鬼神。
声名从此大，汩没一朝伸。
文彩承殊渥，流传必绝伦。
龙舟移棹晚，兽锦夺袍新。
白日来深殿，青云满后尘。

乞归优诏许，遇我宿心亲。
未负幽栖志，兼全宠辱身。
剧谈怜野逸，嗜酒见天真。
醉舞梁园夜，行歌泗水春。
才高心不展，道屈善无邻。
处士祢衡俊，诸生原宪贫。
稻梁求未足，薏苡谤何频。
五岭炎蒸地，三危放逐臣。
几年遭鹏鸟，独泣向麒麟。
苏武先还汉，黄公岂事秦。
楚筵辞醴日，梁狱上书辰。
已用当时法，谁将此义陈。
老吟秋月下，病起暮江滨。
莫怪恩波隔，乘槎与问津。

（杜甫《寄李十二白二十韵》）

这四首诗，充满了杜甫对李白的无限思念和深情厚谊。他听说李白被流放夜郎，深知流放途中的艰险，生怕李白遭遇险情和为小人所害，所以还以为是李白的冤魂托梦前来相告。但当他确知李白在流放途中还活着，便对李白的冤屈十分同情。他认为李白是诗中豪杰，不愧为谪仙人的称号，并说李白的诗歌有“笔落惊风雨，诗成泣鬼神”的艺术魅力。在诗中，杜甫叙述了李白天宝初年在长安的优宠和盛名，回忆了他与李白交往的经历。他认为，李白受到流放的处罚是冤枉的，说李白像历史上的苏武和黄公一样，是忠心爱国的，深信李白是清白的，他实际上是在为李白申冤和辩解。

李白读后，感动得泪水沾衣，说道：子美贤弟，真不愧是我李白的知己啊，在地遥山远的陇西天水还想着我。陇西可是我李白的祖籍呀，老弟的好意我心领了。“文章憎命达，魑魅喜人过”，说得太好了，我们兄弟俩可真成了难兄难弟了！

贾至接着说：我和子美是同乡，都是洛阳人，如今我们也都是落难之人啊。

李白看着贾至说：幼邻（贾至字）老弟，你就不必伤心了。你看，当今皇上对你不是挺好的吗？

贾至说：对我好，还贬我到离长安如此遥远的岳州！

李白说：皇上对你不薄，依我看，他对你比汉文帝对您的祖先贾谊还恩深宽厚呢！

贾至疑惑地看着李白，只听李白慢慢地吟道：

贾生西望忆京华，湘浦南迁莫怨嗟。
圣主恩深汉文帝，怜君不遣到长沙。

（《巴陵赠贾舍人》）

李晔在旁边说道：此诗大妙！大有小雅怨刺之旨。表面上你是看不出任何问题的，可仔细琢磨，这不是五十步与百步之差吗？

三人谈到时局，越说越生气。两京收复以后，朝廷以为天下大定，就忙着上尊号，封功臣，享九庙，祭山川，行亲耕、亲蚕桑之礼，几乎全是装点升平。至于如何平胡虏、安社稷，则无远虑之策，只有偷安之计。又加上皇后干政，宦官用事，李辅国专权于内，鱼朝恩监军于外，因此政令多乖，忠良见疑，以致造成九节度使大败于相州，使贼势复炽。安庆绪杀安禄山，史思明又杀安庆绪，自立为大燕皇帝，河南诸郡又复陷敌手。

两京收复之初，二圣还京，贾至也确实高兴过一阵子，以为“中兴”的局面终于到来了。于是贾至与王维、岑参、杜甫朝堂和诗，一时传为佳话。贾至的“共沐恩波凤池上，朝朝染翰侍君王”，王维的“九天阊阖开宫殿，万国衣冠拜冕旒”，虽也被传颂于一时，但都不过是水中之影，一场春梦而已。

李白悲愤地说：难道大唐的中兴，真的要成为一句空话了吗？

李晔劝道：莫谈国事，越谈越气，我们还是喝酒为妙啊。

中秋之夜，月明如镜。月光在湖水的微波中荡漾，像无数银鱼在水面跳荡。

一艘船载着李白、贾至、李晔三人，在湖上赏月。船上灯火通明，桌上的杯盘狼藉一片。

在冉冉的檀香中，琴声锵然，李晔在全神贯注地弹琴。贾至斜倚在窗旁，陶醉在琴声里。

李白站在船头，欣赏着月下的洞庭湖。湖水浩瀚无边，水天相接，一望无垠。在那水天相接处，有一抹黑影，那就是君山，远远望去，宛如东海中的蓬莱仙岛。

看到这美丽的景色，他尘虑顿失，心情仿佛明月的光辉一样明亮、清澈。是天上的明月将洞庭湖打扮得如此美丽动人。

湖上的清风明月，触动了李白的心弦；今宵的良辰美景，触发了他的灵感。他朗声吟道：

其一

洞庭西望楚江分，水尽南天不见云。

日落长沙秋色远，不知何处吊湘君。

其二

南湖秋水夜无烟，耐可乘流直上天。

且就洞庭赊月色，将船买酒白云边。

其三

洛阳才子谪湘川，元礼同舟月下仙。

记得长安还欲笑，不知何处是西天。

其四

洞庭湖西秋月辉，潇湘江北早鸿飞。

醉客满船歌白纻，不知霜露入秋衣。

其五

帝子潇湘去不还，空余秋草洞庭间。

淡扫明湖开玉镜，丹青画出是君山。

（《陪族叔刑部侍郎晔及中书贾舍人至游洞庭五首》）

贾至叹道：太白兄的这些诗空明澄洁、玲珑剔透，听了使我尘虑俱失，真要飘飘欲仙了。你听，“且就洞庭赊月色，将船买酒白云边”，是何等境界，我们不就是神仙了吗？

李晔此时也停止了弹琴，从船舱里走了出来，拍手大笑说：我李晔有福，今夜也陪谪仙做了回神仙。这“洛阳才子”自然是指贾至你了，这“元礼同舟”中的李元礼，则非我莫属。我们都成了“月下仙”，真是太幸运了！老夫若不是贬官路过此地，哪有今晚与太白贤侄一起做神仙的福分？我这个官贬得值得！

贾至也笑着说：侍郎大人说得对，这官贬得值得，值得！

笑声在湖水上荡漾，不知东方之既白。

草书歌行

告别了贾至，李白乘着湘江上的船准备到零陵（今湖南零陵）去。那里也是大舜南征有苗而逝的地方，传说此地有帝舜的陵墓，是谓零陵。一路上，他晓行夜宿。到长沙，他凭吊了贾太傅祠；过衡阳，他登了衡山的祝融峰。就这样，他边走边游，走了半个多月，才来到了永州零陵。

在永州（治所在今湖南零陵），李白住在永州司户参军卢象家中。卢象在天宝初年曾任司勋员外郎，与李白过从甚密。老友见面分外高兴。

卢象厅堂正中立着一幅《梦游天姥吟留别》的草书屏风。《梦游天姥吟留别》一诗是李白的名作，以前曾应卢象之请寄给他的，如今却书写成了一幅龙飞凤舞的草书，制成了屏风。李白见此格外高兴，他在草书前面仔细地端详着。

卢象见李白对此草书极感兴趣，说："这是兄的大作。我请了一位书法高手写了这幅屏风，你看写得如何？"

李白连连夸道："好，好，此字写得如骤雨狂风、惊蛇走虺，章法多变，变而不乱，堪称书法之精品。我朝自张旭以来，此等之草书尚不多见。"李白又看了看落款，上写着"怀素敬书李太白诗于大唐乾元元年秋"。于是问道："这个怀素是谁？"

卢象说："怀素是个和尚，一个二十三四的少年上人。"李白高兴地说："这个怀素倒是值得一见的人物。"

绿天庵坐落在零陵城东的东山上，又名叫藏真庵。因庵内种有一大片芭蕉林，绿叶蔽天，故附近的百姓都叫它绿天庵，庵的原名反而很少有人知道了。

卢象领着李白到了绿天庵，穿过芭蕉林，来到僧房前。一个年轻的和尚出来迎接。这个和尚骨格清奇，神态闲适。他见是当今大诗人李白到来，高兴万分。听说大诗人李白要欣赏他的书法，更是兴奋异常。他赶紧走进内室，将他书写的李白诗歌的书法作品抱了出来，一幅幅地展开让李白看。

李白打开一幅，书写的是他的《将进酒》；又打开一幅，写的是他的《蜀道难》；又打开一幅，写的是他的《行路难》；又打开一幅，写的是杜甫的《饮中八仙歌》。幅幅写得龙飞凤舞、神采飞扬。李白和卢象连连夸赞：写得好，写得好！

李白问："还有吗？"怀素把他以前所写的书法都拿了出来，往案子上一堆。他们又看完了，李白又问："还有吗？"怀素对李白和卢象说："跟我来！"

三人来到芭蕉林中的一座小屋前。怀素打开了小屋门，让李白和卢象看。原来，屋内装的全是写满字的芭蕉叶。

怀素又领他们到林外的一个墙角附近，见那里有座像坟一样的土堆。土堆前竖着一块木板，上书"笔冢"二字。怀素说："贫僧自幼父母早亡，只得到寺院为僧。由于身为沙弥，无钱买纸，只好种此芭蕉林，取芭蕉叶当纸练字。"

看着这满屋写满字迹的芭蕉叶和二尺来高的"笔冢"，李白仿佛看到怀素当年在芭蕉叶上苦练书法的情景：屋中的芭蕉叶越积越高，一支支破笔渐集成冢，涮笔的池水越来越黑，怀素仍埋头苦书不止。

李白对怀素苦练书法的事非常感动，说："我也给你写一幅！"回到室内，怀素研墨铺纸，李白挥起紫毫，文不加点地写道：

少年上人号怀素，草书天下称独步。
墨池飞出北溟鱼，笔锋杀尽中山兔。
八月九月天气凉，酒徒词客满高堂。
笺麻素绢排数箱，宣州石砚墨色光。
吾师醉后倚绳床，须臾扫尽数千张。

飘风骤雨惊飒飒，落花飞雪何茫茫。
起来向壁不停手，一行数字大如斗。
恍恍如闻神鬼惊，时时只见龙蛇走。
左盘右蹙如惊电，状同楚汉相攻战。
湖南七郡凡几家，家家屏障书题遍。
王逸少，张伯英，古来几许浪得名。
张颠老死不足数，我师此义不师古。
古来万事贵天生，何必要公孙大娘浑脱舞。

（《草书歌行》）

李白的这首《草书歌行》，有人怀疑是假的。因为在怀素的《自叙帖》中，他提到了中唐时代的钱起、卢伦、戴叔伦给他题诗夸奖，就是没有提起李白的这首诗。其次，苏轼也认为此诗是伪作，原因是李白此诗“抑扬太过”“大失毁誉之实”。郭沫若在《李白与杜甫》中却认为此诗为真作，认为诗中称怀素为“上人”和“师”只是对一般和尚的尊称，并非是特别尊崇。以笔者看来，此诗中对怀素草书成就的推崇，实际上是对青年书法家怀素的一种鼓励，是前辈对后辈的扶持和关心。“我师此义不师古”，是在推崇一种艺术的创作精神。虽然此诗在语言上夸张了一点，但这也是李白诗风的一个特点。对此诗，宋人刘克庄在《后村诗话》卷九中说“自有草书一来，未有能形容此妙者”，是对李白此诗的肯定和赞赏。

怀素对李白千恩万谢，说这是李学士对我的最大激励！

告别怀素后，卢象又陪李白到宁远县的九嶷山中去拜谒虞舜的陵墓。之后，二人又一同到衡阳的南岳衡山游了一遭，李白写了一首《与诸公送陈郎将归衡阳》的诗，描写了此行游衡山的感受：“衡山苍苍入紫冥，下看南极老人星。回飙吹散五峰雪，往往飞花落洞庭。”告别陈郎将后，李白又回到永州零陵住了几天，日日与卢象、怀素谈论诗歌，切磋书法，后闻荆州康楚元、张嘉延之乱已平，便又回到江夏。

晚结佛缘

李白回到江夏后，暂住在江夏的弥陀寺。寺庙的住持晏上人本是蜀人，对李白十分器重。李白因接连受到打击，思想得不到解脱，故对佛教变得信仰颇深。道家说，人活着时就可白日升仙，是现世报；而佛家说，死后才得报应，是来世报。现世报看得见，来世报看不见，故佛家的来世报对人迷惑更深。李白年轻时接触过佛教，还经常与僧人交往，但大都是泛泛之交，对佛理所知不深。到了晚年，却对佛教大感兴趣。如他给当涂化城寺写过《化城寺大钟铭》，为湖州刺史夫人写过《金银泥画西方净土变相赞》，为扶风窦滔写过《地藏菩萨赞》等，其佛学造诣非一般人可比。故晏上人把他当作上宾，每有佛理辩论，还向李白讨教一二，二人相处甚欢。

一日，晏上人受邀到长安讲学，故向李白和众僧告别，李白相送江滨，并给他写了一首诗，以表相与之情：

我在巴东三峡时，西看明月忆峨眉。
月出峨眉照沧海，与人万里长相随。
黄鹤楼前月华白，此中忽见峨眉客。
峨眉山月还送君，风吹西到长安陌。
长安大道横九天，峨眉山月照秦川。
黄金师子乘高座，白玉麈尾谈重玄。

我似浮云滞吴越，君逢圣主游丹阙。
一振高名满帝都，归来还弄峨眉月。
（《峨眉山月歌送蜀僧晏入中京》）

此诗以“月印千江”为主旨，以峨眉山月为贯穿全诗的主线，颇具佛家的意理，可见李白对佛教理论的修养深厚。峨眉山月，既是晏上人家乡的象征，也是佛理的象征。这是李白以佛理入诗，而又无宗教说理的感觉，手法高明，效果亲切鲜明，也是李白晚年学佛的感悟。

又如李白在庐山隐居时，还经常去东林寺参加寺中僧侣所举行的佛事活动。东林寺本是东晋时慧远和尚所建的寺，是佛教净土宗的发源地。当年陶渊明和谢灵运都与慧远共结白莲社，经常在东林寺探求佛理，赋诗作文。一日，陶渊明与慧远等相谈甚晚，慧远送陶渊明过了虎溪，听到虎吼三声便止步回寺。对于这座名寺，李白是仰慕已久。他曾写了一首《庐山东林寺夜怀》诗，表达他听讲佛理和打坐时的感受：

我寻青莲宇，独往谢城阙。
霜清东林钟，水白虎溪月。
天香生虚空，天乐鸣不歇。
宴坐寂不动，大千入毫发。
湛然冥真心，旷劫断出没。

这是一首深含佛教义理的诗。诗中说，他不愿进城去看热闹，而愿到东林寺去听法师讲经。他对当年慧远与陶渊明交往的故事很感兴趣。东林寺环境幽静，佛教香火的味道和做法事时的音乐令他感到舒服。在李白学着僧人晏坐不动时，他感到仿佛整个世界都可以纳入一个毛孔之中。只有冥冥中的一颗佛心，禅定之后，旷远的时间也仿佛停止不动了。李白的这个修炼真是达到了佛家相当深厚的水平。他晚年对佛教的修炼和他对道教的修炼一样深，可以说是佛道双修了。

终老当涂

六十一岁的李白决意参加李光弼大征东南的平叛活动，却因健康状况不佳半道病还。他作了《天马歌》等诗回顾了自己的一生，最后希望能够为国家做一些文化方面的工作。晚年他投靠族叔李阳冰，委托其整理自己的诗稿，最后赋《临路歌》以卒。李阳冰不负所托，整理完成了李白的《草堂集》二十卷并作《草堂集序》，高度评价了李白诗文的伟大成就，说他“凡所著述，言多讽兴”，赞其文章“千载独步，唯公一人”。李白在中国文学史上的地位，可谓“垂辉映千春”矣！

归卧匡庐

上元元年（760年），李白终于又回到了庐山的五老峰。宗氏见到李白，悲喜交加，她的夫君终于结束了流放的苦役，活着回来了。他们夫妇一起到腾空子的道院共同庆贺了一番。宗氏夫人与李腾空相处甚佳，二人论道谈仙，日子过得也不寂寞。李白为了感谢腾空子，特为她写了二首诗：

其一

君寻腾空子，应到碧山家。
水舂云母碓，风扫石楠花。
若恋幽居好，相邀弄紫霞。

其二

多君相门女，学道爱神仙。
素手掬青霭，罗衣曳紫烟。
一往屏风叠，乘鸾着玉鞭。

（《送内寻庐山女道士李腾空二首》）

在诗中，他对李腾空非常感谢。虽然其父李林甫是个大奸臣，可李腾空和其父亲不同，她出家为道士，一心潜修。宗氏夫人自李白流放后，一直得到腾空子的照顾，这使李白对她另眼相看。

李白决心在庐山修道隐居，不想再外出了。他游遍了庐山三十六峰，其中特别对五老峰、屏风叠、三叠泉、香炉瀑布以及鄱阳湖等地的风光感兴趣。在游览时，他也背着药篓子顺便采些药，将这些草药晾干后，让丹砂背到九江城去卖，好贴补家用。李白觉得有贤妻做伴，看看道经、佛经，无事时练练剑，倒也乐趣无穷。他也时常在庐山下的西林寺与僧主佛子相交往，谈佛说道，以遣余年。一日，他接到侍御卢虚舟的一封书信，说他要来庐山拜访。李白十分高兴，喝了几杯小酒，不觉诗兴勃发，写了一首《庐山谣》寄给了他，诗曰：

我本楚狂人，凤歌笑孔丘。
手持绿玉杖，朝别黄鹤楼。
五岳寻仙不辞远，一生好入名山游。
庐山秀出南斗旁，屏风九叠云锦张，
影落明湖青黛光。
金阙前开二峰长，银河倒挂三石梁。
香炉瀑布遥相望，回崖沓嶂凌苍苍。
翠影红霞映朝日，鸟飞不到吴天长。
登高壮观天地间，大江茫茫去不还。
黄云万里动风色，白波九道流雪山。
好为庐山谣，兴因庐山发。
闲窥石镜清我心，谢公行处苍苔没。
早服还丹无世情，琴心三叠道初成。
遥见仙人彩云里，手把芙蓉朝玉京。
先期汗漫九垓上，愿接卢敖游太清。

（《庐山谣寄卢侍御虚舟》）

此诗描写庐山及长江景色，雄浑壮阔，有天马行空、不可羁勒之势，是太白七言歌行中的佳作。

此诗可分为四段。开头的六句，自称是楚狂，嘲孔丘汲汲于世。楚狂是楚国的一位隐者和狂士，名陆通，字接舆，他看透世事，不与统治者合作，后来隐于峨眉山中。传说其寿数百年，或说他后来成仙。由于李白晚年的思想也和楚狂相近，故自比之。况且李白也有求仙学道的愿望和“山水癖”，他也要学楚狂接舆，远离尘世，到五岳和名山隐居和漫游。因此，他便辞别了江夏，回到庐山。第二段，具体描绘庐山的秀丽风光。此段也可分为三小节。第一节，是站在鄱阳湖边向庐山高处仰望，以“庐山秀出南斗旁”为总貌的概括。第二节，写庐山的山光和水色。山有屏风九叠及其在湖中的倒影，水有三叠泉和香炉瀑布等，以及庐山连绵的山峰在鄱阳湖中的倒影。这是从远处向上眺望。第三节，写从庐山顶峰俯瞰大江东去的壮观景色：大江茫茫、黄云万里、白波九道等，像流动的雪山一样滚滚东去。李白用豪迈的语言，基本上把庐山全貌的雄伟气势描绘出来了。第三段“好为庐山谣”四句，写他在庐山寻找山水诗人谢灵运的足迹并进行游访，以表示李白对谢灵运的倾慕之情。第四段六句，是写李白对求仙学道的向往。他向往神仙家寻药炼丹的生涯，希望早日吃到能成仙得道的九转“还丹”，白日升仙，和云中的仙人一道去“手把芙蓉朝玉京”超世飞升，与卢侍御携手，一起脱离污浊的尘寰。

此诗李白运用了现实写实与浪漫夸张的想象相结合的手法，全方位地描述了庐山和大江的雄伟气势与壮丽风光，辞旨幽远，笔法纵横开阖，气象波澜壮阔，显示出大气磅礴的胸襟和气魄。明人桂天祥评曰：“全篇开阖轶荡，冠绝古今。即使（杜）工部为之，未易及此，高、岑辈恐亦胁息。”其论甚当。

壮心难酬

上元二年（761年）三月时，李白正在庐山做他的学道修佛的隐士梦，忽然接到老友郭子仪的一封书信，说李光弼进位太尉兼侍中充河南副元帅，都统河南、淮南、山南东道五道行营节度使，大举官兵百万出镇临淮，要一扫东南叛乱，并劝李白趁此机会入其幕府，为国建功立业。这一下子触动了李白心灵深处的报国情怀。他急不可耐地向宗氏夫人说，他要抓住时机，这可是不可多遇的报国机会。那顶刑役释放犯的帽子压得他直不起腰来，李白确实要用建功立业的实际行动，来证明自己是忠心报国的。宗氏夫人开始不同意，但却胳膊扭不过大腿，只好同意他出山前往金陵投军。李白非常自负，他认为这一次一定要“斩巨鳌”“鲙长鲸”，一雪会稽之耻，将期报恩之荣，做一番报效社稷、光宗耀祖的事业来。这次找对了人，这可是唐肃宗的正规王牌部队，与永王李璘的部队绝对不同。于是，李白与书童丹砂一起来到了金陵。可是，他还没有见到李光弼，就病倒了，只好在金陵朋友家中养病。李白给李光弼写了一首诗，歌颂了李光弼大军的威严气势，自己虽有报国之志，却因健康状况不佳，不能前赴军幕为李太尉效劳，深以为憾，只好“半道病还”，感叹“天夺壮士心，长吁别吴京”①。在金陵，李白受到了金陵太守的热情招待，得以安心养病。在金陵的这些日子，他

① 以上引文俱见《闻李太尉大举秦兵百万出征东南，懦夫请缨，冀申一割之用，半道病还，留别金陵崔侍御十九韵》。

回忆了自己一生的遭遇，觉得自己就像一匹西域来的天马，早年出自西域，有天赋之才，曾经受到过天子的重用，享受过高的荣耀，也用尽了心力。可是老了之后便被抛弃，无人再理会。最后，他仍希望有识者能够荐他入朝，再为朝廷尽其绵薄之力。于是提笔写了一首诗，题名为《天马歌》。其诗曰：

天马来出月支窟，背为虎文龙翼骨。
嘶青云，振绿发，兰筋权奇走灭没。
腾昆仑，历西极，四足无一蹶。
鸡鸣刷燕晡秣越，神行电迈蹑恍惚。
天马呼，飞龙趋，目明长庚臆双凫。
尾如流星首渴乌，口喷红光汗沟珠。
曾陪时龙跃天衢，羁金络月照皇都。
逸气棱棱凌九区，白璧如山谁敢沽。
回头笑紫燕，但觉尔辈愚。
天马奔，恋君轩，駷跃惊矫浮云翻。
万里足踯躅，遥瞻阊阖门。
不逢寒风子，谁采逸景孙。
白云在青天，丘陵远崔嵬。
盐车上峻坂，倒行逆施畏日晚。
伯乐剪拂中道遗，少尽其力老弃之。
愿逢田子方，恻然为我悲。
虽有玉山禾，不能疗苦饥。
严霜五月凋桂枝，伏枥衔冤摧两眉。
请君赎献穆天子，犹堪弄影舞瑶池。

这首诗可分为五段，前八句为第一段，描写天马的出身、能力和形象。天马是马中的极品，本出自西域，产于西域的月支国（即月氏），这里泛指西域的中亚地区，即大宛国。张守节的《史记正义》中引康泰《外国传》：“外国称天下有三众：中国人众，大秦宝众，月氏马众。”此借喻李白是来自于西域的天马驹。它骨格清奇，善于奔跑，从昆仑西极而来，早晨还在燕地洗刷鬃毛，晚上就能在越地吃草，其速度之快，可谓神行电迈。从“天马呼”起的中十句为第二段，盛夸这匹天马真是飞龙之驹，它双目明亮，胸脯饱满，尾如流星，头如渴乌，口喷红光，前髆出汗如血，是真正的汗血宝马。这匹天马曾经受过皇上的恩遇，与天子的龙马一起，在皇都的大街上驾着御车奔跑，这是何等的荣耀啊！可以凌越九州，身价高于堆积如山的白玉璧。再看那些历史上的名马如紫燕等，比起这匹天马来，它们真是愚不可及。这段是李白写当年他身为翰林时，也曾为玄宗所优宠，名高一时，荣光非凡。从“天马奔”以下六句是第三段，写天马此后不为君王所用，它恋恋不舍地离开了皇都，虽然身影依然矫健，能万里奔腾，但却徘徊不进。它遥望着天门不忍离去，但已没有了寒风子这样善于相马的伯乐，谁还会理你这匹天马的子孙呢。从“白云在青天”以下十二句为第四段，是写天马失意之后，没有人将它再当作天马看待。它只能像普通的凡马一样，拉盐车，上峻坂，干苦役。虽然曾有过伯乐的赏识，在青壮年时尽过大力，但如今老而无用，被人遗弃。听说过古代有田子方这样的仁人，能收养被人遗弃的老马，要能遇到这样的人该有多好。虽有玉山之禾这样的好草料，也不能治疗它心中的创伤。这匹天马如五月突遭霜打的琼树枝，实在是太冤了。只好含冤伏枥、心怀痛楚。此段暗指李白两次含冤被贬，一次是在唐玄宗时期，被小人诽谤，贬出长安；第二次是受“从璘”之案的连累，被唐肃宗判长流夜郎。最后两句“请君赎献穆天子，犹堪弄影舞瑶池”是第五段，其意是向人请求荐他入朝，能为朝廷做一些力所能及的事，也就是为朝廷做一些“我志在删述，垂辉映千春”（《古风五十九首》其一）的文化事业，为国家和民族做些贡献。看来李白是真的觉得自己已经老了，从军之事是不行了，于是想在文化事业上做些工作。“大雅久不作，吾衰竟谁陈”（出处同上），他想在诗歌方面做一番总领一代的文化事业，可以说其志虽改但仍甚伟。

这首诗所赠的对象是谁呢？史传均无明载。笔者以为，此诗是写给李光弼或金陵太守的。而李白其他的朋友，现在都没有这样的身份和入朝的资格。因为在《闻李太尉大举秦兵百万出征东南，懦夫请缨，冀申一割之用，半道病还，留别金陵崔侍御十九韵》中，李白曾对太尉李光弼有求助之意，“太尉杖旄钺，云旗绕彭城。三军受号令，千里肃雷霆。函谷绝飞鸟，武关拥连营。意在斩巨鳌，何论鲙长鲸！”这些诗句，是赞扬李光弼，也是李白想投其幕府以求建功立业的理由。李白在诗的后半部分，大夸金陵太守对他的热情态度，如“金陵遇太守，倒屣欣逢迎。群公咸祖饯，四座罗朝英”等，也是李白有请他举荐自己的目的。从李白这首《天马歌》诗中我们可以看出，李白自比天马，对自己的才华是非常自信的。他对自己晚年的遭遇虽觉不幸，但对前途仍满怀憧憬；虽历经坎坷，备受委屈，其报国之心却始终不渝。

但现实确实有些令人失望了。李白急切地要建功立业，洗刷他这个刑余之人的罪名。可是他没有想到的是，现在还有谁敢用他这个曾经跟着永王李璘造反而被长流夜郎的人呢？况且，以前的宰相崔涣和御史中丞宋若思，不就因为救李白出狱而被贬官的吗？但出于对李白的同情和对他身体健康方面的关心，金陵太守的一些朋友还是为李白在经济方面提供了一些帮助。

在金陵，李白对一些老友一一做了拜访，侍御崔成甫是第一个。他被贬在湘阴县，闲来无事，就经常在金陵找李白会面。他在沅湘洞庭一带作了许多诗，集成一卷，取名《泽畔吟》，取屈原赋《渔父》中屈原“行吟泽畔”之意。崔成甫请李白作序，李白慨然作《泽畔吟序》赠之。序曰：

> 《泽畔吟》者，逐臣崔公之所作也。公代业文宗，早茂才秀。起家校书蓬山，再尉关辅，中佐于宪车，因贬湘阴。从宦二十有八载，而官未登于郎署，何遇时而不偶耶？所谓大名难居，硕果不食。流离乎沅、湘，摧颓于草莽。同时得罪者数十人，或才长命夭，覆巢荡室。崔公忠愤义烈，形于清辞。恸哭泽畔，哀形翰墨。犹《风》《雅》之什，闻之者无罪，睹之者作镜。书所感遇，总二十章，名之曰《泽畔吟》。惧奸臣之猜，常韬之于竹简；酷吏将至，则藏之于名山。前后数四，蠹伤卷轴。观其逸气顿挫，英风激扬，横波遗流，腾薄万古。至于微而彰，婉而丽，悲不自我，兴成他人，岂不云怨者之流乎？余览之怆然，掩卷挥涕，为之序云。

在此序中，李白记载了老友崔成甫的履历和当年被李林甫贬湘阴的缘由。他是无辜被冤，如同当年的屈原一样，行吟泽畔，故其辞哀怨如屈赋，“微而彰，婉而丽”，哀婉动人，览之怆然，故而作序以赞之。这是对老友的激励和鼓舞，也是对他诗歌成就的高度评价。

李白还拜访了年轻时在金陵交往的故人，其中不少朋友都不在了，如金陵子、王处士等，已经亡故。也有些朋友因战乱已经散去，不知所踪，许多地方都物是人非了。

李白在金陵住了一些时日，看到没有人荐举他这匹老天马的意思，只好又回到庐山。

李白回到庐山已是上元二年（761年）秋天，宗氏夫人的身体已经大不如前，日渐瘦弱虚喘。大概是营养不良之故，加上山中潮湿寒冷，一个久居北方大城市的人，对这山里的住所不是很习惯和适应，后来慢慢地发起烧来。李白用自采的草药煎熬，让夫人服用，也不见退烧。于是派丹砂请来九江城内的名医来治，也不见好转。不到一个月，宗氏夫人就去世了。李白放声大哭，对这位“多君同蔡琰，流泪请曹公”（《在寻阳非所寄内》），为自己冤案在风雨中奔走、到处求救的夫人的去世，感到十分悲痛。

自夫人去世后，李白在庐山再也住不下去了。他告别了腾空子，下山而去。先是到宣城，此时任宣州刺史的正是原永王的大将季广琛。他听说李白到宣城，便将李白接至府中招待。李白本来对他在永王幕府时率兵出走投降高适而被封为高官，自己反成了永王的替罪羊之事感到不满，如今在宣城见面，不得已与他虚与周旋。彼此客气了一番，季广琛见李白衣着寒酸，动了怜悯之情，便封了一些程仪给李白。李白告辞之后，便去了纪氏酒家。不料纪叟已死，酒家也关门了。李白对纪叟的去世深感悲痛，如今在宣城，连个借酒浇愁的地方也没有了。于是他便写了一首《哭宣城善酿纪叟》诗，贴在纪叟酒家的门板上：

纪叟黄泉里，还应酿老春。
夜台无李白，沽酒与何人？

到哪里去呢？他想到了宣州的灵源寺，那里的主持仲濬公是他的老乡。李白在蜀中时曾向仲濬学过琴，并赠过他一首诗，名叫《听蜀僧濬弹琴》。如今，李白投奔到他的寺中，以解衣食之忧。仲濬对李白非常尊重，一是李白如今尽管是在难中，但他的名声依然很大。况其晚年向佛之心甚强，在佛教界的影响也很大。再者，二人又是老乡故旧。故尊李白为上宾，经常与他谈佛论经。李白为了能在灵源寺落脚暂住，便写了一首《赠宣州灵源寺仲濬公》的诗，对仲濬公大为称赞，诗云：

敬亭白云气，秀色连苍梧。
下映双溪水，如天落镜湖。
此中积龙象，独许濬公殊。
风韵逸江左，文章动海隅。
观心同水月，解领得明珠。
今日逢支遁，高谈出有无。

诗中说，灵源寺在敬亭山下，双溪水旁，水明如镜的湖边。这其中的龙象，唯有仲濬公特立而出，其文章风韵在江左独树一帜。观心之道，如月在水，探骊龙之颔，独得明珠，真格是晋代名僧支遁再世呀。诗中运用佛教典故得心应手，比喻也恰切得当。

李白除了随僧坐禅，还与仲濬公弹琴赋诗，相处甚得。寺中一日两餐，虽清淡些，但还过得去。一日，仲濬公受邀到其他寺院传法讲道，大约一个多月才能回来。往日每到饭时，寺中云板一响，总有小僧前来李白住处送饭。可是自从仲濬公走后，云板响了也不见有人送饭。丹砂到厨房一看，剩饭也没有了。李白见此，说：丧乱以来，僧多粥少，这也难怪。便带着丹砂背起行囊走人了。

石门别友

李白听说自己的好友元丹丘现已隐居当涂横望山石门。何不先去找找他？于是李白骑着一匹老马，由丹砂牵着，踽踽而行，来到了石门的陶公祠。元丹丘没有想到李白会在这里找到他。老朋友见面，相拥而泣。自安史之乱以来，他们有七八年不通音讯。元丹丘是个道士，又是单身，居无定所，四海为家。他隐居的地方有多处，如济源的王屋山、东鲁的蒙山、嵩山的颍阳山居、叶县的高凤石门等，如今北方正在战乱，他就跑到当涂横望山石门的陶公祠隐居起来。横望山石门原是南朝梁代道家上清正一派陶弘景的隐居炼丹之地，后人为了纪念他，在这里为他修建了陶公祠。元丹丘到这里隐居，有继承道教上清正一派道统之意。

元丹丘让道童拿出了他窖藏多年的纪氏老春，又邀了几个白发老道，众人边喝边谈，喝了个通宵。第二天就都醉倒在地，直到晚上才醒了过来。元丹丘说：我们都老了，酒也喝不动了，哪像当年在颍阳山居时，“会当一饮三百杯”，也不曾醉成这样。李白向元丹丘倾吐了多年的郁闷：他感到自己一事无成，反落了个“从璘附逆”的罪名，坐了大牢，还长流夜郎，要知道这可是仅次于死刑的重罪啊，他觉得这辈子活得很窝囊。元丹丘告诉他：你当了谪仙，做过翰林，能让力士脱靴，贵妃侍酒，龙巾试吐，便宜之事让你占尽，有什么窝囊的？你还有诗、有酒、有梦、有月亮，诗名遍及四海，还不满足吗？功名不如诗名，富贵不如美酒。人生就是追梦，有梦就有希望。你还弄个“谪仙”“酒仙”当当，我辈求仙学道，修炼了大半辈子，也没有混来个什么“仙”，你这些都轻易地到手了，还不满足吗？欹满则覆，水满则溢，你知足吧，老兄！李白听了元丹丘一番开导，有些醒悟，心中顿觉开朗，心气也顺多了。于是对元丹丘说：还是老弟修道有成，比我悟得透彻。元丹丘还告诉他：自己近来觉得气力不足，精神恍惚，怕也是大限快到了。荣华富贵如过眼烟云，生不带来，死带不去，如兄所言，我们都不过是宇宙的匆匆过客而已。

李白在横望山住了几天，见元丹丘也是一贫如洗，就将自己得来的程仪一半送与了元丹丘。临行前作了一首诗，权作告别之礼：

吴山高，越水清，握手无言伤别情。
将欲辞君挂帆去，离魂不散烟郊树。
此心郁怅谁能论，有愧叨承国士恩。
云物共倾三月酒，岁时同饯五侯门。
羡君素书常满案，含丹照白霞色烂。
余尝学道穷冥筌，梦中往往游仙山。
何当脱屣谢时去，壶中别有日月天。
俯仰人间易凋朽，钟峰五云在轩牖。
惜别愁窥玉女窗，归来笑把洪崖手。
隐居寺，隐居山，陶公炼液栖其间。
灵神闭气昔登攀，恬然但觉心绪闲。
数人不知几甲子，昨来犹带冰霜颜。
我离虽则岁物改，如今了然识所在。
别君莫道不尽欢，悬知乐客遥相待。
石门流水遍桃花，我亦曾到秦人家。
不知何处得鸡豕，就中仍见繁桑麻。
翛然远与世事间，装鸾驾鹤又复远。
何必长从七贵游，劳生徒聚万金产。
挹君去，长相思，云游雨散从此辞。

欲知怅别心易苦，向暮春风杨柳丝。

（《下途归石门旧居》）

此诗凡九段，每段一转韵。开头四句，写李白将与元丹丘告别，乘船而去，对老友恋恋不舍的情景。“此心”以下四句，回忆当年李白在翰林院被玄宗所宠之事，以及与元丹丘一起游五侯之门赴宴喝酒的得意情况。“羡君”以下六句，写李白与元丹丘游处之时，一心追求学道求仙，十分向往梦中的神仙世界。“俯仰”以下四句，写二人同在嵩山颍阳山庄隐居过，如今又在此地重逢，一起遥望于此不远的钟山云峰。“洪崖”是一位神仙之名，此处以比元丹丘。“隐居寺”以下六句，写横望山石门原是上清正一派祖师陶弘景的炼丹之处，这里是道家灵气所钟，是修道的好处所。在这里修行的人个个都是仙风道骨，长寿年高之人。“我离”以下四句说，李白以前来过这里，这次前来相访，虽有物是人非之感，但还是能够辨识出来的。虽说此次相见未能尽情，但可预见将来还会再相会的。“石门”以下四句，大夸横望山石门是世外桃源，不仅有流水桃花，还有鸡豕桑麻，实在是个好地方。“翛然”四句，写李白要驾鸾乘鹤远离世尘而去，何必与那些权贵相交往，视金钱富贵为至宝？意谓要不畏权势，不做金钱的奴隶。“揾君去”以下四句，谓如同云飞雨散一样，从此就要与老弟拜别了，也要与尘世告别了。如此怅别是很痛苦的，但是也没有办法，人生总有一别。但愿他们如同这暮春的杨柳丝一样，彼此长相思（丝）吧。李白的这首诗，是他向朋友告别，也是向人世告别的诀别书。他也预感到自己将不久于人世了。

宝应元年（762年）四月，玄宗和肃宗相继而死，太子李豫即位，是谓代宗。李白闻之大哭。一个是爱才善识的太平天子唐玄宗，对自己有知遇之恩；一个是心胸狭小而对自己屡加迫害的唐肃宗，都在一个月中先后去世。李白对他们的爱恨恩仇，从此一笔勾销。他虽知新皇帝上台，“天地再新法令宽”，但仍觉得“夜郎迁客带霜寒”（《江夏赠韦南陵冰》）。何况他现在已是年老身衰，快成无用之人了。谁还会再用他这个刑余之人呢？

投奔阳冰

宝应元年（762年）秋天，李白最后决定投奔现为当涂县令的李阳冰。他来到了当涂县衙，李阳冰连忙出来迎接。他见李白面色憔悴，步履踉跄，便上前相扶。二人走进后衙，他请李白在书房坐下，李白向李阳冰倾诉了多年暌离的相思之情及近来一系列的遭遇和不幸。李阳冰是李白的老朋友，字少温，历任缙云令、当涂令等，后官至将作少监，也是唐代著名的篆书家。《宣和书谱》上说："时颜真卿以书名世，真卿书碑，必得阳冰题其额，欲以擅连璧之美，盖其篆法妙天下如此……有唐三百年，以篆称者，唯阳冰独步。"传说李白得石函古篆文，授予李阳冰。他本是赵郡李氏，与李白陇西李氏本非一李，但李白晚年去投奔他，只好与之联宗，称其为族叔，并献给他一首诗：

金镜霾六国，亡新乱天经。
焉知高光起，自有羽翼生。
萧曹安峣屼，耿贾摧欃枪。
吾家有季父，杰出圣代英。
虽无三台位，不借四豪名。
激昂风云气，终协龙虎精。
弱冠燕赵来，贤彦多逢迎。
鲁连善谈笑，季布折公卿。

遥知礼数绝，常恐不合并。
惕想结宵梦，素心久已冥。
顾惭青云器，谬奉玉樽倾。
山阳五百年，绿竹忽再荣。
高歌振林木，大笑喧雷霆。
落笔洒篆文，崩云使人惊。
吐辞又炳焕，五色罗华星。
秀句满江国，高才掞天庭。
宰邑艰难时，浮云空古城。
居人若薙草，扫地无纤茎。
惠泽及飞走，农夫尽归耕。
广汉水万里，长流玉琴声。
雅颂播吴越，还如太阶平。
小子别金陵，来时白下亭。
群凤怜客鸟，差池相哀鸣。
各拔五色毛，意重泰山轻。
赠微所费广，斗水浇长鲸。
弹剑歌苦寒，严风起前楹。
月衔天门晓，霜落牛渚清。
长叹即归路，临川空屏营。

（《献从叔当涂宰阳冰》）

这是一首干谒诗。诗称李阳冰为族叔，也是不得已而为之。李白作此诗时大病在身，穷困潦倒，无路可走，只好攀其为族叔，投靠于他，故诗中多赞美之言。首六句是说，当秦吞六国、新莽乱天下时，汉高祖、汉光武手下的萧何、曹参，耿爽、贾复之辈相继而起，成就了高名。“吾家”以下十句，是赞美李阳冰，说他是当代的英杰，虽无三公之位，也不借战国四公子之名，但他激昂的风云之气有云从龙、风从虎之势。年纪轻轻之时，就从燕赵之地来到中原，受到贤杰的欢迎。他的口才极佳，如战国的鲁仲连一样善于谈笑，又像汉代的季布一样辩折公卿。“遥知”以下十句是说，我们从前交往较少，礼数不周，常恐相知不深，其实，我们的素心早已相互梦中相通，冥里暗合了。我自惭非青云之器，不敢与族叔举杯同饮，谁知在山阳阮籍、阮咸叔侄竹林之会的五百年后，你我叔侄相会的情景又出现了。我们在高歌声中纵情大笑，声震林木。此十句言其叔侄二人相会，其乐可比二阮的竹林之会。“落笔”以下六句，盛称李阳冰的篆书、文章的成就。称其篆书有崩云之势，使人惊叹；其文章极有文采，如五色华星罗布在夜空，秀句传遍江国，高才惊动于天庭。“宰邑”以下十句，是歌颂李阳冰的政绩，说他在安史之乱后，来当涂初做县令之时，县城内的人差不多都逃光了，留在当涂的百姓也像除后之草，穷得什么都没有。可是自李阳冰来此做县令后，他招抚百姓都回来种田，恩惠遍及所有生灵，长江之水也颂其惠政，其名声播及吴越，声及三台。“小子”以下十句，叙述李白在金陵时的窘况。虽有友人怜悯李白的穷困潦倒，纷纷出资相助，但都是意重礼轻，斗水以救长鲸，费多赠微，不能解决问题。所以我只好如毛遂一样在严风寒夜之时，弹铗长啸归来之曲，来到当涂找族叔了。最后四句，是说到当涂正是月明天门山、霜落牛渚矶之时，当涂是我唯一的归宿之处，面临大江我彷徨犹豫已久，最终还是决定来投奔族叔。李白在诗中的这番话，是反复考虑了好久才写出来的，目的就是要打动李阳冰，让他收留自己。

李阳冰虽然很同情李白，可也有他的难处，现在正是他在当涂县任满将要谢任之际。不过，他还是不负李白所望，尽其所能地帮助李白。李白知道自己的日子也不会太多，就向李阳冰请求帮自己做最后两件事：一是请李阳冰在还未离开当涂之时整理李白的诗作，并请他给自己的诗集作一篇序；二是向他托付自己的后事。李阳冰很痛快地答应了。

在李阳冰的书房里，李白这些日子赶着编辑和整理自己的诗文。因为李白是一个很马虎的人，从来不保存自己的诗歌文稿，所以他只能尽量将自己记忆所及的诗篇写出来。以前，李白曾托付两个人给自己编集子。一个是汉东的和尚倩公，可是他后来没有了音讯。再一个是王屋山人魏颢，李白将许多手稿交给了他，让他编集子。可是，李白交给魏颢的诗文，魏颢却在战乱中丢失了。后来魏颢又在绛州找回来了，并给李白的诗文集作了序，序名叫《李翰林集序》。这个诗文集之中，大概只有四十多篇。这个集子李白可能还没有见到，现在他要尽力回忆和收集他手头有的和能想起来的诗文，并把它们都编在一起。他夜以继日，拼命写稿、编稿，以求完善。

李白的身体越来越差了。况且他好酒成性，又不知收敛，以致伤肝损肾，胸腔积水积脓，唐人称其是“腐胁疾”，最后连走路也觉得困难了。李阳冰劝他休息，他怕来不及了，劝他也无用。一日李白突然昏倒，这才勉强休息了几日。

一日，李白突然想起了元丹丘，不知他现在怎么样了。好在横望山石门离当涂县城也不远，他命丹砂找了一头毛驴，扶他上驴向石门方向走去。来到了石门陶公祠，只见陶公祠大门紧闭，李白推开门一看，已经人去院空，室内也空无一人。李白失望地走出了院门。

李白无精打采地骑着毛驴走在路上，口中嘟囔着说：都走了，都走了，可让我李白怎么办哪！他遥望着西天的落日，呆呆地想，也不知杜甫现在怎么样了。我这辈子恐怕再也见不到他了。

此时的杜甫，正在李白的家乡绵州流浪。他此时也想起了远在吴地的李白，写了一首思念李白的诗，名曰《不见》，题下注云：“近无李白消息。”诗中写道：“不见李生久，佯狂真可哀。世人皆欲杀，吾意独怜才。敏捷诗千首，飘零酒一杯。匡山读书处，头白好归来。”两位唐代的诗歌泰斗，远隔千山万水，心飞万里，真是心灵相通啊。

枕上授简

回到当涂后，李白就开始发烧，卧床不起。李阳冰请来了当涂的名医，医生给开了几服药，说李白的病与喝酒有很大关系，一定要让他戒酒。

李白夜间醒来，见窗外是一轮明月，月光照在他的脸上，显得脸色更加苍白。他喊着口渴，丹砂给他倒了一杯水，他将水杯推到一边，说他要喝酒。丹砂说，医生说了不让喝酒。李白说：不喝酒我难受啊。丹砂拗不过李白，只好将酒葫芦给他。李白将酒葫芦里的酒一仰而尽，大喊痛快。那酒仿佛是神仙药水，李白一下子就精神起来。他坐了起来，下床说：备船，我要到采石矶赏月！丹砂劝说他还是一个病人，不能外出活动。李白说：你看，我这不是病好了吗？硬是让丹砂雇了一条小船，向采石矶方向划去。

月光下，采石矶边的江水一片明亮，月亮的影子在江水中上下浮沉。采石山的山影也在江水中晃来晃去，仿佛仙境一样。李白的心情一下子激动起来，他向天上的明月喊道：这世界太污浊，唯有你才是清白的。来呀，我的明月，你才是我今生的最爱呀。他低头看见了水中的月亮，说：你怎么跳到水中来了，是来找我的吗？我要把你捞出来！说着他身子向船下一探，便掉入了江中。“不好了，老爷掉到水中了！”丹砂大喊。两个船夫一起跳入水中，将李白救了上来。丹砂大哭：老爷，你这是醉糊涂了呀！

众人将李白送到当涂住所时，他已经不省人事。李阳冰赶忙来到李白的住所，一边让人抢救李白，一边派人到东鲁兖州南陵村去接伯禽。李白的女儿平阳已经嫁人，且几年前就去世了。

李白在当涂住了几个月，这时，李白的儿子伯禽已经从东鲁兖州被接到了当涂照看父亲。天气渐冷，李白整日咳嗽不止。他让儿子请李阳冰过来，勉强起身，向李阳冰行了个大礼，说他要将整理好的诗文稿交给李阳冰，并说："这是我现在所能收集到的诗稿，可能已经完不成了。现交予族叔，请您接着继续收集吧。不要忘记，还有您答应过给我写序的事。"李阳冰对李白说："请放心，我一定照办。但李学士也不要着急，你的身体是会好起来的。"李白接着呼吸急迫起来，他伸手向李阳冰要来纸笔，很艰难地写道：

大鹏飞兮振八裔，中天摧兮力不济。
余风激兮万世，游扶桑兮挂石袂。

写到这里，他喘息了好大一会儿，又努力继续写：

后人得之传此，仲尼亡兮谁为出涕？
（《临路歌》）

这首诗刚写完，他手中的笔就滑落了下来。残烛被风吹灭了，只有窗外的月光，照了进来。李白躺在床上，慢慢地闭上眼睛，脸上露出欣慰的笑容。李白从此离开了他的家人，离开了李阳冰，离开了人间，他的魂魄向着月亮而去。

大唐宝应元年（762年）十一月，伟大的浪漫主义诗人李白在当涂逝世。

垂辉千春

李阳冰料理了李白的后事，将李白安葬于当涂东三十里的龙山和青山之间。他还给李白的儿子伯禽安排了一个管理盐务的差使，算是尽了自己的责任。五十五年后的元和十二年（817年），宣歙池等州观察使范传正廉问宣州，至当涂寻找李白墓，并与当涂令诸葛纵一起寻找李白的后裔，找到了李白的两个孙女。其孙女说，李白生前有愿，想葬于青山之阳。范传正便令诸葛纵于正月二十三日迁李白墓，西去旧坟六里，南抵驿路三百步，北倚谢公山（即青山也），从此一了李白心愿。其墓即今当涂青山南麓的李白墓。范传正碑中还记载："代宗之初，搜罗俊逸，制下于彤庭，礼降于玄壤，生不及禄，没而称官，呜乎命与！"唐人刘全白在《唐故翰林学士李君碣记》中，也有"代宗登极，广拔淹瘁，时君亦拜拾遗。闻命之后，君亦逝矣"的记载。唐代宗是宝应元年（762年）四月即位，到次年七月改号广德。初年应是广德元年（763年），才下诏命李白为左拾遗，但诏命到达当涂时，李白已死，因此说李白生前没有当官的命，而为之惋惜。但后代还是有人称李白为左拾遗的。如范传正的《唐左拾遗翰林学士李公新墓碑并序》便称李白为"左拾遗"，圆了李白死后也有正式品级的官梦。

李阳冰自李白逝世后，很快就写出了《草堂集》的序文。在其序中，李阳冰写道：

李白，字太白，陇西成纪人，凉武昭王暠九世孙。蝉联珪组，世为显著。中叶非罪，谪居条支，易姓与名。然自穷蝉至舜，五世为庶，累世不大曜，亦可叹焉。神龙之始，逃归于蜀，复指李树而生伯阳。惊姜之夕，长庚入梦，故生而名白，以太白字之。世称太白之精，得之矣。

不读非圣之书，耻为郑、卫之作，故其言多似天仙之辞。凡所著述，言多讽兴，自三代已来，《风》《骚》之后，驰驱屈、宋，鞭挞扬、马，千载独步，唯公一人。故王公趋风，列岳结轨，群贤翕习，如鸟归凤。卢黄门云：陈拾遗横制颓波，天下质文翕然一变。至今朝诗体，尚有梁、陈宫掖之风。至公大变，扫地并尽。今古文集，遏而不行，唯公文章，横被六合，可谓力敌造化欤！

天宝中，皇祖下诏，征就金马，降辇步迎，如见绮、皓。以七宝床赐食，御手调羹以饭之，谓曰："卿是布衣，名为朕知，非素蓄道义，何以及此。"置于金銮殿，出入翰林中，问以国政，潜草诏诰，人无知者。丑正同列，害能成谤，格言不入，帝用疏之。公乃浪迹纵酒，以自昏秽。咏歌之际，屡称东山。又与贺知章、崔宗之等自为八仙之游，谓公谪仙人，朝列赋谪仙之歌凡数百首，多言公之不得意。天子知其不可留，乃赐金归之。遂就从祖陈留采访大使彦允，请北海高天师授道箓于齐州紫极宫。将东归蓬莱，仍羽人，驾丹丘耳。

阳冰试弦歌于当涂，心非所好，公遐不弃我，乘扁舟而相顾。临当挂冠，公又疾亟，草稿万卷，手集未修，枕上授简，俾予为序。论《关雎》之义，始愧卜商；明《春秋》之辞，终惭杜预。自中原有事，公避地八年，当时著述，十丧其九，今所存者，皆得之他人焉。时宝应元年十一月乙酉也。

在《草堂集序》中，李阳冰记述了李白的家世、主要的生平事迹，以及晚年投奔于他的具体情况。尤其是在序的第二段中，高度评价了李白的诗歌价值和在诗歌史上的历史地位，如说李白诗歌的艺术特点为"其言多似天仙之辞。凡所著述，言多讽兴"。对其诗歌的历史地位极为推崇："自三代已来，《风》《骚》之后，驰驱屈、宋，鞭挞扬、马，千载独步，唯公一人。"对李白在当时的影响的评价是："王公趋风，列岳结轨，群贤翕习，如鸟归凤。"李阳冰将卢藏用评价陈子昂的话，用在李白身上："陈拾遗横制颓波，天下质文翕然一变。"更对李白对唐代诗歌的贡献高度评价："至今朝诗体，尚有梁、陈宫掖之风。至公大变，扫地并尽。今古文集，遏而不行，唯公文章，横被六合，可谓力敌造化欤！"从古今诗体变化的角度，来说明李白以个人的天才创造，完成了唐代诗歌跨时代的变化和进步，可以达到力敌造化的程度。对李白的这个评价，在当时是史无前例的，但也是符合历史实际的。此文写成的时间是宝应元年（762年）十一月乙酉（即十一月二十二日）。文中记载此时李白已经"疾殛"，而未说已亡，所以逝世的时间不一定是这一天。故后来有学者说，当时李白没有病死，而是又好了，到了宝应二年（七月改广德元年，763年）才去世[①]。但"疾殛"就有病死之意。殛，《说文解字注》曰："殛，殊也。段注：殊为死也。"宋本中《草堂集序》作"疾殛"，而清人王琦本作"疾亟"，亟是疾速、紧急、危急的意思，它又是极的通假字。殛、亟二者的字义是有根本区别的。这样说来，李阳冰作序时，根据宋本"疾殛"二字，说明李白已死。而根据王本"疾亟"二字的意思，则是李白病情危急，但未死。笔者认为，应从宋本"疾殛"，此序应作于李白去世以后。

关于李白是死于病还是死于水的问题，后来也有人主张李白是死于水的，是醉中捞月而死。这虽然是个传说，但也不是空穴来风的。在采石矶的大江旁，唐代即有一座李白坟，大诗人白居易就有一首诗写的是采石矶的李白坟。诗云："采石江边李白坟，绕田无限草连云。可怜荒垄穷泉骨，曾有惊天动地文。但是诗人多薄命，就中沦落不过君。"（《李白墓》）其诗作于贞元十五年（799年），白居易路过采石矶而作，其时离李白去世仅有三十七年。此后晚唐诗人杜荀鹤《经青山吊李翰林》说："何为先生死，先生道日新。青山明月夜，千古一诗人。天地空销骨，声名不傍身。谁移耒阳冢，来此作吟邻。"其中的尾联说，李白的好朋友杜甫，在耒阳也是遇水而死的，他的耒阳坟可以迁到采石矶与李白

① 参见阎琦《李白卒年刍议》，载《西北大学学报》1985年第3期；《再论李白不卒于宝应元年》，载《古籍研究》2000年第2期。

墓做伴。许浑《途经李翰林墓》中也说："至今孤冢在，荆棘楚江湄。"说的也是采石矶江边的李白坟。项斯的《经李白墓》"夜郎归未老，醉死此江边"，所经过的也是采石矶的李白墓。在唐宋以后，代有诗人学者在采石矶李白墓作诗，以表敬仰和纪念。可见采石矶李白墓的影响在唐代及宋以后是很大的。李白若不初葬于此，何以那么多的后代诗人到此瞻仰呢？

为什么李白墓会在"采石矶江边"呢？这可能与李白溺死长江之中的说法有关。后来，采石矶江边上的李白墓被迁到了龙山之东，又由龙山之东，被范传正、诸葛纵迁到了青山之南。那么，为什么有关李白传的碑文传记史料，都说李白是病死的呢？可能与古人认为溺水而死是横祸，不是善终，是不祥的，古人有"古不吊溺"之说有关。故有关李白的史传碑文，都有意为之掩饰或避讳，说成是"疾殛"，既病死。因先有采石矶江边的李白墓，所以才有后来的"水中捞月"而终的传说。安旗先生力主溺死之说，说"这种现象（指溺死）是完全可能的"（安旗《李白纵横探》，陕西人民出版社1981年版）。裴斐先生也说："捉月与骑鲸固属'好事者为之'，溺死并葬于采石则不无可能。"（裴斐《李白的传奇和史实》，载《文学遗产》1993年第3期）李子龙先生则认为："采石矶江边唐代先有李白墓，之后才有捉月和骑鲸的神话；而绝非是先有传说之后再有坟墓的。这前后的次序不可能颠倒和混淆。采石矶迁墓人极有可能是宣州刺史刘赞。"（李子龙《采石李白墓、李白祠、李白衣冠冢》，载《李白诗文遗迹释考》，安徽文艺出版社1999年版）采石矶的李白坟被迁后，所余下的空坟后来便成了李白的衣冠冢，为后人所凭吊。当然，溺死说只是一种可能，还待进一步考证和研究。笔者也只是当作李白可能有捉月之举，加以演义，以增加些文学的趣味性。

李阳冰不但在其序中高度推崇和评价了李白的诗歌，之后还对李白的诗集做了进一步的收集整理。但因李白性格疏放，不怎么留手稿，故他所写的诗歌多在他人之手，收集很费时日，正如序中所说："自中原有事，公避地八年，当时著述，十丧其九，今所存者，皆得之他人焉。"当时李阳冰所收集整理的《草堂集》，在《新唐书·艺文志》上载为"李白《草堂集》二十卷，李阳冰录"，但宋人宋敏求《李太白文集序》云："唐李阳冰序《草堂集》十卷。"不知是《新唐书》记载《草堂集》卷数有误，还是宋敏求所见的李白《草堂集》已佚去了十卷。所幸的是，宋敏求已将《草堂集》中的诗，辑录到《李太白文集》中的二十卷中去，李阳冰所编录的《草堂集》以后再未见世。范传正《唐左拾遗翰林学士李公新墓碑》上说："文集二十卷，或得之于时之文士，或得之于宗族，编辑断简，以行于代。"不知所说的"文集二十卷"是否就是李阳冰所编的《草堂集》二十卷，或是范传正本人所重编的李白文集二十卷。魏颢所编辑之《李翰林集》不知有多少卷。宋敏求在《李太白文集后序》中说："熙宁元年，得唐魏万所纂白诗集二卷，凡广四十四篇。"不知魏万所纂的《李翰林集》是否只有二卷，或是已有佚失。但已全部收入宋人乐史所编的《李翰林集》诗歌部分二十卷中去。乐史又从三馆中得到十卷本的赋文集《李翰林别集》，共编为三十卷。经曾巩研究整理，最终为二十三卷诗、六卷赋文和一卷传序等，编为《李太白文集》三十卷。其与乐史所编的《李翰林集》，就成了宋代以后李白研究的基础。这是一件使李白诗文传之后世、垂辉千秋的大功绩。这份功绩，也应该从李阳冰和魏颢算起。他们真是李白著作保留下来的功臣啊，历史将永远记住他们！

瞿蜕园，朱金城. 李白集校注[M]. 上海：上海古籍出版社，1980.

詹锳主编. 李白全集汇释校注集评[M]. 天津：百花文艺出版社，1996.

安旗主编. 李白全集编年笺注[M]. 北京：中华书局，2015.

郁贤皓. 李太白全集校注[M]. 南京：凤凰出版社，2015.

王琦. 李太白全集[M]. 北京：中华书局，1977.

彭定球等编. 全唐诗[M]. 北京：中华书局，1979.

刘昫等. 旧唐书[M]. 北京：中华书局，1975.

欧阳修等. 新唐书[M]. 北京：中华书局，1975.

司马光等. 资治通鉴[M]. 上海：上海古籍出版社，1987.

王仁裕等. 开元天宝遗事十种[M]. 上海：上海古籍出版社，1985.

萧统编. 文选[M]. 李善，注. 北京：中华书局，1977.

赵蕤. 长短经[M]. 刘国建，刘华，注译. 郑州：中州古籍出版社，2017.

计有功. 唐诗纪事[M]. 北京：中华书局，1965.

中华书局编. 李白研究论文集[C]. 北京：中华书局，1964.

詹锳. 李白诗文系年[M]. 北京：人民文学出版社，1984.

詹锳. 李白诗论丛[M]. 北京：作家出版社，1957.

郭沫若. 李白与杜甫[M]. 北京：人民文学出版社，1971.

安旗，薛天纬. 李白年谱[M]. 济南：齐鲁书社，1982.

吕华明等. 李太白年谱补正[M]. 中华书局，2012.

裴斐. 看不透的人生[M]. 北京：北京燕山出版社，1992.

薛天纬. 李白 唐诗 西域[M]. 上海：上海古籍出版社，2011.

葛景春. 李白与唐代文化[M]. 合肥：安徽大学出版社，2009.

葛景春. 李白研究管窥[M]. 保定：河北大学出版社，2002.

李从军. 李白考异录[M]. 济南：齐鲁书社，1986.

张书城. 李白家世之谜[M]. 兰州：兰州大学出版社，1994.

蒋志. 李白蜀中论考[M]. 绵阳：绵阳市社会科学界联合会编，2001.

李子龙. 李白与马鞍山[M]. 合肥：安徽文艺出版社，1999.

朱玉麒，周珊主编. 明月天山——“李白与丝绸之路国际学术研讨会”论文集[C]. 北京：国家图书馆出版社，2018.
安旗. 李白传[M]. 西安：三秦出版社，1994.
安旗. 李太白别传[M]. 西安：西北大学出版社，2005.
金涛声. 李太白诗传[M]. 成都：巴蜀书社，2015.
仇兆鳌. 杜诗详注[M]. 北京：中华书局，1979.
萧涤非主编. 杜甫全集校注[M]. 北京：人民文学出版社，2014.
佟培基. 孟浩然诗集笺注[M]. 上海：上海古籍出版社，2000.
刘开扬. 高适诗集编年笺注[M]. 北京：中华书局，1981.

图书在版编目（CIP）数据

四川历史名人丛书. 传记系列. 李白传 / 葛景春著. —
成都：天地出版社，2020.12（2023年6月重印）
ISBN 978-7-5455-5937-8

Ⅰ. ①四… Ⅱ. ①葛… Ⅲ. ①李白（701–762）—传
记 Ⅳ. ①K825.6

中国版本图书馆CIP数据核字（2020）第172832号

四川历史名人丛书. 传记系列

李白传

LI BAI ZHUAN

出 品 人 杨 政
作　　者 葛景春
责任编辑 杨永龙　李晓波
封面设计 今亮后声
内文排版 麦莫瑞
责任印制 王学锋

出版发行 天地出版社
（成都市锦江区三色路238号 邮政编码：610023）
（北京市方庄芳群园3区3号 邮政编码：100078）
网　　址 http://www.tiandiph.com
电子邮箱 tianditg@163.com
经　　销 新华文轩出版传媒股份有限公司

印　　刷 河北鹏润印刷有限公司
版　　次 2020年12月第1版
印　　次 2023年6月第3次印刷
开　　本 710mm × 1000mm　1/16
印　　张 24.75
字　　数 364千字
定　　价 78.00元
书　　号 ISBN 978-7-5455-5937-8

咨询电话：（028）87734639（总编室）
购书热线：（010）67693207（营销中心）

如有印装错误，请与本社联系调换。